KB070073

세상에 흔들리고
사람에 휘둘리는
나를 붙잡아주는

경험하나에 지혜하나

경일장일 經一長一

전홍식

정우COM
JUNGWOO COMMUNICATIONS

경험하나에 지혜하나

II. 사람에 휘둘리는

III. 나를 붙잡아주는

경험하나에 지혜하나

IV. 고전이야기

경험하나에 지혜하나

들어가며

 주례사는 신랑 신부를 위한 덕담이지만 신랑과 신부는 듣고도 이해를 하지 못한다. 정작 고개를 끄덕이는 사람은 하객들이다. 길을 아는 것과 그 길을 걷는 것은 다르기 때문이다. 젊은 사람은 사는데 정신이 없고, 나이든 사람은 깨닫는데 정신이 없다. 논어를 읽는 사람도 세상 이치를 터득한 늙은이들로 가득하다. 독자보다는 작자가 더 행복하다. 책을 쓴다는 것과 읽는다는 것의 차이는 전기불과 촛불의 차이다. 아침에는 책에서 배우고 낮에는 사람에게서 배운다. 무르익은 다음에 밖으로 드러나는 원숙한 과일처럼, 모난 감정에 늘 부대끼고 아집의 응어리를 삭이지 못한 자신을 다듬고, 어수룩한 글이지만 한번 읽고 책꽂이에 꽂히고 마는 책이 아니라 곁에 끼고 사는 꿀단지처럼 필요할 때 언제든지 꺼내 볼 수 있는 책이길 바라는 마음이다. 새로운 글이 아니라 앞서간 이의 생각을 꿰맨 술이부작(述而不作)일 따름이다. 재산을 남겨주면 삼십 년, 지혜를 가르치면 백 년의 재산을 물려주는 것이다. 비 올 때 우산은 참 요긴한 물건이지만, 맑은 날에는 우산만큼 생뚱맞은 물건은 없다. 모든 잔소리도 그렇다. 논어나 맹자를 재미있게 읽었다는 사람은 없다. 아무리 좋은 말이라도 상황에 맞지 않으면 '맑은 날 우산'이다. 비 올 때 우산처럼 작지만 소중한 것으로 쓰이길 바라는 마음이다. 꿀 1g을 얻기 위해 300송이의 꽃을 찾아다니는 꿀벌처럼 남들 앞에 내보일 수 있는 글은 이렇게 저렇게 입은 상처에서 스며 나오는 꿀 같은 지혜이다. 어쩌면 사람에게 상처를 가리기 위한 가드(Guard)일지도 모른다. 황금 일만 냥보다 지혜 하나가 낫다는 '황금일만냥 불여일교자'처럼 후생들의 앞길이 덜컹거리는 달구지길이 아니길 비는 마음이다. 인생은 '시간'이란 한정된 연료로 살아간다. 육십이 얼마 남지 않아 부쩍 조바심이 든다. 이제는 내가 가고 싶은 곳으로 인생을 몰고 가고 싶다. 젊을 때와는 달리 돈에 시간을 팔지 않아서 좋다. '책 쓰기'로 보답하는 시간이 행복했다.

요즘, 나이든 아버지나 선생을 '꼰대'라고 부르는 시대가 되고 말았다. 삶에 지름길이 없는데 가르치려 들기만 하고, 청하지도 않은 충고를 늘어놓기만 하니 꼰대 짓을 한 것은 아닌지, 치타에게 달리는 기술을 가르치는 펭귄 꼴이 아닌지, 모두 알고 있는 것을 나만 아는 것처럼 객기를 부린 '기시감'은 아닌지 부끄러운 마음이다. 쌀로 밥 짓는 뻔한 이야기처럼 하찮은 이야기가 세상의 뿌리이자 사는데 가장 기본이 된다. 자기 운세는 모르면서 남의 운세를 봐 주는 점쟁이처럼 남에게는 어떻게 살아야 하는지 명백하게 알려주면서 정작 본인은 어떻게 살아야 잘 사는지 모르고 살아간다.

경험하나에 지혜하나

모든 교육은 강제에서 시작된다. 가정교육이든 학교 교육이든 강제적이라는 점에서 한계에 부딪힌다. 사과를 'apple'로 기억하는 자체가 지독한 강제다. 닭 앞에 모이를 두고 먹지 말라고 가르치는 것만큼이나 어렵다. 모국어가 아닌 'ABC'에 무슨 흥미가 있겠는가. 취향은 따로 있다. 대학 1학년 때 막내 고모를 졸라 한일우드 테니스라켓을 선물로 받아 시작한 테니스가 평생 즐거움이 될 줄은 몰랐다.

우리 모두는 배역에 충실한 배우일 뿐이다. 배우는 감독에게 '왜 나에게 이런 초라한 역을 주셨나?' 불평하지 않는다. 배우들이 쓰는 가면을 페르소나(persona)라 한다. 'person'의 유래다. 우리는 누구나 페르소나를 쓰고 살아간다. 누군가의 아들로, 누군가의 부모로, 누군가의 친구로 제 역할만 충실히 하면 된다. 교육이론에 의하면 뭔가 새로운 것을 숙지하려면 그 내용을 200번 이상 반복해서 듣거나 실행해야 한다고 한다. 후생들에게 성급한 변화를 기대하지는 않는다. 책이라고는 교과서 문학작품이 전부였던 나는 술, 담배, 운동을 못 하게 되면서 무료해서 읽은 박신영의 〈삐딱해도 괜찮아〉라는 책을 시작으로 지금까지 수불석권하고 있다. 계절이 돌아옴을 의심하지 않듯이 책으로 인한 깨달음을 의심치 않는다. 이 책을 후생의 발밑에 놓아 드린다.

내게 금빛과 은빛으로 짜여진
하늘의 옷감이 있다면
그대 발밑에 깔아드리련만
나 가난하여 오직 꿈만을 가졌으니
내 꿈을 그대 발밑에 깔았으니
사뿐히 걸으소서

- 예이츠 -

경험하나에 지혜하나

I.

세상에 흔들리고

1-1화 세상은 카오스

코스모스(Cosmos)는 조화를 이루어 운행하는 우주의 질서를 말한다. 신이 세상에 처음으로 만들었다는 코스모스는 안에서 밖으로 질서 있게 여러 가지 색으로 어우러져 있어 예사롭지 않게 보인다. 반면, 카오스(Chaos)는 질서가 생기기 전 뒤죽박죽 엉킨 만물의 본래 상태를 말한다. 카오스 이론은 무질서하고 예측 불가능한 상황이지만 눈에 잘 띄지 않는 모종의 일관된 패턴이나 질서가 존재한다는 이론이다. 수도꼭지에서 떨어지는 물방울의 간격은 굉장히 불규칙해 보이지만, 사실은 그 안에 일정한 법칙이 존재한다. 하루에도 몇 번씩 오르내리는 주식시세도 마구잡이로 변하는 것 같지만, 사실 그 안에 모종의 법칙이 존재한다. 하루하루 변하는 날씨도 맑거나 흐리거나 일정한 범위 안에서 왔다 갔다 하는 소위 랜덤시스템이다.

카오스시스템의 중요한 특징은 '프랙털(Fractal)'구조를 가진다. 우리 주변을 둘러싸고 있는 자연의 패턴 즉, 인간의 지문, 해안선의 모양, 나뭇가지가 뻗어있는 모양 등은 아주 복잡하고 무질서해 보이지만 나름

대로 규칙을 가지고 있다. 한 귀퉁이를 떼어
낸 부분적인 구조가 전체와 비슷한 구조를
가진다. 해안선의 전체구조는 어떤 일부분
을 확대해도 비슷한 모양을 가지고 있다. 인
간의 지문을 자세히 들여다보면 세부구조가 전
체구조를 되풀이하고 있다. 나무는 자라면서 큰 줄기에서 잔가지가 뻗
어 나간다. 잔가지 모양이 전체 나무 모양과 유사하다. 나뭇잎에 실타
래처럼 얽혀있는 무늬도 아무렇게나 보이지만, 나름의 질서를 가진 프
랙털 구조를 하고 있다. 프랙털은 해안선, 지문, 나무, 나뭇잎, 산봉우
리의 높낮이뿐만 아니라 소리에도 존재한다. 새들의 울음소리, 심장
박동 소리처럼 불규칙한 노이즈처럼 들리지만, 전체적으로는 나름의
질서를 가진 카오스 운동이다. 인간의 모든 행동 패턴도 카오스다. 유
한의 영역에서 무한한 영역을 함축한다. 부분에 가치가 없다면 전체에
도 가치가 있을 수 없다.

　스티브 잡스는 윌리엄 블레이크의 〈순수의 전조〉에서 '한 알의 모
래에서 우주를 보고, 한 송이 들꽃에서 천국을 보려면 손안에 쥐고 있
는 찰나의 한순간에서 영원을 보라'는 카오스 구절에서 영감을 받고,
아이폰 개발에 진척이 보이지 않을 때마다 이 시를 묵상했다고 한다.
스마트폰으로 우주를 보라는 영감을 모바일 시대정신으로 연결했다.
한 사람의 인생으로 모든 사람의 일생을 손금 보듯이 들여다본다. 지

경험하나에 지혜하나

금 불만 가득 한 사람은 삶 전체가 불만으로 가득 차 있다. 부분적인 구조가 전체구조로 이루어져 있기 때문이다. 커다란 바위가 서로 부딪혀 깨지고 고운 모래가 되기까지 얼마나 긴 세월이 흘러야 가능할까? 달과 태양은 그 긴긴 세월 동안 한시도 쉬지 않고 밀물과 썰물의 들고 남을 재촉하여 작은 모래를 만드는 것에 세월이라는 인내의 도움 없이는 해변의 모래알은 탄생하지 않는다. 해변에 널려 있는 모래보다 우주에 떠 있는 별이 훨씬 더 많다는 것이 우리의 가슴을 벅차게 한다.

잭슨 폴록

20C 미국을 대표하는 추상표현주의 화가 '잭슨 폴록(1912~56)'은 드리핑 기법으로 서양 회화사에 일대 혁신과 충격을 가져온 미술가이다. 커다란 캔버스를 깔고 천장에 매달은 물감 통에 구멍을 뚫어 손이나 어깨, 몸으로 이리저리 치면서 붓을 대지 않고 물감 통의 움직임만 조절하면서 알 수 없는 궤적을 그린다. 무작위로 뿌리는 것 같지만 그 안에 일정한 법칙이 존재한다. 잭슨의 뿌리기 기법은 전혀 무의미한 혼돈의 극치를 보여주는 '카오스 그 자체'였다.

몇 해 전 백령도 출장 중에 심한 배 멀미로 고생을 한 적이 있었다. 파도가 심해 선실 밖으로 나와 파도를 유심히 보다가 문득 작은 파도의 움직임에서 큰 파도의 움직임을 볼 수 있는 '카오스 이론'을 발견하고 너무 기뻐 하마터면 하늘로 튕겨 올라갈 뻔했다. 파도에 대한 두려움을 떨쳐 버릴 수 있었다.

걱정은 밖으로 이탈하지 않고 주위를 맴도는 흔들의자다. 세상은 예측 불가능하고, 비주기적인 카오스다. 하루가 팔만대장경이다. 우리는 늘 두려움 속에서 살아가고 있다. 밖을 쳐다보라. 어디 카오스 아닌 것이 있나? 비록 인간 세상에 살더라도 도리어 속세를 벗어날 수 있는 길이다. 명심보감의 '안분신무욕 지기심자한(安分身無辱 知幾心自閑)'은 내가 좋아하는 구절이다. 편안한 마음으로 분수를 지키면 일신상에 욕됨이 없고, 세상 돌아가는 이치를 알면 마음이 저절로 한가롭다.

경험하나에 지혜하나

1-2화 최고의 완성은 결함이 있는 듯

중전에게서 임금의 마음을 빼앗은 후궁은 다른 후궁이 임금의 은총을 독차지하기 전까지는 중전의 아픔을 알 수 없다. 숙종의 은총을 독차지한 장희빈은 최숙빈에게 숙종의 마음을 빼앗기기 전까지 인현왕후의 아픔을 알 리 만무하다. 클리넥스 곽에서 반쯤 빠져나온 티슈의 흐르는 선처럼 아름다운 몸매를 자랑하고, 숨 막히는 미모를 뽐내는 할리우드 배우도 새로운 스타가 등장하면 백설 공주를 시기하는 마녀가 된다. 누구나 한창때를 거치면서 겪는 '인생도처 유상수'다. 나의 할머니는 고교와 대학 시절 삼시 세끼를 챙겨주신 분이다. 진해에서 고등학교 다닐 적 할머니와 크게 다툰 적이 있었다. 나는 이성을 잃고 소리를 질러댔고 할머니는 말없이 어디론가 밖으로 나가버렸다. 한참 뒤에 돌아오셨는데 손에 도라지 한 묶음이 들려 있었다. 평소에 기관지가 약해 헛기침이 심한 손주를 위한 약재를 구해 오신 것이었다. 할머니를 생각할 때마다 평생 잊지 못하는 그리움이다. 손주가 생기면서 할머니란 존재를 알게 되었으니 늦어도 너무 늦어버린 것이다. 며느리를 맞이하고 손주를 본 아내는 병상에 누워있는 친정엄마를 자주 찾는다. 손주를 보고 나서야 친정엄마가 보고 싶은 모양이다.

대인춘풍 지기추상

바닥을 보여주는 것이 두려워 남을 '까면서' 존재감을 세우고, 어설픈 식견으로 상대를 무시하며, 내 향기가 너무 강해 치기 그득한 우월감으로 상처를 준 날들을 반성한다. 늘 투덜이 시기를 다 겪고 나서야 비로소 초연해지니 지금 되돌아보면 부끄럽기만 하다. 실컷 남을 험담하고 돌아서지만 결국 내 험담이 되어버리는 상황에 겸연쩍은 적이 한두 번이 아니다. 남에게는 춘풍(春風)같이, 나를 지킬 때는 추상(秋霜)같이 대해야 하지만 우리는 늘 그 반대로 한다. 스스로에게 봄바람처럼 남에게는 가을서리처럼 대한다.

지난여름, 집 앞의 반석천 물놀이장에 '나의 즐거움이 남에게 피해를 줄 수 있어요'라는 현수막이 걸려있다. 참 멋진 글이다. 우리는 늘 누군가와 서로 잘해주고 싶은데 날마다 상처를 주고받으며 살아가는 숙명이다. 존재 자체가 상처가 되기도 한다. 남편의 승진과 아들의 명문대 입학 소식이 승진에 탈락한 이웃과 대학에 낙방한 사람에게는 더 없는 자괴감을 느끼게 한다.

한고추

선가에 '한고추(閑古錐)'란 말이 있다. '닳아서 무딘 송곳'이란 뜻이다. 송곳은 아무리 자루 깊숙이 넣어 두어도 뚫고 나오기 마련이지만, 수행자 경지가 원숙하여 지면 서슬이 밖으로 드러나지 않음을 의미한다. 누구나 서슬 퍼런 미숙함을 드러내며 산다. 그것이 최선의 길이라 여긴다. 올챙이란 놈이 세상 구경 한번 하겠다고 어항 밖으로 뛰쳐나왔다가 질식의 순간에 어항에 되돌아가면서 다시 활개를 쳐대는 꼴이다. 어쭙잖은 용기 한번 부려 세상 구경을 했지만, 죽다가 살아났으니 개구리로 성장하기까지 얌전히 지내야 할 텐데 그것도 그때뿐이다. '늙은 이발사와 젊은 의사를 조심하라'는 속담이 있다. 경험이 많은 늙은 이발사는 자만심으로 망치고, 경험 적은 의사는 이론만으로 하나뿐인 목숨을 위태롭게 할 수 있다.

전라도 화순 운주사에는 마모가 심한 와불이 누워있다. 깎일 대로 깎이고 고통 받을 대로 고통 받은 얼굴로 누워있다. 모든 것을 버리고 누워있는 그 모습이 감동적이기까지 하다.

봉은사 판전

 서울 강남의 봉은사에는 추사 김정희 선생이 별세 사흘 전에 쓴 '판전(板殿)'이라는 현판이 있다. 공부에 싫증이 난 꼬마가 쓴 것 같은 이 현판을 당대의 명필이 썼다기에는 믿기지 않을 만큼 어리숙하고 병약하기 짝이 없는 글씨이다. 전(殿)자의 왼 삐침을 곧

게 내려서 누른 점이 예사롭지 않고, 꾸밈없는 졸박한 글씨에서 추사의 청정무구한 심상을 엿볼 수 있다. 추사가 이 현판을 쓰고 사흘 후에 별세했다니 삶에 싫증이 날만도 하다. 세상을 달관한 대교약졸(大巧若拙)이다. 가장 뛰어난 기교는 마치 서툰 듯한 노자의 가르침을 이 현판에서 읽는다. 가끔 들르는 유성시장은 전국에서 이름난 5일장이다. 한 귀퉁이에 심마니가 약초를 팔고 있다. 사과 상자를 찢어 매직으로 '산삼은 안에 있어요' 적어 놓고 판다. 아무리 귀한 물건이라도 시장바닥에 내놓으면 가짜로 보이기 일쑤다. 큰 덕을 지닌 사람은 일견 겉모습은 어수룩해 보여도 비범한 기교와 법도를 풍긴다. 감추어 두고서 팔리면 제값을 받고, 안 팔리면 제 물건으로 만들겠다는 뜻이다. 귀중한 것은 감추어 빈 것처럼 하라는 '양가심장약허(良賈深藏若虛)'의 가르침이다.

1-3화 남자와 여자

남자와 여자는 서로 처음 만나 사랑이란 이름으로 최선을 다해 보지만 서로를 알지 못해 실망과 좌절로 이어진다. 한 해 28~30만여 쌍이 결혼을 하지만 통계상으로 겨우 절반만 가정을 지킨다. 성격 차이라기보다 남녀 간의 사용언어가 다르다는 비밀을 아는 극소수만이 원하는 사랑을 키워간다. 남자는 여자가 자기와 같은 방식으로 생각하고 행동하리라 기대하고, 여자도 남자가 그럴 것이라 믿는다. 결혼 전까지 다양한 친구를 공유해 왔는데 상황이 점점 더 어려워진다. 남자는 성욕을 관장하는 두뇌가 발달하여 매력적인 여성을 사귀기 위해 다른 특성은 안중에도 없다. 신랑은 많은 친구를 만나 자신의 능력을 뽐내고 싶지만, 친구 하나가 생겼는데 하필이면 여자다. 신부는 가능한 한 많은 사람과 세상 이야기를 나누기 원하는데 상대가 그나마 남자다. 〈화성에서 온 남자, 금성에서 온 여자〉의 존그레이는 여자가 남자에게 가장 흔히 느끼는 불만 가운데 하나는 '남자는 내 이야기에 귀를 기울이지 않는 것'이고, 남자가 여자에게 흔히 느끼는 불만 가운데 하나가 '여자는 나를 변화시키려고만 하는 것'이란다. 여자는 의사소통에 능해 문제를 다른 사람과 공유하지 않으면 정신적인 고통을 느끼는데, 문제를 해결하려고만 하는 남자의 단답형 대꾸에 약이 오른다. '회사를 그만두고 싶다'라고 해서 '그만두라' 하면 '남의 일이라 쉽게 생각하는 무책임한 사람'이라 투덜거리고, '참고 다녀보라' 하면 '다른 사람은 그렇게 말해도 자기는 다를 줄 알았다'라고 원망한다. 마치 앞뒤가 맞지 않게 꾸중하는 못된 시어미와 흡사하다. 여자가 마음을 주고받는 친밀한 관계에서 만족을 느끼는 '관계 지향적인 성향'이라면, 남자는 능력을 과시하여야 만족을 느끼는 '목표 지향적인 성향'을 가진다. 남자는 자신의 유능함을 인정받고 싶어 낮에 겪은 속상한 일을 해결하여 그녀의 기분을 풀어주어야 직성이 풀린다.

여자는 스트레스를 받으면 자기감정을 이야기하고 싶은 본능적인 욕구를 느낀다. 마치 의사와 환자 사이에 오가는 상담만큼이나 내밀하고 솔깃한 친밀한 관계를 통해 마음의 치유를 받는다. 마음을 터놓고 이야기하는 동안에 기분은 나아지고 치유가 된다. 억지로 기분을 돌려놓으려 애쓰지 않아도 된다. 그럴수록 모두 쏟아놓아야 기분이 홀가분해진다.

죽비로 얻어맞은 경험

교육청 장학사 시절 모 여중 학교폭력 사건으로 1년 넘게 소송에 휘말린 사건이 있었다. 피해자 어머니가 찾아와 하소연하기 시작한다. 업무가 쌓여 지치고 짜증이 났지만 3시간을 그냥 들어준 적이 있었다.

경험하나에 지혜하나

처음에는 억울하다고 목소리를 높이다가 긴 시간 동안 이야기를 다 쏟으면서 울기도 웃기도 하다가 갑자기 손수건으로 눈물을 훔치더니 자기 이야기를 이렇게 들어준 사람은 처음이라는 것이었다. 이제 결과가 어떻게 되든 여한이 없다며 고맙다고 절을 하고 급히 나가 버린다. 나는 아무 말도 하지 않고 고개만 끄덕여 공감했을 뿐이었는데, 자기 마음을 알아준다는 사실에 위안을 받은 모양이다. 그 뒤로는 나타나지 않았다. 누군가에게는 이렇게 절실하고 한 맺힌 일이라고 생각하니 죽비로 얻어맞아 정신이 번쩍 드는 경험이었다. 만약 내가 해결해준답시고 이런저런 조언을 했더라면 이런 결과가 나왔을까. 나는 말을 잘하지 못하는 눌변이지만 대화에서 늘 원하는 것을 얻어냈다. 그 비결은 끝까지 들어주는 것이었다. 처가가 바닷가라 마누라는 조개를 해감하는 방법을 잘 알고 있다. 조개를 소금물에 담그고 그늘에 검은 봉지를 씌워 놓으면 조개는 편안하게 느껴져 스스로 모래와 찌꺼기를 마구 내뱉는다고 한다.

우물과 동굴

인디언 어머니가 딸이 시집갈 때 꼭 들려주는 말이 있다고 한다. '남자는 기분이 좋지 않다거나 스트레스를 받으면 자기 「동굴」로 들어간다는 것을 명심하라. 그렇다고 동굴로 따라 들어가서는 안 된다.' 남자는 고무줄과 같다. 고무줄은 한계에 이를 때까지 나갔다가 언제 그랬냐는 듯이 제자리로 돌아오게 마련이다. 빌게이츠도 매년 두 차례

'Think Week'를 가지기 위해 어떤 방해도 받지 않으려고 단지 책과 콜라, PC만 가지고 태평양 외만 섬의 오두막집에 몇 주일 틀어박혀 책만 읽고 생각만 하다가 나온다고 한다. 여자는 느닷없이 멀어지는 남자를 이해할 수 없다.

여자는 파도와 같다. 감정의 변화가 파도처럼 오르내림을 반복한다. 남자는 마치 물속을 들어갔다 나오기를 반복하듯이 오르내리는 여자를 이해할 수 없다. 남자는 동굴 안에 있고 여자는 우물 안에 있다. 남자는 자유로울 권리를 주장하고 여자는 기분 상할 권리를 주장한다. 남자는 신뢰와 인정을 원하지만, 여자는 관심과 이해를 원한다. 남자는 파도처럼 멀어졌다가 다가오고, 여자는 사랑의 오르내림을 반복한다. 이런 징조가 보일 때는 무조건 사랑을 보여 줄 시간임을 알아야 한다. 여자가 우물 속으로 들어가는 것이 남자의 잘못이 아니고, 남자가 동굴 속으로 들어가는 것도 여자의 잘못도 아니다. 내려갔다가 다시 솟아오를 능력을 가지고 있다. 남녀의 이 주기가 겹치면 영문도 모르게 크게 싸운다. 여자는 이해받고 싶어 하고, 남자는 인정받고 싶어 한다.

[예]

여자: 우리는 좀처럼 외출을 하지 않아.
남자: 지난주에도 했잖아?
여자: 나는 당신과 늘 이야기를 나누고 싶어. 당신과 함께 있는 시간이 언제나 즐겁고 행복해. 오늘도 오붓한 시간을 가져요.

경험하나에 지혜하나

남녀 간의 채점방식

　남자는 여자에게 새 차를 사준다거나 해외여행 같은 큼직한 선물로 높은 점수를 딸 것이라 여긴다. 자동차 문을 열어주거나, 꽃다발을 건네거나 안아주는 것이 하찮은 일이라 생각하지만, 작은 것 여러 번에 훨씬 더 만족감과 애정을 느낀다. 여자는 뭔지 모를 '결핍'을 채우기 위해 끊임없이 물건이나 사랑을 원하고, 연애나 결혼으로 '기대'를 품기 시작한다. 여자는 모든 여성을 경쟁자로 보지만, 남자는 동일 직종의 남자에게 이런 감정을 갖는다. 노숙자는 새 박스를 구한 노숙자가 질투대상이지 삼성의 이재용을 시기하지 않는다. 성자 앞에 다른 성자를 칭찬하는 것은 경솔한 짓이다.

1-4화 편견과 선입견

철학자 베이컨은 편견과 선입견에 대하여 4가지로 말한다.

첫째, 종족의 우상
인간의 입장에서 만물을 바라본다.
새가 아름답게 노래 한다구요?
풀어달라고 매일 욕하지는 않을까요.

둘째, 동굴의 우상
세상은 자신이 경험한 세상으로만 본다.
코끼리 다리 만진 장님과
코끼리 등을 만진 장님은
말을 할수록 답답하다.
말을 안 하면 더 답답하다.

경험하나에 지혜하나

셋째, 시장의 우상

시장에는 근거 없는 소문이 무성하다.

인터넷 시장에 가짜뉴스가 판을 친다.

세 사람은 물(水)을 만들고,

열 사람은 바다(海) 만들고,

백 사람은 용(龍)을 만든다.

넷째, 극장의 우상

유명 철학자의 말은 액면 그대로 믿는다.

도깨비가 실존한다고 믿는다.

이소룡이 무술의 일인자라 믿는다.

예수, 공자도 '몽땅'

1-5화 최고의 선은 물과 같다

만물의 근원은 물이다. 물은 본질이 바뀌지 않으면서 그 존재 방식은 수십 가지다. 최고의 선은 물과 같다는 '상선약수'를 좌우명으로 삼는 사람들이 많다. 우리가 물을 칭송하는 이유는 보이는 것 중에서 '최고의 선'이 바로 물의 모습이기 때문이다. 물은 만물을 길러내지만, 자기 공을 내세우지 않고(이만물 利萬物), 큰 내와 작은 내가 만나도 서로 먼저 가려고 다투지 않아 고요함을 이루고(부쟁선 不爭先), 많은 사람이 싫어하는 낮은 곳에 머물러(지소오 至所汚) 넓은 바다를 이룬다. 언덕을 만나면 조급한 우를 범하지 않고 그 언덕을 넘을 역량이 축적될 때까지 기다린다. 큰 바위를 만나면 말없이 옆으로 돌아 아무 일도 없다는 듯이 다시 만나 조용히 흘러간다. 남을 해치고 자신을 망치는 저돌적 처신을 삼가 한다. 오염된 물을 만나면 기꺼이 받아들여 더불어 사는 태도로 깨끗하게 정화하지만 정작 본인은 변하지 않는다. 물은 고정된 형태가 없다. 둥근 그릇에 넣으면 둥근 모양이 되고 큰 그릇에 넣으면 큰 모양이 된다. 이는 수무상형(水無常形)의 모습이다. 고요한 곳에서는 얌전히 흐르다가, 계곡은 졸졸 정겨운 웃음소리를 내며 지나

경험하나에 지혜하나

다가 폭포를 만나면 순간 난폭해진다. 사람도 흐르는 물과 같으니, 착한 사람 만나면 착해지고 급한 사람 만나면 급해지고, 나쁜 사람 만나면 나빠진다. 본질을 잘 유지하면서 주변의 환경에 유연하게 대처하고 적응하며 변화하는 본성이야말로 인간 세상에 존재하는 진정한 도(道)의 모습이다. 물은 수평으로 정의를 이룬다. 연약하기로 천하에 물처럼 연약해 보이는 것이 없지만, 강한 것을 공격하기에 이보다 더 나은 것이 없다. 태산을 무너뜨리고 바위를 뚫는 것도 물밖에 없다. 그것은 시종일관 쉼 없이 흐르기 때문이다. 인간이란 사람 사이에서 가치를 인정받아야 살아갈 수 있다. 타인이라는 거울을 통하지 않고서는 자신의 모습을 볼 수 없다. 항상 관계를 맺으며 살아가는 인간이기 때문에 물에서 더 많은 교훈을 얻는다. 우리가 사는 이 세상의 문제는 깨진 관계에서 나온다. 개인적인 문제도, 사회적인 문제도 인간관계 실패로 인해 생겨난다. 관계는 적당한 온도와 관심을 통해 성숙하게 된다. 관계는 한 번 놓치면 깨지는 유리병처럼 조심하지 않으면 쉽게 깨진다.

일야구도하기

　박지원의 〈열하일기〉의 일야구도하기(一夜九渡河記)는 '하룻밤에 강을 아홉 번 건넌다'는 뜻이다. 산속에 누워 시냇물 흘러가는 소리에 귀를 기울이니 슬플 때, 기쁠 때, 화날 때 들려오는 소리가 듣는 이의 마음가짐에 따라 아홉 가지로 모두 다르게 들린다는 이야기다.

시냇물 소리가 퉁소 소리로 들리는 것은 듣는 이가 청아한
탓이고, 언덕이 무너지는 소리는 분노한 탓이고,
천둥과 우레소리로 들리는 것은 놀란 탓이고,
거문고 소리는 슬픈 탓이고
…(중략)…
모두 바르게 듣지 못하고 가슴에 품은 대로 소리를 듣는다.
나는 밤중에 강을 아홉 번 건넜다.'

　맑은 물은 가벼운 발걸음으로 산골짝을 나선다. 세상 속을 지나면서
더러운 물도, 썩은 물도 같이 만나 내려가면서 결국 물은 다시 맑아진
다는 도종환님의 말처럼 물은 본래의 제 심성을 이지러뜨리지 않으며
멀리 바다로 향한다. 어떠한 냇물을 따라서도 바다로 나아갈 수 있다.
신은 도처에 머물 수 없어 어머니를 만들었고, 그 모습을 보여줄 수 없
어 물로 그 형상을 보여준다. 물고기는 물에서 물고기로 살아갈 수 있
고, 사람도 도(道)가 있어야 사람답게 살아갈 수 있다. 객관적인 앎이
원천적으로 불가능한 세계임을 아는 것이 '최고의 앎'이다. 도가 사람
을 넓히는 것이 아니라 사람이 도를 넓힌다. 모든 것을 수양의 원천으
로 삼으라.

경험하나에 지혜하나

1-6화 악의 평범성

1961년 예루살렘 법정, 600만 유대인 학살 책임자 '아돌프 아이히만'의 재판과정이 37개국으로 생방송 되었다. 그때 법정에서 살인마 아이히만을 본 관계자는 두 가지 큰 충격을 받았다.

첫 번째는 법정에 연행된 그의 모습이었다. 600만 학살의 최고 책임자라면 강렬한 인상의 소유자로 냉철하고 건장한 게르만 전사의 모습을 연상했으나 실제로 마주한 그는 무척 왜소하고 기가 약해 보이는 너무나도 평범한 인물이었다. 정신분석 결과 분석학자보다 더 지극히 정상적이고 긍정적인 사람이라는 결과가 나왔다. 뿔 달린 악마처럼 별스럽고 괴이한 존재라고 생각했던 사람들은 경악했다. 악인도 극히 평범한 사람으로 늘 우리 가운데 함께 있을 수 있다는 생각이 들었기 때문이다.

두 번째는 법정에서 그가 한 말이었다. '나는 유대인을 미워하지도 않았고 사사로운 감정으로 행동한 것도 아니다. 오직 공직자로서 독일 정부의 명령에 충실히 따른 애국자일 뿐이오. 신 앞에서는 죄가 있을지라도 법 앞에서는 죄가 없다.' 죄의식은커녕 오히려 당당함에 모두 놀랐다. 반유대사상을 지닌 것이 아니라 개인의 출세와 영광을 위해 주어진 임무를 충실히 수행한 것뿐이지 학살에 대한 다른 동기는 전혀 없었다고 항변했다. 히틀러 밑에서 아이히만은 자기 스스로 무엇 하나 결정할 수 없었고 개인적으로 그가 바꿀 수 있는 일은 아무것도 없었다. 분업이 표준화된 현대사회에서는 악행을 저지르고 있다는 자각조차 못 한 채 거대한 악행에 가담하게 된 그의 무신경증은 현대 분업 사회의 맹점이다. 가령, 시골 우체국의 직원이 눈보라를 헤치고 정시에 배달한 우편물이 나치 입대 통지서였다면 성실한 그의 의도와는 무관하게 악에 연루되기 때문이다.

〈예루살렘의 아이히만〉의 한나 아렌트는 누구나 악인이 될 수 있는 '악의 평범성'을 주장했다. 남의 아픔에 공감하지 못하면 누구나 제2, 제3의 아이히만이 될 수 있다. 악한 사람과 선한 사람은 서로 반대편에 서 있는 것이 아니라, 지극히 평범한 사람 가운데의 어리석음으로 인해 초래된다는 사실이다. 그 어리석음은 출세를 위한 선의로 길로(?) 포장되어 있다. 인간은 영장류 중 가장 파괴적이고 포악한 종이다. 철학적 사고 없이 사회적 지위를 얻는 것만큼 문명에 위협이 되는 존재는 없다. 못 배운 사람의 무지보다 더 무서운 것은 배운 사람의 억지다. 양의 탈을 쓴 이리보다, 양이라 생각하는 이리가 더 위험하다. 캄보디아 킬링필드의 폴포트도 유토피아 사회 건설이라는 명분 아래 순식간에 학살자로 변신했다. 역사상 유례를 찾기 힘든 잔인한 악인도 비뚤어진 신념에 따라 그저 시스템에 올라탄 햄스터처럼 뱅글뱅글 돌리는 데만 열심이었던 하급관리에 의해 일어났다는 주장은 당시에 큰

경험하나에 지혜하나

충격을 주었다. 현대사회는 시스템이 악인을 양산한다. 요즘 하루가 멀다 않고 벌어지는 흉악한 범죄를 보면서 '저런 미친놈이 있나?' 욕을 해도 처지가 바뀐다면 누가 그에게 돌을 던질 수 있겠는가? 20세기 범죄사에 가장 극악무도한 범죄자로 꼽히는 '칼 팬즈램'도 상처를 준 사람에 대한 작은 증오에서 출발하여 모든 인류를 증오하게 되었지만, 수감 중에 1달러를 준 교도관의 호의에 '자기를 여기까지 내몰았던 것'을 고백한 글이 세상에 알려지면서 사람의 등줄기를 서늘하게 만들었다. 최근 미국의 살인을 저지른 재소자 심층인터뷰에서 공통적인 것이 '그 놈이 나를 깔봤다'였다. 무시당했다는 것이 원인인 것이었다.

선과 악은 처지에 따라 뒤바뀐다. 신영복 선생은 대전교도소 20년 복역 중에 만기 출소 인사로 나갈 때마다 '다시는 교도소에 들어오지 않겠다' 굳게 다짐한 사람을 7번이나 다시 만난 적이 있다고 한다. 처지가 먼저이고 마음은 나중이고 보니 처지에 따라 좌우된다. 남편의 감옥살이를 기다리는 처를 칭찬은 할 수 있어도 기다리지 못하고 떠나는 처를 나무랄 수는 없는 것이라 했다. 시가에 남은 처, 친정에 얹혀사는 처, 술집에 나가서라도 벌어야 하는 처지의 딱함이 한결같지 않기 때문이다. 처는 그럴 수 있지만, 어머니는 태산 부동이다. 못난 자식일수록 더욱 간절하다. 처와 어머니는 동전의 양면이지만, 어머니의 마음은 언제든 열려있는 하늘이다. 일본에는 서양에서 말하는 '순결한 부인'이나 '음탕한 부인'이란 고정관념이 없다. 나이에 따라 그때그때 상황에 적합한 행동을 취하기 때문이다.

1-7화 파국으로 치닫기 전 늘 전환점을 발견 해왔다

공자가 가죽 끈이 세 번이나 닳아 끊어질 정도로 읽은 위편삼절이 바로 〈주역〉이다. 죽음을 목전에 두고 '하늘이 나에게 몇 년 만 더 수명을 허락한다면 주역을 다 배워 허물을 면할 텐데'라고 했던 책이다. 이런 주역을 한마디로 표현하면 '궁즉통(窮卽通)'이다. 궁하면 통한다. 변화를 읽음으로 고난을 피하려는 전략이다. 세상은 한시도 멈추지 않으며, 언제나 새롭게 변한다. 산은 늘 그 자리에 있지만, 계절마다 모습이 바뀌고, 흐르는 강물도 날마다 모습이 바뀐다. 강한 것이 생존하는 것이 아니라 새로운 변화에 빠르게 적응하는 자가 살아남는다. 남을 변화시키는 것은 불가능한 일이다. 스스로가 변하지 않으면 안된다. 중국인은 광활한 중국 대륙을 가로지르는 장강(長江)을 어머니 강이라 부른다. 이 장강의 뒷 물결이 앞 물결을 밀어내는 '장강후랑 추전랑(長江後浪 追前浪)'은 세대교체를 의미한다.

경험하나에 지혜하나

도도새의 법칙

인도양의 작은 섬 모리셔스에 서식하는 도도새는 자연환경이 뛰어나고 먹이가 사방에 널려있는 데다 천적마저 없어 애써 날아오를 필요가 없었다. 1505년 포르투갈 선원이 처음에 이 섬에 찾았을 때 도도새는 청둥오리 마냥 뚱뚱해져 날 줄도 모르고 멍하니 사람들을 쳐다보기만 했다. 선원들이 '바보, 멍청이'라는 의미로 붙여준 이름이 '도도'였다. 사람들의 발걸음이 늘어나고 다른 동물들이 유입되면서 1681년에 도도새는 멸종되었다. 천문학과 화려한 건축물을 남긴 마야문명이 사라진 것도 여러 학설이 제기되고 있으나 분명한 것은 외부의 적이 없었기 때문이라 한다. 태평성대를 누리다가 갑작스러운 시련이 닥치자, 그 시련을 이기지 못하고 갑작스레 사라졌다. 도도새처럼 편안함만 추구하고 세상의 변화에 스스로 노력하지 않는 실패자가 되는 현상을 '도도새의 법칙'이라 한다. 다양하게 변하는 현대사회에 편안함만 좇고 육체적, 정신적 기능을 게을리 한다면, 우리 인간도 도도새의 전철을 따를 수밖에 없다.

갈라파고스의 부리새

갈라파고스는 남미 에콰도르에서 태평양 쪽으로 약 1천km 떨어진 섬이다. 우리나라 전라북도의 크기인데 19개의 섬과 암초로 이루어진 세상의 흐름과 단절된 섬이다. 발견 당시 '말안장' 모양의 등딱지를 가진 거북이가 많아 '갈라파고'라고 명명한 데서 유래했다. 수백만 년간 외부와 차단된 무인도라 고유종들이 넘쳐나는 거대한 자연사 박물관이었다. 이 섬에는 씨앗이 모두 단단한 껍질로 싸여있어 참새가 튼튼한 부리를 가지지 않으면 살아나갈 수가 없어 큰 부리 참새만 남게 되었다. '큰 부리 유전자'를 가진 녀석만 살아남아 결국 큰 부리 새들의 세상이 되었다. 다윈이 1835년 9월 비글호를 타고 갈라파고스에서 만난 핀치새를 보고 비로소 진화에 대한 궁금증이 풀렸다고 한다. 핀치새의 부리가 왜 저렇게 생겼을까. 왜 저런 모습으로 존재하는지에 대한 의문이 〈종의 기원〉의 출발이었다. 간단하지만 진화론의 핵심요지였다. 종의 탄생과 멸종이 숨 가쁘게 반복하는 '살아있는 생물 실험실'이었다.

팬덤의 소비평가 시대

스티브 잡스는 2004년 췌장암 판정 후의 병마에도 불구하고 2007년 아이폰을 탄생시켰다. 전문가들조차 게임기의 유사 제품으로 폄하했다. 그 결과 30년 동안 시장을 석권하고 아성을 지키던 모토로라를 시작으로 거대 IT 기업이 변화에 적응하지 못하고 대거 몰락했다. 아이폰 출시 6년 만인 2013년에 애플은 세계 1위 기업으로 화려하게 등극했다. 2020년 세계 10대 기업 중에 8개 기업이 스마트폰 관련 기업이라는 점이 시사하는 바가 크다. 아이폰 출시 10년 만에 세계인구의 40%를 점하고 전 인류가 사용할 날도 멀지 않았다. 기업광고의 형태도 달라졌다. 막대한 홍보비용으로 '신제품 나왔어요' 광고에서 '이건 꼭 써봐야 해' 팬덤의 소비평가로 기업의 생존을 좌우하는 시대가 되었다. 3,4위 구글과 페이스북은 기업이 어떻게 해야 살아남는지 그 답을 알려주는 기업이다. 문명이 바뀌면 상식도 바뀐다. 2017년 첫 선을 보인 카카오뱅크는 편리함과 귀여운 UI에 힘입어 5년도 채 되지 않아 천만 고객을 넘었다. 기존 방식으로는 상상할 수 없는 일이다. 스마트폰을 신체 일부로 받아들여 오장육부가 아닌 오장칠부로 또 하나의 머리를 손에 들고 다니는 신인류의 등장으로 가능했던 일이다. 역사상 지금처럼 자식이 부모 지식을 능가하는 시대가 없었다. 부작용 일으키는 게임기로만 생각하는 기성세대가 온통 디지털 문명으로 가득 차 버린 세상에 가치관의 혼란을 겪는 일은 당연하다. 약 100년 전 1928년 3월 14일 조선일보에 의하면 서울시가 대중교통 부영버스를 운영한다는 발표에 인력거꾼들이 대거 시청에 몰려가 항의 시위를 했다. 결국, 서울시는 버스사업을 백지화했지만 불과 1년 만에 다시 버스운행이 시작되고 인력거꾼이 바로 사라졌다. 시행초기 돈 주고 구입한 종량제 봉투에 쓰레기를 담아 버려야 하는 것이 부담스러워 비난 의견이 적지 않았지만 이젠 너무 당연한 일로 기본상식이 되어 세계적인 모범사례가 되었다. 카카오 카풀서비스로 택시업계와의 마찰이 심하다. 변하지 않은 기업은 사라지듯이 변하지 않는 개인도 몰락한다. 기존 질서에 익숙한 세대에게 스마트폰은 위기이지만 신인류에게는 기회의 시간이다. 오늘의 정답이 내일의 재앙을 불러올 수도 있다. 수에즈운하를 건설한 여세를 몰아 지구 반대편에 해수면과 육지면의 차이가 다

른 파나마운하 건설에 자신만만하게 뛰어든 영웅 레셉스는 결국 파산
하여 범죄자 신분으로 법정에 섰다가 정신착란증으로 죽었다. 힘의 종
말이 시작되었다. 변화를 도출하는 것은 생각이 비슷한 사람들 사이에
서 열광적인 환호를 받는 과격한 목소리가 아니라 내부의 작고 부드러
운 '다른' 목소리이다. 세상의 위대함은 작은 것들에 대한 충실함이다.
'Christ'의 기준으로 BC와 AD로 구분하는 시대에서 'SteveJobs'로 구분
하는 BS와 AS시대가 도래했다면 너무 앞서나간 것일까?

창의성과 로맨스의 궁합

　공작새의 꼬리는 포식자의 눈에 잘 띄기 때문에 생존에 짐이 되는 큰
핸디캡이다. 그런데 왜 이 녀석들은 아직 멸종하지 않았을까. 다윈의
밤잠을 빼앗은 난제가 공작새였다. 다윈은 '공작새의 꼬리를 볼 때마다
어지럽고 토가 나온다.'고 할 정도였다. 생존의 목적이 단지 살아 숨 쉬
는 것이 아님을 공작새를 통해 알게 되었다. 공작새의 사치스러운 꼬
리는 자기 유전자를 후대에 남기기 위한 짝짓기에 비밀이 있었다. 27
마리 수컷 공작새 꼬리에 눈 모양의 무늬 수와 짝짓기 빈도를 조사했
더니 정확하게 비례함을 알 수 있었다. 눈 무늬 20개를 가위로 오려내
보았더니 놀랍게도 짝짓기 빈도가 2.5배로 감소했다. 꼬리는 패션이
아니었다. 우월한 유전자를 가진 존재임을 암컷에게 과시하는 상징물
인 것이었다. 공작새든 인간이든 이런 '위너 수컷'에 홀리게 마련이다.
진화론의 핵심 메시지는 '생명체가 가진 모든 생김새와 습성은 우연의

산물이 아니라, 생존과 짝짓기를 위한 도구'라는 점이다. 동식물의 모든 특성은 생존과 번식이라는 뚜렷한 목적을 달성하기 위한 도구다. 지금까지는 새의 부리 모양이나 기린의 목처럼 신체 특성에 국한 시켜 알았지만, 인간의 마음과 무관하지 않았다.

심리학자 체프리 밀러는 '창의성과 도덕성이 인간만이 가지는 특성이 아니라 진화 과정에서 생긴 도구'라 주장한다. 피카소는 캔버스에, 바흐는 악보에 생을 바쳤다. 생존을 위해 필요한 행동이 아니라고 본 인조차 의식하지 못한 부분이었지만, 상당 부분 짝짓기를 위한 파격적인 행동이란 견해이다. 멋진 꼬리가 짝짓기 경쟁에서 승부를 가르듯, 멋진 마음을 가진 인간이 짝짓기 경쟁에서 우위를 점한다는 사실이다. 피카소는 한결같은 꾸준함을 가진 사람이 아니었다. 한참 붓을 내려놓고 있다가 갑자기 예술적 창의력이 폭발하는 광적인 시기가 그의 삶에 새로운 여인이 등장하는 시점과 일치했다. 창의성과 로맨스의 궁합, 피카소만이 아니었다. 신곡의 단테, 천재 화가 살바도르 달리, 14명의 사생아를 남길 만큼 많은 여인과 사랑을 했던 구스타프 클림트 등등 현재 진행형이다. 젊은 대학생에게 만화 한 컷을 보여주고 캡션을 붙이도록 했다. 큰 상금을 주겠다는 약속(돈 조건)보다 멋진 여인과 데이트 약속(연예 조건)에서 아이디어가 속출한다는 연구가 이를 충분히 뒷받침하고 남는다. 속담에 '여자는 애교, 남자는 배짱'이란 말도 생존 때문이다.

1-8화 무소유

무소유란 불필요한 물건을 소유하지 않고 아니다 싶으면 버리고 떠날 수 있는 모습이어야 말로 진짜 무소유의 실천이다. 소유를 줄이면 본질이 보인다. 사실 무소유는 자본주의 사회에서는 비현실 그 자체다. 산속에서 스님처럼 '어쩌다 무소유 신세'라면 몰라도 물질만능 사회에서는 포기할 수 없는 욕망이다. 무소유란 말을 들을 때마다 이율배반적이란 생각이 든다. 법정은 다른 욕구는 다 포기해도 인정 욕구는 쉽게 포기할 수 없다고 실토했다. 특히, 이성에 대한 인정 욕구는 포기할 수 없는 본능이다. 스님이야 번식(?)에 대한 책임이 없으니 가능할지 몰라도 평범한 우리에게 무소유를 강요하는 것은 가혹한 억지 논리다. 지하철 문 앞까지 땀 흘리며 뛰어 왔는데 무심하게도 문이 닫혀버렸다. '원망스럽다. 더 빨리 뛸 걸!' 내가 탈 차는 다음 차인데 시간표대로 움직이는 것을 내가 탈 차라는 생각의 틀에 가두는 것도 소유적인 태도이다. 무소유란 불필요한 물건 외에 자기 마음대로 실상을 만들어 정하지 말라는 의미다. 아무리 갖고 싶은 물건이라도 손에 넣은 순간 흥미가 사라지는 실상을 깨닫는 것도 무소유의 실천이다. 동물은

경험하나에 지혜하나

정신병이 없다고 한다. 맨발로 정신을 빼앗길 물건이 소유할 일이 없기 때문이다.

사랑에 실패한 딸이 울며불며 통곡한다. 어머니는 사랑이 다시 찾아온다고 달래지만 영원한 사랑을 믿는 딸은 죽겠다고 난리를 편다. 어머니는 사랑이란 두 남녀 사이의 특별하고 일시적인 관계라는 '실상'을 알고 있다. 인간은 현재 기준으로 미래를 예측한다. 손에 넣지 않은 현재는 그 물건을 넣은 후의 미래를 상상할 수 없기에 소유가 계속 증가한다. 거울은 고정된 자기 상(相)을 가지고 있지 않다. 오는 대로 맞이하고 가는 대로 내보내며 있는 그대로 응대한다. 차별 없이 떠나보내는 거울 같은 마음은 괴로움을 만들지 않는다. 기억하려고도 판단을 하려고도 하지 않아서 늘 평화로운 모습으로 존재한다. 마음을 혼란하게 만드는 내적 갈등의 대부분은 자기 마음대로 인생을 통제하고자 하는 욕망에서 비롯된다. 철학의 기본은 '있는 그대로'를 수용하는 것이다. 능히 만물을 감당하면서도 그 마음에 상처를 입지 않는 것이 거울의 참 모습이다. 사랑은 '너'를 알고 싶어 시작하지만 결국 '나'를 깨닫는 과정이다. 자기 틀에 맞추는 것이 소유이며 집착이다. 실(實)을 모르면 상(相)을 짓게 된다. 그래서 그런지 '실상사'라는 절 이름이 참 많다.

인디언의 무소유

인디언의 생활을 소개한 류시화의 〈나는 왜 너가 아니고 나인가〉는 소유에 집착한 나를 한없이 부끄럽게 만든 책이다. 그들은 필요한 만큼 소유하고, 소유한 만큼 자연으로 되돌려주는 인디언의 삶을 통해 필요 이상의 소유가 죄악임을 깨닫게 한다. 꿀벌은 필요 이상으로 꿀을 저장해 두다가 모두 빼앗기지 않는가. 원숭이를 산 채로 잡는 방법은 입구가 좁은 항아리에 먹이를 넣어두기만 하면 된다고 한다. 원숭이가 손으로 움켜쥐는 순간 곧 닥칠 위험을 생각하지 않는다. 부분을 희생하지 않아 전체를 잃는 것이다. 소유에 사로잡힌 인간의 모습과 흡사 닮았다. 전 세계가 공용으로 사용하는 1달러 지폐에는 신을 신뢰한다는 'IN GOD WE TRUST'라는 문구가 적혀있다. 사람이 돈을 소유하는 게 아니라 돈이 사람을 소유하고 있어 GO(L)D의 오타임에 틀림없다!

1-9화 재주는 덕의 머슴

　세상의 존재 방식은 두 가지로 존재한다. 실존으로 존재하느냐와 본질로 존재하느냐로 나뉜다. 의자의 본질은 앉는 것인데 본질이 훼손되면 바로 폐기 처분한다. 돼지의 본질은 먹는 것이다. 돼지의 본질이 훼손되면 가차 없이 살처분한다. 그러나 인간은 실존으로 존재하므로 아파도, 교회를 안 다녀도 살처분을 하지 않는다. 불행히도 현대사회는 인간에게 가치라는 본질로 올가미를 덮어씌운다. 동식물을 보면 먹을 생각부터 하고, 사람을 만나면 가치 여부로 판단하려 든다. 큰 상수리나무는 쓸모 있는 문목(文木)이 아니라, 쓸모없는 산목(散木)이라 오래 살아남는다. 상수리나무는 배를 만들 수 없고, 널로도 쓰이지 않으며, 문이나 기둥의 재목도 되지 않아 아무도 거들떠보지 않는다. 쓸모없이 자랄 수밖에 없어 천수를 누리면서 수천 마리의 소를 기르고, 마을 사람의 쉼터가 되고 수호신이 되어 오래도록 그 마을을 지킨다. 개천의 용도 중요하지만, 송사리로 남아 개천을 지키는 것 또한 중요하다. 모든 송사리가 용꿈을 꾸면 그 개천은 뭐가 되겠는가. 혼자 용빼는 재주로 용천하는 것보다 함께 힘이 되어주는 사람이 더 소중한 존재가 된다. 사과나무는 열매 맺는 능력 때문에 제 수명을 다하지 못하고 가지가 찢겨 나가니 세상 모든 이치가 이와 같다. 호랑이와 표범은 그 가죽의 무늬 때문에 사냥꾼의 표적이 되고, 원숭이는 빼어난 재주 때문에 밧줄에 묶이는 신세가 되며, 사냥개 역시 그 충성심과 민첩함 때문에 목줄에 묶여 부림을 당한다. 남부러운 재주 때문에 육신을 수고롭게 하며 고달픈 신세를 벗어날 수 없다. 쓸모없음[無用]이 큰 쓰임[大用]이다. 이마가 흰 소나 코가 뒤집힌 돼지는 재수 없어 제사용으로 쓰이지 않아 오히려 큰 행운이다. 쓸모 있는 나무는 자라면서 소의 말뚝이 되고, 한 아름 자라면 집 기둥이나 대들보가 되고, 두세 아름 자라면 귀인이나 부잣집의 널감을 구하는 자들에게 남김없이 베어져 타고난 천명을 다하지 못한다. 사람들은 유용(有用)의 용(用)은 알지만, 무용(無用)의 용(用)은 모른다. 천하의 미물인 지렁이도 물고기가 좋아하듯 보잘것없는 것이라도 모두 쓸모를 가지고 살아간다. 권정생의 〈강아지똥〉은 아무도 거들떠보지도 않아 버림받은 존재지만 민들레꽃을 피우는 소중한 거름이 되는 존재임을 감동적으로 일러준다. 세상의 가치 기준에 얽매이지 않고 자기 고유의 본성을 지킨다면 온전한 삶을 살 수 있다. 80년대 초반 고교야구의 전설 박노준 선수는 전국고교 야구대회에서 4번의 MVP를 거머쥔 화려한 경력의 선수지만 너무 일찍 발탁되어 혹사당한 비운의 스타였다. 부모나 가족들이 '장자의 산목이야기'를 알았더라면 하는 아쉬움이다. 정글의 최강자 재규어는 헤엄도 잘 치고, 나무도 잘 타서 당해 낼 동물이 없지만, 모피를 노리는 천적 인간에 의해 멸종위기를 맞고 있다. 아름다운 가죽 때문에 피위지재(皮爲之災)의 화를 당한다. 재주는 덕을 넘지 못해 재주 많은 사람은 덕의 머슴이 된다.

1-10화 익명의 권위

　노래를 잘 부르거나 그림을 잘 그리는 사람을 보면 부럽다. 그림이나 노래를 잘하는 사람은 무슨 복을 타고나서 그럴까? 노래방에 가면 주눅 들기 전에 먼저 마이크를 잡고 목청만 높이는 편이다. 그림을 잘 그리지 못해도 미술 시간이 행복할 수 있어야 하는데 우리는 잘 그린 그림에만 찬사를 보낸다. 초등학교 5학년 때 읍 단위 미술대회에 나간 적이 있었는데 대회 출전한 것만으로 남들보다 재능이 있었을 것임에도 불구하고 미술대회를 준비하는 과정에서 선생님의 눈빛에 주눅 들어 그 이후로 그림에 손을 댄 적이 없다. 지금 생각해 보면 그림에 소질이 없는 것에는 의심하지 않지만, 지금도 그 선생님의 한숨 소리가 들린다. 그림이든 뭐든 배우는 즐거움이 진정한 행복인데 우리는 늘 결과에만 집착한다. 용을 그리려다 뱀을 그려도 있는 그대로의 모습을 수용하고, 서툴지만 표현하는 과정의 행복을 즐겨야 한다. 잘 그리려면 엄청난 스트레스와 긴장을 유발한다. 완벽을 추구하는 교육은 사람을 산 채로 잡아먹는 괴물이다. 있는 그대로에 만족하는 '불완전할 용기'가 필요하다. 테니스를 못 쳐도 땀만 흘리면 된다. 남들이 한 달 만

경험하나에 지혜하나

에 배우는 기술을 두 달 걸려 배운다고 해서 창피한 것이 아니다. 운동의 본질은 땀을 흘리는 것이다. 우리는 피카소 작품을 보면 의미도 잘 모른 채 그 명성 때문에 훌륭한 그림이라 감탄한다. 아마 학창시절 미술 선생님에게 철저히 세뇌 당했거나, 미디어의 '권위'에 주눅이 든 것일지도 모른다. 에리히 프롬이 말하는 '익명의 권위'이다. 남들이 다들 명작이라 칭찬을 하는데 나만 바닥을 드러내는 것에 대한 두려움 때문일지 모른다. 우리는 수없이 만나는 정보들이 얼마만큼의 진실을 함유하고 있는지 의심 없이 진실과 왜곡을 동시에 흡수하며 살아가고 있다. 미디어가 목적의식을 가지고 진실을 왜곡하고 거짓 정보를 제공한다면 우리는 그것을 인지할 수 있을까? 익명의 권위에 마구 휩쓸리는 거짓과 허구로 둘러싸인 무서운 시대에 살고 있다. '3의 법칙'이 있다. 3은 군중심리가 시작되는 숫자이다. 고장 난 차를 세 사람이 밀어야 옆에 있는 사람이 모여들고 세 사람이 호랑이를 만든다. 3명이 가짜뉴스를 전하면 30명이 믿게 되고, 실제 뉴스로 둔갑하여 3만 명이 믿는다. 그것이 30년간 지속이 되면 종교가 된다. 성경을 실화가 아닌 깊은 지혜를 담은 은유적인 이야기로 읽는다면 탈무드나 채근담과 비슷하다. 우리는 진실 여부를 떠나 '과학'을 표명하기만 하면 당연한 것으로 받아들인다. '객관적인 진리는 없으며, 삶에 대한 유용성만이 유일한 기준이다.'라고 말한 니체의 유용성은 '쓸모 있고 이용할 만한 특성'을 말한다. 세상에는 전적으로 옳다거나 그르다는 것은 없다. 다만 서로 다른 관점에서의 서로 다른 견해만 공존할 뿐이다.

어느 모임에서 만난 의사 부인 이야기다. 그녀는 자신감 넘치고 세련된 의상과 말솜씨로 분위기를 압도했다. 눈이 약간 충혈된 것 말고는 흠잡을 데 없는 자태였다. 무슨 걱정이 있을까 싶은 사람이었지만, 술이 한잔 들어가고 분위기가 무르익자 그녀의 고민거리가 나오기 시작했다. 불면증으로 인해 뜬눈으로 밤을 지새우는 날이 많아 새벽녘에 지쳐서 겨우 2~3시간밖에 잠을 못 이룬다고 한다. 내가 '낮 동안 몸을 힘들게 해야 한다'라고 하자, 알고 있다는 듯이 말이 떨어지기도 무섭게 '혼자서 병원 사무장 역할과 초, 중학교에 다니는 자녀 세 명의 뒷바라지와 과외 스케줄로 눈코 뜰 새 없을 뿐만 아니라 가정부 없이 집안일을 혼자 도맡아 하느라 피곤한 것으로 말하면 자기보다 몸을 힘들게 하는 사람도 없을 것이다.' 그래도 잠이 오질 않는단다.

인구의 30%가 앓는다는 불면증은 음주, 흡연 같은 생활습관도 원인보다는 심리적 요인이 크다. 대한 수면학회에서는 '면역력을 향상시키는 5가지 수면 규칙'을 발표했다. 수면을 7시간 이상 유지하되, 5시간 미만은 면역력에 치명적이다. 불규칙한 수면 습관은 면역력 파괴의 주범이며, 자기 전에 쾌적한 침실환경을 유지하고, 수면의 질을 떨어뜨리는 TV나 핸드폰은 멀리하라. 특히, 통제할 수 없는 걱정거리를 안고 잠자리에 들지 말라고 했다. 우리는 새벽 출장이나 해외여행으로 잠을 설쳐 밤중에 몇 번씩 잠을 깬 적이 있을 것이다. 무의식중에 뇌에서 자명종이 작동하고 있다는 것을 느낀다. 중요한 행사를 앞두고 잠을 깊이 잘 수가 없어 선잠으로 밤을 새우기도 한다. 완성된 것보다 미완의 일을 더 잘 기억하는 현상을 러시아 심리학자 이름을 따서 '자이가르닉 효과' 또는 '미완성 효과'라고 한다. 중국 음식 배달원은 출발 전에는 어디에 배달할지는 정확하게 알지만, 배달이 끝난 후에 물어보면 한참 기억을 더듬는다고 한다. 배달할 곳은 여러 군데라도 기억을 잘하지만, 서빙이 완료되면 바로 잊어버린다. 끝나지 않은 일에 대해서는 뇌가 계속 작동을 하지만, 막상 완료된 것에 대해서는 편안한 상태로 뇌의 움직임이 정지된다. 뇌는 600억 개의 정보를 저장하다가 포화 상태가 되면 가장 쓸모없다고 판단되는 것부터 지운다고 한다. 하지만 충격적인 사건이나 큰 아쉬움은 오래 남아 수면을 방해한다. 특히, 중단된 업무나, 결과가 나빴던 일, 마음을 전하지 못한 후회는 계속 머리에 남아 맴돈다. 후회는 매일(每) 마음(忄=心)을 쓴다고 해서 회(悔)라고 한다. 골프에서 잘된 샷보다 잘못된 샷을 오래 기억하듯이 인생에서 실수나 실패는 쉽게 잊어버리지 못하고 오래 기억한다. 부부싸움은 수면에 치명적이다. 술이 아니고서는 잠을 이룰 수 없다. 칼로 물 베기라고 하지만 빨리 매듭짓는 것이 좋다. 타인에 대한 은혜나 원한은 두고

두고 기억난다. 갚아야 할 것이기 때문에 머리에서 떠나질 않는다. 일본어에 죄송하다는 말은 '済みません'이라 한다. '갚아야 할 빚이 있어 아직 끝나지 않았다'는 뜻으로 앞으로 은혜를 갚는다는 의미이다. 사람들은 매일 밤 꿈을 꾸지만, 완결된 꿈은 대부분 기억하지 못한다고 한다. 하지만 도중에 깬 아쉬운 꿈은 매듭을 짓지 못해 아침까지 또렷하게 기억한다.

작년에 건강하던 처남이 갑자기 뇌졸중으로 일주일 만에 세상을 떴다. 장례 후에 남은 형제들은 망자의 영혼을 달래기 위해 인근 절에 거액의 돈을 들여 49제를 올렸다. 처는 7주 동안 대전에서 마산까지 먼 길을 오가며 불공을 드렸지만, 49일 내내 잘해드리지 못한 회한으로 잠을 설치는 것을 옆에서 지켜볼 수밖에 없었다. 49제를 끝내고 망자의 영혼이 이승을 떠나 저승으로 안전하게 귀가한 것을 확인하고 나서야(?) 비로소 마음의 평안을 얻고 평상심으로 복귀했다. 무당의 굿이나 심리치료사의 치료도 미완성 과제에 대한 문화적인 대안이라 할 수 있다. 상담 활동도 결국 이런 역할의 일종이 아니겠는가. 미완성 과제를 해결함으로 환자를 평온하게 만들어 평상심을 갖도록 한다. 성당의 고해성사도 마무리하지 못한 일에 대한 해결이라고 말한다면 신부는 펄쩍 뛸 일이지만, 부인하지는 못할 일이다.

의사 부인은 아이 과외 스케줄과 병원 운영 등으로 신체적으로는 힘들지만, 마무리되지 않은 생각으로 꽉 차 있다는 생각이다. 바꿀 수 없는 일은 평온하게 받아들여 잠자리에 들어야 편안히 잠을 잘 수 있다.

경험하나에 지혜하나

걱정거리가 밤에는 불면증으로 이어지지만, 낮에는 우울증으로 연결되기도 한다. 불면증을 이겨내는 방법으로 우울증을 이겨내는 방법을 시도해보라. 불면증이 걱정거리에 대한 치료라면, 우울증은 크든 작든 성취감을 맛보는 것이 가장 좋은 치료제다.

1-12화 마음의 감기, 우울증

한국인에게만 특별히 있는 병이 '화병(火病)'과 '신병(神病)'이라 한다. 사회가 발전할수록 인간은 자유와 기회를 획득하는 대신 피로와 우울을 얻게 되었다. 일상에 의욕이 떨어지고 흥미가 없는 상태이다. 식욕 저하, 불면증 증상이 나타나지만 만성피로로 치부된다. 산책 등 취미생활로 바로바로 해소하는 것이 좋다. 몸이 약할 때 감기가 찾아오듯이 마음이 약할 때는 우울증이 찾아온다.

저명한 인물 중에는 작은 마을에서 자란 사람들이 많다는 통계가 우연이 아니다. 천 명 중에 뛰어난 재능을 가진 사람은 만 명 중에서는 보통사람으로 살아간다. 작은 마을에 사는 사람은 적어도 한 분야에서는 마을 최고의 전문가로 대접받는다. 누구는 가수왕이고, 누구는 씨름 왕이 된다. 옆집에는 축구왕 메시가, 앞집에는 달리기왕 우사인 볼트가 살고 있다. 각 분야의 승자가 되어 세로토닌 혜택을 누린다. 잘난 사람이 많은 대도시에 사는 현대인은 뛰어난 능력을 가지고 있음에도 잘난 사람 그늘에서는 늘 우울하다. 날이 갈수록 좁아지는 세상에서 우리들의 경쟁상대는 더 이상 마을에 사는 아무개가 아니다.

경험하나에 지혜하나

1993년 8살에 미국 유학을 간 조승희는 어머니의 헌신적인 뒷바라지로 명문 버지니아 공대에 입학하고, 여동생은 줄리어드 음대에 입학했다. 조승희는 말수가 적고 부끄러움을 많이 탔으며 공부 잘하고 남에게 폐를 끼치지 않는 얌전한 아이였다. 어눌한 영어 말투에 학우로부터 놀림과 무시를 당한 그는 조용한 '우울증' 학생이었다. 그가 바로 2007년 4월에 일어난 버지니아공대 총기 난사 사건의 주범으로 32명이 사망하고 17명이 부상하는 최악의 사태를 일으킨 장본인이다. 그의 추모 비문에는 '너 혼자 힘들었을 텐데 몰라주어서 미안하다. 너를 도와주지 못한 우리를 용서해 줄래'라고 적혀있다. 그를 살인마로 보지 않고 피해자로 간주한 비문이 세워져 있다. 마음의 상처가 내부로 향하면 우울증이 되고 외부로 향하면 폭력이 된다. 우울할 때 인디언 치료사는 세 가지 질문을 한다. 노래를 부른 적이 얼마나 되었는가. 춤을 춘 적이 얼마나 되었는가. 자신의 일을 남에게 이야기한 적이 얼마나 되었는지를 묻는다. 오래되었다면 즉시 하라는 처방을 내린다고 한다. 우울증은 '정신질환'이 아니라 몸을 움직이지 않는 '전신질환'이다.

1-13화 부엉이는 황혼이 저물어야

현대인은 매뉴얼의 덫에 빠져 있다. 인간이 만든 지식이나 매뉴얼은 늘 모순이나 한계를 지닌다. 그래서 신이 인간에게 지혜를 주셨다고 한다. 지식은 밖에서 안으로, 지혜는 안에서 밖으로 서로 조화를 이룰 때 완성된다. 낯선 시골길에서 중앙선이 끊겨 있지 않아 8Km를 갔다가 되돌아온 적이 있었다. 바로 건너편인데 네비게이션을 따라 먼 길을 돌아오는 것이 황당하기만 했다. 네비는 지식만 있지 지혜가 없기 때문이다.

헤겔은 '미네르바의 부엉이는 황혼이 저물어야 그 날개를 편다'고 한다. 서양에서는 지혜가 가득 찬 노인의 모습을 한 부엉이를 지혜의 상징으로 여긴다. 전설에 의하면 부엉이는 부모와 통정한 죄로 밤에만 활동한다. 낮에는 움직이지 않고 세상 돌아가는 것을 살피다가 어둠이 내려야 비로소 움직인다. 너무 일찍 피어난 봄꽃이나 한겨울에 날아든 제비처럼 철학이나 지혜도 시대를 앞서거나 곧바로 얻어지는 것이 아니라, 시간이 한참 흘러 한 시대가 끝나갈 무렵에야 비로소 깨닫는다. 광풍이 휘몰아치고 지나간 다음에야 뒤늦게 역사의 참 의미를 깨닫곤

경험하나에 지혜하나

하는 우리의 아둔한 역사의식과도 꽤 흡사하다. 사건이 끝나고 나서야 사후 해석만 할 따름이라는 자조 섞인 말이기도 하다. 동양의 탈무드 '채근담'은 삶의 지혜서로 자신의 의도를 훤히 드러내지 말고, 언제나 신비스런 태도를 유지하다가 불가피하게 드러내야 할 때는 전부를 드러내지 말고 최소한으로 감추라는 것이다. 당장 해결하기 어려운 문제는 하룻밤 푹 자고 나서 다시 생각하라. 시간이야말로 비밀의 나쁜 적이기는 하지만, 머리로 해결되지 않은 문제를 해결하는 가장 좋은 보약이기도 하다. 어려운 문제일수록 서둘지 말고 한 걸음 한 걸음 이모저모 살펴보는 것이 지혜로운 해결책이다. 삶의 지혜는 듣는 데서 비롯되고 삶의 후회는 말하는 데서 비롯된다. 경험 하나에 지혜 하나가 생긴다는 경일장일(經一長一)이다. 한 가지 일을 겪지 않으면 한 가지 지혜가 자라지 않는다는 불경일사 불장일지(不經一事 不長一智)에서 유래된 말이다. 원하는 것을 얻지 못하면 지혜를 얻는다.

　삼성 창업자 이병철은 후계자 이건희에게 준 휘호가 '경청'이었다. 재산을 남기면 삼십 년, 지혜를 가르치면 백 년의 재산을 물려주는 것이다. 그는 재산과 지혜를 남겨 오늘의 삼성을 만드는데 밑거름이 된 것이다. 지식은 생계에 도움을 주고 지혜는 삶에 도움을 준다. 문명비평가 니부어는 '신이여! 바꿀 수 있는 것은 바꿀 수 있는 용기를, 바꿀 수 없는 것은 평온하게 받아들일 수 있는 은총을, 그리고 바꿀 수 있는 것과 없는 것을 분별하는 지혜를 주소서'라 기도했다. 세상에 바꿀 수 없는 두 가지는 '과거'와 '남'이다. 변화는 남이 바꾸는 것이 아니라 스스로 변하는 것이다. 제 아무리 지식을 축적한들 백과사전이 되어서는 안 된다. 영리한 사람은 문제를 해결하고, 지혜로운 사람은 문제를 피해간다. 훌륭한 선장은 빙산과 맞서 싸우다 승객을 모두 구한 뒤 배와 함께 장렬하게 최후를 맞이하지만, 지혜로운 선장은 유유히 빙산을 피해간다. 삶의 무게는 감당하기보다 피하는 것이 훨씬 지혜롭다. 세상 인심은 기업 부실을 방지한 경영자보다 부실기업을 회생시킨 경영자를 칭송하듯이 아궁이를 고쳐 화재 예방을 한 공로보다 옷섶을 태우며 요란하게 불을 끈 사람의 공만 알아주는 곡돌사신(曲突徙薪)인 꼴이다. 원인 대신 결과를 바로 잡는 데 노력을 소모한다. 후회의 고통은 노력의 고통보다 항상 크다.

인디언의 지혜

인디언은 대지 위의 모든 것을 스승으로 삼는다. 바위를 가장 오래된 스승으로 할아버지라 부른다. 수 세기에 걸쳐 지혜를 간직하고 있기 때문이다. 바위로부터 내적인 힘과 인내를 배운다. 바위는 잘 움직이지 않지만, 한번 움직이면 온 세상이 주목한다. 나무는 정직함을 가르쳐 준다. 동물도 우리에게 큰 선물을 준다. 나눔의 가르침이다. 우리가 생명을 유지할 수 있도록 자신들의 목숨을 기꺼이 내어주고 지혜도 준다. 올빼미는 인내심을 갖고 관찰하는 법을, 까마귀는 영리함을, 어치새에게는 용기를 배운다. 어치새는 자신의 몸집보다 열 배나 큰 까마귀를 공격해 자신의 영역에서 몰아낸다. 박새는 머슴새라고도 한다.

해가 뜰 무렵에 이랴낄낄! 소를 몰아 밭가는 소리로 크게 울어대기 때문이다. 한 머슴이 혹독한 주인 밑에서 일을 하다가 죽어 머슴새가 되었다는 슬픈 전설을 간직하고 있다.

오딘의 지혜

'오딘'은 북유럽 신화에 나오는 전쟁과 죽음, 마법을 주관하는 신이다. 그는 더 많은 지혜를 얻고 싶은 욕망으로 지혜의 샘물을 마시기 위해 한쪽 눈을 내놓는 조건으로 지혜를 얻었다. 오딘은 한쪽 눈과 맞바꿔 지혜를 얻었지만, 한쪽 눈을 잃었다. '오딘의 날'이 Wednesday의 유래다. 나이 든다는 것은 늙어간다는 고정관념이 아니라 지혜로운 것과 바꾸는 것이다. 젊음의 용기와 지혜를 바꾸는 영광의 상처이면서, 다른 사람의 수고로움을 아는 겸손의 긴 여정이다.

1-14화 니체, 신은 죽었다

    현대철학은 니체 덕으로 살아간다는 말이 있다. 니체는 1844년 독일에서 목사의 아들로 태어나 두통과 불면증으로 교수직을 사퇴하고 사색과 저술에 몰두하여 10년간의 명상을 마치고 〈짜라투스트라는 이렇게 말했다〉에서 '신은 죽었다'고 외치면서 인간의 이성에 따라 행동하는 인본주의의 탄생을 가져왔다. 양심적인 사람이 가장 강하고, 정직해야 세상에 당당하다. 이것은 신에게 의지하는 삶이 아닌 스스로 극복하는 삶을 말한다. 인간은 신의 감시가 없으면 육체적 쾌락과 세속적 유혹에 쉽게 빠진다. 니체가 '신은 죽었다'고 선언한 뒤에 신들의 자리를 물질로 채우는 허무주의가 세상을 지배하기 시작했다. 현대는 풍요와 안정의 시대 같지만, 그 이면에 공허함이 지배하는 징후들로 가득 차 있다. 어두운 밤바다의 오징어 집어등처럼 화려한 유혹에 빠져든다. 낮에는 정신없이 일에 몰두하다가 밤에는 허무한 의미의 공백을 채우기 위해 자극적인 향락에 빠진다. 공허와 불안을 벗어나기 위해 명품, 술로 그 의미를 찾으려 한다. 이런 것들이 갈증을 풀어줄 수는 없다. 니체의 '초월'은 자기 자신을 뛰어넘는 것이다. 그래서 우리는 예술을 꿈꾼다. 인간의 눈에 보이는 사물은 곧 사라진다. 예술을 통하여 허무주의를 극복하고 긍정적인 삶의 의미로 찾고자 한다. 인간에게 있어 원숭이가 웃음거리이듯이 초인에게 인간은 원숭이와 같은 존재다. 니체는 〈안티크리스크〉에서 '진정한 그리스도는 오직 한 사람밖에 없다. 그 사람은 이미 십자가 위에서 죽었다. 진정한 그리스도교는 무조건적 사랑을 실현했다. 천국이 따로 있는 것이 아니다. 모두가 사랑을 실천할 때 여기가 천국이다. 이방인과 이웃 사람, 부자와 빈자, 배운 자와 못 배운 자를 경멸하지 않는다. 예수의 삶은 실천 이외의 그 무엇도 아니다. 그의 죽음조차도.'라고 말했다. 성직자는 지옥과 형벌로 위협한다. 만인은 평등하다고 주장하지만, 모든 곳에 능력에 따른 위계가 존재한다. 욕망을 억압하기보다 정신적인 승화로 풀어야 한다. 인간의 삶에는 어떤 최종 목적도 의미도 주어져 있지 않다.

100년 전 짜라투스트라가 내세운 것은 '신은 옳고, 신이 아닌 것은 나쁘다'라는 단순한 사고의 통념을 부수는 새로운 생각 추구다. 18C 인본주의는 신 중심 세계관에서 인간 중심적 세계관으로, 이제는 빅데이터에 의존하는 시대가 되었다. 기준이 신에게서 데이터로 대체되어간다. 인간의 지식보다 빅데이터를 더 신뢰한다는 뜻이다. 여성의 혼외정사는 더 이상 하늘이나 성경의 기준이 아니라 많은 사람이 혼외정사를 즐긴다면 나도 양심의 가책 없이 혼외정사를 즐기는 빅데이터가 기준이 되어가고 있다.

긍정적인 사람이 되기 위한 3단계

니체는 긍정적인 사람이 되기 위한 3단계를 말한다.

1단계는 낙타의 정신이다. 낙타는 '복종'이다. 주인의 명령에 순종만
하며 살아간다. 아무리 무거운 짐을 지고 뜨거운 모래 열풍이 불어오
는 사막 위를 걸어가더라도, 내색하지 않고 최대한 짊어지다가 마지막
에 올려놓은 지푸라기 하나에 의해 푹 고꾸라져 죽고 마는 인내와 순
종의 대명사다. 낙타에게 자기 자신은 있을 수 없다.

2단계는 사자의 정신이다. 사자는 '자유'다. 용맹하기 이를 데 없다.
항상 당당하고 위엄이 있다. 용감하지만 상대와 맞서려고만 하는 미숙
함으로 새로운 가치를 창조하지 못하는 도덕적인 파괴 단계다.

3단계는 어린아이의 정신이다. 어린아이는 '초인'의 모습이다. 어린
이는 삶과 놀이의 구분이 없다. 삶이라는 놀이에 빠져 즐길 뿐이다. 싸
우다 바로 웃으면서 어울린다. 어린이는 과거를 잊고 현재에 몰입하고
집중한다. 만약에 '신나는 음악이 흘러나온다면' 낙타는 그 음악에 침
묵하고, 사자는 '이게 뭐야' 소리치고, 어린아이는 함께 춤을 춘다. 솔
직함과 당당함이 맹목적 답습보다 새로운 창조의 힘이고, 매사 유쾌함
그 자체가 긍정적인 힘이다. 벌거벗은 임금님을 보고 웃을 수 있는 것
도 바로 어린아이다. 어른들은 성장 과정에서 주입된 가치를 고정된
의미로밖에 받아들이지 못한다. 어린아이는 매 순간 새로운 상상과 가
치를 창조하고, 분쟁을 잊고 몰입한다. 있는 그대로를 긍정하고 삶을
예술적 가치로 창조한다.

경험하나에 지혜하나

1-15화 생전 장례식

2019년 4월 7일 도보 여행가 김남희는 〈삶의 속도, 행복의 방향〉을 함께 쓴 일본 작가 고이치 선생의 생전 장례식에 다녀왔다[1]. 선생은 4월 28일 영면에 들었다. 참석자 모두 그와의 추억을 이야기하며 음식과 와인을 즐기며, 눈물보다 웃음이 풍성한 자리였다. 벚꽃처럼 화사한 죽음을 보았다. 그날은 물기 어린 눈으로 웃으며 그는 'Happy Death Day'라는 티셔츠를 입고 가족과 추억과 사랑을 나눈 마지막 자리였다. 누구나 살아있을 때 장례식을 치른다면 세상이 한결 평화로울 것이다. 간디의 말처럼 내일 죽을 것처럼 살고, 영원히 살 것처럼 배워야 하는데 다들 영원히 살 것처럼 행동한다. 벚꽃처럼 찬란한 마지막을 보낸 고이치 선생님은 '오늘은 죽기에 좋은 날이다'라고 적힌 티셔츠를 입고 병색이 짙었지만, 활짝 웃는 미소로 인사를 했다. '요코소 슬로 데스 하나미(죽는 잔치에 오신 것을 환영합니다)'로 웃음이 터졌다. 만담이 끝난 후 모두에게 건배를 제안했다. 웃음을 머금고 '오늘은 죽기에 좋은 날입니다.' 조카 부부, 딸과 사위, 친구들이 돌아가며 고이치

---

1) 2019. 5. 4. 경향신문 기사

선생님이 좋아하는 노래를 불렀다. 그렇게 먹고, 마시고, 웃으며, 가끔 몰래 눈물을 훔치며 보낸 시간이 흐르고 작별을 나눌 때, 선생님은 야윈 팔로 꼭 안아주면서 '남희가 와줘서 얼마나 기쁜지 몰라. 어딘가에서 다시 만나게 될 거야.' 어떻게 작별 인사를 해야 할지 몰라 그저 고개를 끄덕일 뿐이었다. 살면서 많은 작별을 하지만 죽음이란 마지막 여정의 작별 인사는 처음이었다. 남은 자의 삶의 마무리에 대한 배려가 포함되어 있다. 그렇게 그는 벚꽃처럼 살다가 미련 없이 떠나갔다.

KPMG회장 오켈리의 사전 장례식

미국회계법인 KPMG회장 오켈리는 53세에 세상을 떠났다. 그가 뇌암 확진 판정을 받았을 때 남은 시간은 석 달 뿐이었다. 오켈리는 삶의 기억을 공유한 이들에게 편지와 전화로 작별 인사를 했다. 그 수가 1천 명이 넘었다고 한다. 친지를 초대해 좋은 식당에서 고급 와인을 나누면서 추억거리를 만들었다. 그 90일간의 경험과 사색을 <인생이 내게 준 선물>이란 책으로 남겼다. 그는 자기의 삶을 충분히 음미하면서 지구 행성을 떠났다. 죽음을 앞두고 평소와 같이 산책을 하고 주변 동물과 식물에 감탄하고 사랑하는 사람들과 시간을 나눈 것이다. 죽음이 닥친다고 일상이 달라지지 않았다. 현재에 집중한다는 것을 잊지 말라는 메시지이다. 그는 지상에서의 임무를 완수하고 스스로 곡기를 끊어, 아내가 지켜보는 가운데 평화로운 죽음을 맞이했다. 얼마나 강한 정신력의 소유자면 그렇게 할 수 있을까.

유시민의 사전 장례식 설계

글 잘 쓰는 유시민은 〈어떻게 살 것인가〉에서 자신의 사전 장례식을 설계했다. 노무현의 자서전을 정리할 때 듣던 노래 'the saddest thing', 'dust in the wind'와 나미의 '즐거운 인생', 이선희의 '아, 옛날이여', 조용필의 '단발머리'를 들으면서 독일 유학 시절 즐겨 먹던 맥주 '바르슈타이너(warsteiner)'와 와인은 '까베르네쇼비뇽', 막걸리는 고양시의 '배다리 양조장'의 것으로 준비하여 친척과 친구들을 초대하여 잔치를 벌이고자 한다. 잔치가 끝나고 나면 내 정신은 사라지고 활동이 멈춘 육체만 남아 있을 것이다. 마지막은 화장이다. 유골함은 사양한다. 잘 썩는 천 보자기면 족하다. 내 몸뚱이 하나 편하게 살겠다고 얼마나 많은 민폐를 끼쳤던가. 죽은 후 영혼 따위는 믿지 않는다. 내게 남은 것은 나를 생각해주는 가족, 지인들의 머리에 남아 있는 기억과 추억뿐이라 생각한다. 죽음이 다가올수록 남은 시간이 더 귀하게 느껴진다. 주어진 삶을 제대로 살다가 때가 되면 나는 그렇게 웃으며 이 행성을 떠나고 싶다. 인생의 모퉁이를 돌 때마다 뜻을 같이하고 사랑과 정을 나누었던 사람들과 시련과 고통을 함께 견뎌냈던 사람들을 초대하려 한다. 참 멋있는 설계가 아닌가. 죽음을 거부하고 늙지 않으려 애쓰는 것만큼 슬픈 일은 없다. 신이 인간을 질투하는 딱 한 가지는 인간이 마지막 순간에는 착하게 살다가 간다는 것이다. 신은 죽지 않기 때문에 이런 순간이 없다.

노무현 유서

노무현 전대통령의 유서는 인상 깊다. 인생에 대해 '슬퍼하지 마라. 삶과 죽음이 모두 자연의 한 조각'이라는 심경으로 '누구도 원망하지 마라'는 '운명'이란 두 글자로 표현하고, 장례에 대해 '화장하라. 집 가까운 곳에 아주 작은 비석 하나만 남겨라'고 '오래된 생각'임을 덧붙였다. 작은 비석은 미래를 위한 것이다. 검찰청사 앞에 닿은 버스에서 내려 먼 곳을 바라보는 그의 모습을 보는 순간 섬뜩했던 기억이 난다. 그 모습으로 그는 부엉이바위에서 뛰어내렸으리라. 풍수전문가 김두규 교수는 봉하마을 사저 건립지 사전답사 시 '옛 무덤 자리이면서, 전면에 부엉이바위가 지나치게 강하게 버티고 있고, 집터 옆 시내에서 골바람이 너무 세게 불어서 기가 너무 센 터'라는 부적절한 의견을 제시했으나 노대통령이 풍수를 믿지 않아 받아들여지지 않았다는 후문이다. 풍수(風水)는 바람의 얼굴과 물의 마음이란 뜻으로 자연에 포근히 안기고 싶은 인간의 염원일 것이다.

김종필 생전 묘비명

충남 부여군 외산면 가덕리에 있는 김종필 전총리의 묘비명은 많은 여운을 남긴다. 그는 보기 드물게 '준비된 죽음'을 거쳐 이승을 떠났다.

'사무사(思無邪)'를 인생의 도리로, 무항산 무항심(無恒産 無恒心)을 치국의 근본으로, 년구십이지 팔십구비(年九十而知 八十九非)를 탄하며, 잡다한 물음에 소이부답(笑而不答) 하는 자가 내조의 덕을 베푼 영

세반려(永世伴侶)와 함께 이곳에 누웠노라'

- 사무사(思無邪)는 〈시경〉 3백 편의 시를 한 마디로 압축한 '생각
에 사특함이나 거짓이 없다'는 의미이다.

- 무항산 무항심(無恒產無恒心)은 〈맹자〉의 핵심사상으로 '궁핍하면
바로 설 수 없다'에서 따온 것이다. 빈 마대 자루가 바로 설 수 없고,
선비도 사흘 굶으면 남의 집 담장을 넘는다. 부자가 되려면 세상의 이
치를 알아야 하고 그 이치를 깨달으면 인간의 이치를 알게 된다.

- 년구십이지 팔십구비(年九十而知 八十九非)는 〈회남자〉의 '오십
세지비(五十歲知非)'에서 따온 말로 '아흔이 되어보니 지난 여든아
홉까지의 삶이 헛되구나'를 알게 되었다

- 소이부답(笑而不答)은 이백의 〈산중문답〉의 한 구절이다.
문여하사 서벽산(問余何事 棲碧山) 무엇 때문에 청산에 사느냐
소이부답 심자한(笑而不答 心自閑) 웃으며 답하지 않아 절로 한가
롭네.
그는 세상의 잡다한 물음에 애써 웃음 지으며 답하지 않음으로 마
음이 절로 한가롭게 됨을 알게 된 것이다.

- 부인이 먼저 임종할 때 '내가 이렇다 할 보답도 못했는데. 허망하기
짝이 없구나.' 끝까지 손을 잡고 마지막 입맞춤을 하자 숨을 거두었
다고 전한다. '현충원보다 부인과 같이 나란히 눕고 싶었다. 마누라

는 나에게 호랑이 선생님이었다'라며 눈물을 왈칵 쏟았다고 이를
지켜본 사람이 전했다.

· JP 김종필의 묘비명은 명나라 진계유의 '연후(然後)'를 연상케 한다.
'고요히 앉은 연후에 평소 내 마음이 경박했음을 알았고,
침묵을 안 연후에 내 목소리가 요란스러움을 알았고,
문을 걸어 잠근 연후에 앞서 사귐이 지나쳤음을 알았고,
욕심을 줄인 연후에 내가 병적이었음을 알게 되었다.'

· 그의 아호인 '구름 정원'이라는 운정(雲庭)에 걸맞게 인생의 도리와
부인에 대한 그리움이 묻어나는 비문으로 일생을 한마디로 잘 정리
한 명문이다.

경험하나에 지혜하나

1-16화 두려움

　교토삼굴(狡兔三窟)이라는 말이 있다. 영리한 토끼는 세 곳의 굴을 파놓아 재난이 닥치기 전 미리 이중삼중 대비책을 세운다는 의미이다. 평화로울 때 위태로움을 생각하는 거안사위(居安思危)의 지혜다. 평지 폭 1m의 길은 뛰어서라도 갈 수 있지만, 중국 장가계 기암절벽의 유리 잔도 길은 울타리가 있음에도 불구하고 그 길을 자연스레 걷는 사람은 많지 않다. 그것은 두려움의 차이다. 우리는 세상의 두려움과 고통에 어린아이처럼 노출된 왜소하고 연약한 존재다. 그 두려움을 넘어서지 않고서는 새로운 세상을 만날 수 없다는 것이 헤르만 헤세 〈데미안〉이 주는 메시지이다.

　새는 알에서 나오려고 투쟁한다. 알을 부수고 나오는 새는 죽지 않는다. 태어나려고 하는 자는 알을 깨트려야 한다. 새는 신에게로 날아간다. 신의 이름은 '아프락사스'다. 그는 신의 세계이면서 또한 사탄의 세계이다. 우리는 신을 만들고 신들과 싸운다. 당신이 정상적인 인간이 되었을 때 신은 우리를 축복해주며 당신을 떠나 새로이 끓일 냄비를 찾아 떠난다.

삶에 대한 애착이 커질수록 두려움도 커진다. 고통과 두려움은 나와 친한 친구가 될 때까지 나를 괴롭힌다. 두려움은 우리가 두려워하는 일을 할 때 비로소 없어진다. 편안히 받아들이는 것이 두려움을 극복하는 길이다. 파도가 일어나고 사라지는 것처럼 존재하는 모든 것이 생성과 소멸을 반복한다는 것을 알게 된다면 더 이상 두려움이 끼어들 자리는 없다.

사람은 누구나 늙어 죽는 것을 두려워한다. 나이 든다는 것은 가장 낯선 경험이고, 부모와 자녀가 사이좋게 나이 먹어가는 것은 인생에서 가장 멋진 동행이다. 나이 들어 경험을 쌓는 것은 건물의 높은 층으로 올라가는 것과 같다. 전에 보이지 않던 곳까지 더 멀리 보인다. 햇살이 비치는 창가에 앉아 태양 아래 뛰노는 아이들을 멀리서 구경하다가 꾸벅꾸벅 졸 수 있는 즐거움도 준다. 손주의 재롱을 편안하게 즐길 수 있어 나이 듦이 두렵지 않다.

일체유심조

탈무드에 나오는 이야기다. 처음 쇠가 만들어졌을 때 온 세상의 나무들이 두려움에 벌벌 떨었다. 그러나 하나님은 나무를 향해 '두려워 마라! 쇠는 너희가 자루를 제공하지 않는 한 너희에게 상처를 입히지 못한다.'라고 했다. 두려움은 늘 우리 마음속에 있다. 해골 물을 마신 원효는 나이 40세에 깨달은 '일체유심조(一切唯心造)' 사상으로 유명하다.

학창시절 아끼던 물건이 없어졌다. 옆 짝꿍을 의심하기 시작했다.

경험하나에 지혜하나

그는 나와 눈을 맞추지 못하고 나를 피해 다니는 것을 보고 그가 한 짓임을 확신하고 담임선생님께 신고하려고 했는데 엉뚱한 곳에서 그 물건을 찾게 되었다. 그 이후로 그 친구가 한없이 착하게 보였다.

밤중에 산속을 다닐 정도의 강심장은 없다. 하지만 사랑하는 자식이 그곳에서 울고 있다면 이야기는 달라진다. 마을 뒷산에 운동을 나간 마누라가 밤이 되어도 돌아오지 않아 혼자서 산을 헤맨 적이 있었다. 두려움은 그다음 문제다. '용기'란 두려움을 없애는 것이 아니라, 두려움보다 더 중요한 우선순위가 생기면 극복할 수 있다. 호랑이인 줄 알고 쏴야 화살이 돌에 박히는 사석위호(射石爲虎)다.

카잔차키스의 묘비명

까뮈가 '나보다 열 번은 더 노벨문학상을 받아야 할 인물'이라 극찬한 〈그리스인 조로바〉의 카잔차키스의 묘비명은 'I hope for nothing, I fear nothing, I free (나는 아무것도 원하지 않는다. 나는 아무것도 두려워하지 않는다. 나는 자유다).' 욕망으로부터의 자유, 지식으로부터의 자유, 소유로부터의 자유는 욕심과 두려움이 없어야 누릴 수 있는 권리이다.

에리히 프롬의 〈자유로부터의 도피〉는 자유에 대한 우리의 인식을 크게 흔든다. 자유를 누리는 사람은 행복하기만 할까? 처음 맛보는 자유 앞에서 방종을 일삼는다. 자유란 듣기 싫어하는 것을 말할 수 있는 권리도 있지만, 그것을 지켜야 할 책임도 있는 것이다. 자유에는 견디기 어려운 책임과 통렬한 고통이 따른다. 자유는 또 다른 구속이고 인간은 자유의 형벌에 처해 있다고 선언할 정도다. 고삐는 맬 때 보다 풀 때가 더 위험하다. 억압당한 욕구가 봇물처럼 터져 나오기 때문이다.

남경희로

今朝覽明鏡 금조남명경 오늘 아침 거울을 들여다보니
颯颯盡成絲 수빈진성사 머리와 귀밑이 희끗희끗해졌네
親屬惜我老 친속석아로 모두 내 모습을 아쉬워하지만
而我獨微笑 이아독미소 나 홀로 미소 짓네
老即生多時 노즉생다시 늙는 것은 오래오래 산다는 것
不夭即須衰 불요즉수쇠 늙은 것이 아니라면 요절했을 터
晩衰勝早夭 만쇠승조요 '요절이 아니라면 노쇠했을 터
我今次六歲 아금결육세 일흔에서 여섯 살 모자라나
何羨榮啟期 하선영계기 아흔 넘긴 영계기가 부러울까?
當喜不當歎 당희부당탄 탄식보다 기뻐함이 당연하지
更傾酒一巵 갱경주일치 이 술잔을 가득 채워 보거라

시인 백거이는 '남경희로(覽鏡喜老)'를 노래했다. '거울을 보고 늙음을 기뻐한다. 늙지 않았으면 요절했을 터. 요절하지 않고 늙어서 기쁘지 아니한가?' 흰 머리가 늘어감에 따라 아내의 잔소리도 늘어간다. 손주가 재롱을 부리는데 어찌 팔팔할 수 있겠는가. 늙는다는 것은 오래 살았다는 의미이다. 부친은 49세에 작고했다. 내 기억 속에는 늘 젊은 아버지의 모습으로만 남아 있다. '喜老'는 즐거운 일은 아니지만 슬퍼할 것까지 없다. 삶은 시간으로 가치가 결정되는 것이 아니지만 젊어서 죽는 것보다 낫다.

축제의 기원

2만 5천 년 전 구석기시대 사람들은 사냥을 마치고 '오늘도 무사했구

경험하나에 지혜하나

나.' 라는 안도감으로 다시 내일을 준비하는 과정에서 뒤풀이를 즐긴다. 낮에 보았던 사나운 동물의 두려움을 떨쳐버리고, 같이 사냥한 동료의 죽음을 애도하면서 고기와 술을 마시며 밤새도록 춤을 춘다. 다시 내일이면 사나운 동물과 마주해야 하는 두려운 상황을 극복하고 다시 새 힘을 얻기 위해 엑스터시의 세계로 빠져든다. 사냥이 없는 날에는 벽에 힘센 동물의 모습을 그려놓고, 벽화를 통해 두려움을 극복하는 법을 찾아내려고 안간힘을 다한다. 이런 행동이 축제의 형태로 발전하여 인간은 생존하는 법을 터득해 왔다. 아직도 알타미라 동굴 수준에 머무르는 '원시인' 지역이 있지만, 현대인의 생각 속에서도 수만 년 전 선조의 잠재적인 의식이 아직도 작동되고 있다. 생존에 대한 욕망과 미래에 대한 두려움이 축제라는 형태로 계속되고 있다.

냉동실에 갇힌 선원

1950년 영국의 컨테이너 운반선이 포르투갈산 마디라 포도주를 싣고 가던 중에 작업 중 선원 한 명이 냉동실에 갇히게 되었다. 냉동실 안에 식량은 있었지만, 추위는 견딜 수 없었다. 아무리 문을 두들겨도 소용이 없었다. 그는 쇳조각으로 벽에 자기가 겪은 고통을 날짜별로 새겼다. 찬 공기에 따끔거리는 상처가 어떻게 변해 가는지, 얼음덩어리가 되어가는 과정을 상세히 기록했다. 배가 리스본에 도착해 냉동 컨테이너 문이 열리고 선원은 죽은 채로 발견되었다. 사람들은 벽에 새겨놓은 고통의 일기를 읽었다. 정작 놀란 것은 컨테이너 안에는 화물이 실려 있지 않아 냉동장치가 작동되지 않았다는 것이다. 사람은 물만 먹으면 21일을 생존한다. 아무것도 먹지 않아도 7일을 생존한다. 조선시대 사도세자는 뒤주에 갇힌 뒤 여드레째 되는 날 아무런 기척이 없었다고 전해진다. 물의 온도는 항상 18도를 유지하지만, 겨울에 더 차게 느껴진다. 모든 것은 오로지 마음이 만든다는 일체유심조이다.

경험하나에 지혜하나

1-17화 신화와 종교 그리고 과학

고대 그리스에는 제우스신이 하늘과 땅, 지하 세계, 사랑과 전쟁 등을 주관한다고 믿었다. 신화의 신들은 죽지 않고 초능력을 쓰는 것 외는 사람과 비슷하여 다른 종교의 신들과는 차이가 있지만, 인간의 모습이 잘 투영되어 만들어진 신들이다. 올림포스산 위에 살던 신들이 지상에 내려와 보니 인간들이 너무 우수하여 곧 자기들보다 앞설 것이 염려되어 대책회의를 열었다. 인간이 신을 앞지르지 못하도록 운명적으로 결정지을 방법을 궁리한 끝에 인간을 남녀 둘로 나누자는 결론을 내렸다. 그 후로 인간은 잃어버린 반쪽을 찾기 위해 다른 발달을 할 수가 없어 신들보다 앞서지 못하게 되었다고 한다. 다소 허무맹랑한 이야기지만, 신화는 현실 속에서 해결 불가능한 다양한 문제들을 중개 기능을 통하여 논리적으로 해결해 나가고자 하는 의도가 숨어있다. 종교의 역사는 길어야 2500년, 과학은 불과 150년밖에 되지 않지만, 신화는 인간이 지구상에 출현한 450만 년 동안 인간의 모순을 극복해온 논리다. 종교나 과학이 생기기 이전의 세계를 지탱해온 논리다. 인류의 역사를 100년으로 본다면 과학의 역사는 불과 3일에 지나지 않는다.

은하수가 제우스의 아내 헤라의 젖줄이며, 밤하늘의 등뼈라는 사실을 극복하고 별들의 집단임을 밝혀냈다. 과학적으로 은하수가 별들의 집단임을 안 것은 불과 270년 전의 일이다. 천둥과 번개를 관장하는 '토르'가 하늘의 주인 행세를 하면서 죄인을 벌하는 하느님의 망치로 오랫동안 지배하다가, 18C에 이르러 연에 열쇠를 매달아 올리는 피뢰침 실험을 한 벤저민 프랭클린에 의해 '토르' 신은 무장해제 되었다.

근대 초기 빛의 움직임은 '에테르'라고 알고 있었지만, 지금까지 에테르의 존재를 입증하지 못했다. 그 대신 더 나은 이론의 등장으로 에테르라는 개념이 쓰레기통으로 사라져버렸다. 사실이 아닌 에테르를 통해 빛의 움직임을 설명해 왔다. 수학에서 영과 마이너스는 존재하지 않은 숫자이지만, 이 덕분에 우주선을 달나라까지 보낼 수 있었다. 결국 존재하지 않는 개념을 중간에 끼워 넣어 미지의 영역을 설명하거나 개척하는 도구가 된 셈이다. 인간은 수백만 년 동안 자연현상을 설명하기 위해 신화나 종교의 신을 이용하다가 이제 과학이 대신하고 있다. 신화는 종교 이전의 다양한 신들의 모습이라면, 종교는 신화의 여러 신을 통합한 유일신의 모습으로 자리를 잡았다. 수천 년 뒤에는 지금의 과학도 결국 신화에 포함될 것이다. 자연현상이 정확하게 규명되기 이전의 과학적인 이론은 모두 신화로 편입되어왔기 때문이다. 신화의 존재 방식이 늘 그러했다. 공기의 존재를 믿지 않던 시절 바람은 신의 숨소리라고 여겼다. 신의 존재를 입증하지 못했지만 번개, 비, 바람, 생명의 기원을 훨씬 더 자세히 설명하는 이론으로 발전해 왔다. 영혼

경험하나에 지혜하나

도, 신도, 에테르와 같은 개념이 아닐까. 보이지 않는 천국을 설명하려면 '천사'를 보조 개념으로 풀어나가는 방식이 신화의 진화방식과 유사하다. 자연의 패턴에서 신의 메시지를 찾으면 미신이나 종교가 된다. 우리의 뇌는 미신 친화적인 뇌를 소유하고 있어 스토리를 만들어내는 놀라운 능력을 지니고 있다. 인간의 우수함을 질투한 신들에 의해 남녀로 갈라졌다는 신화적인 사고나 남자의 갈빗대로 여자를 만들었다는 종교적인 사고는 둘 다 서로 내 몸같이 사랑해야 한다는 메시지는 동일하다.

현대 과학에서 남녀의 사랑은 성적 결합으로 종족보존의 의미로도 해석하지만, 행복에 관한 한 신화나 종교가 과학보다 더 논리적으로 설명하고 있다. 이같이 신화는 몇 세기 이전까지 '번개'와 '은하수' '남녀'와 '행복' 등에 대한 해석을 논리정연하게 설명하여 인류의 지성으로 자리 잡아 왔다. 물질적인 존재를 규명하는 것은 과학이 더 현명할지 몰라도, 정신적인 것은 신화가 더 많은 해답을 주고 있다. 신화와 종교 그리고 과학의 세 얼굴은 같은 역할을 하는 연속적인 흐름이다. 신화는 무지와 상상력의 합작품으로, 인간이 최초로 생각해낸 종교이자 과학이다.

두 철학자의 밤샘 토론

어느 마을에 신의 존재를 확신하는 철학자와 신의 존재를 철저히 부인하는 두 철학자가 살았다. 둘은 만나면 싸우다가 결국 끝장 밤샘 토론을 벌이기로 하자, 신의 존재에 관해 관심이 없던 마을 사람들이 두 철학자의 싸움에는 많은 관심을 가지고 지켜보았다. 며칠 밤낮으로 맞장 토론을 마친 뒤 두 사람이 방에서 나왔다. 마을 사람들은 결과가 궁금했다. 그런데 놀라운 일이 벌어졌다. 유신론 철학자는 신이 없다는 확신을, 무신론 철학자는 신이 있다는 확신을 얻게 되었다. 확신이 강할수록 그 확신은 쉽게 바뀐다. 절대로 아빠처럼 살지 않겠다고 불평하는 자식은 결국, 아빠보다 더한 아빠로 살아간다.

던바의 수

영국의 인류학자 '던바'는 집단이 커질수록 집단을 응집하는데 새로운 가치가 필요하다는 것을 알게 되었다. 가령 불쌍한 사람을 도우면 복을 받는다는 픽션(허구)이나 절대자의 믿음으로 질서를 유지했다. 마음속에 숨긴 생각과 의도를 파악하기 위해 더 높은 지능이 필요하게 되고, 타인의 존재가 뇌를 성장시킨 기폭제가 되었다. 침팬지 무리는 40마리를 넘어서면 불안정하여 질서가 깨진다. 새로운 집단으로 분가되지 않으면 아비규환 종족학살이 일어난다. 인간도 집단의 규모를 효율적으로 관리를 할 수 있는 임계치를 150명으로 본다. 이를 연구한 사람의 이름을 따서 '던바의 수'라 한다. 로마 시대나 오늘날 군대 편성단위가 150명인 이유다. 문명의 작동이 정지되면 인간은 쉽사리 동물에 가까운 원시 상태로 돌아간다. 인간 본성의 90%에 가까운 침팬지는 영장류 중 가장 포악하다. 영역을 침범하면 떼로 공격해서 찢어 죽인다.

경험하나에 지혜하나

아픈 침팬지를 도와주면 천국에 갈 수 있다는 픽션은 침팬지에게 불가능하지만, 인간에게는 가능하다. 이 픽션으로 인간은 150명의 임계치를 넘어 수백 수천만의 도시를 건설하고 지배한다. 이 비결은 허구를 통해서만 가능하다. 국가도 건국 신화를 기반으로 출발한다. 공통의 신화나 종교를 기반으로 하지 않으면 국가를 위해 목숨을 바치거나 모르는 사람을 위해 기꺼이 목숨을 희생하는 일은 있을 수 없다. 심지어 지구 반대편의 사람을 구하기 위해 목숨을 바치는 것도 종교의 신념으로 가능하다. 픽션으로 인간이 세상을 지배하게 되었다. 빵과 포도주를 들고 신부가 엄숙하게 선포하는 순간 빵은 예수의 살로, 포도주는 예수의 피로 바뀌는 것이 픽션의 힘이다.

종교와 과학

과학과 종교는 서로 앙숙이 아니라 둘은 별개의 존재다. 과학의 빛이 종교의 어둠을 쫓아버린 것이 아니라, 과학으로 물질적 풍요를 가져왔고 종교는 과학이 잘 작동하도록 윤리적인 뒷받침을 한다. 과학은 산소 없이 살 수 없다는 사실은 알려주지만, 범죄자를 질식시켜 처형해도 되는지에 대한 윤리적인 개념은 알려주지 않는다. 과학은 힘이지만, 종교는 조절이다. 충북 제천의 충주댐 건설에 참여한 건설업자는 그 댐이 견디는 하중을 계산하고, 얼마의 전기 생산이 가능한지 예측하지만, 댐 건설로 수몰되는 7천 가구, 4만여 명이 삶의 터전을 잃고 수백 종의 생물이 멸종위기에 처하는 윤리적 쟁점에 관한 문제는 생각하지 못한다. 과학은 사실만 연구하고, 종교는 가치에 대해서만 말하면 된다. 둘이 만날 일이 없다. 낙태가 죄가 된다는 것은 윤리적 판단이다. 생명은 신성하다는 윤리적 판단은 가능하지만, 낙태를 해서는 안된다는 사실적 판단을 종교가 할 때는 충돌이 생긴다. 종교는 인간의 규범과 가치를 정당화하고 사회의 질서유지를 하는 힘의 원천이다. 배의 길잡이는 등대가 아니라 등대의 불빛이다. 종교가 빛을 비추지 않고 등대를 신격화한다면 종교는 이미 빛을 잃은 것이다.

사람은 선별적 기억만 한다

아침저녁으로 쓰다듬기만 해도 재물을 가져다준다는 '피슈'라는 전설상의 동물이 있다. 물론 개도 안 물어갈 소리지만, 그것을 믿고 따르는 사람에게는 효험이 있다. 운명을 믿는 사람에게 오늘의 운세는 딱 들어맞는다. 하나님께 십일조를 내면 그 이상으로 채워주고, 바치지 않으면 그만큼 하나님이 가져간다고 목사는 늘 강조한다. 심지어는 과학을 전공한 교수들조차 철석같이 그렇게 믿는다. 사람은 선별적인 기억만 한다. 재물이나 복은 수시로 들락거리는 것을 우연의 일치치고는 너무 신기하다고 믿는다. 대학입시 수능 날은 춥다는 속설이 있지만, 실제로 그렇지 않다는 통계다. 다만 수능 날 추웠던 선별적 기억만 하는 것이다. 옆 차선과 똑같이 가는 데도 사람들은 옆 차선이 더 빨리 간다고 느낀다고 한다. 만원을 줍는 것보다 만원을 잃는 아픔이 1.5배 더 크다고 하니, 추월당하는 것이 더 선명하게 느껴지기 때문일 것이다. 합

경험하나에 지혜하나

격 부적을 지니고 대학에 합격을 했다면 그 부적은 효력을 발생한 것이다. 십일조를 바치고 그만큼 채워졌다면 앞으로 십일조를 바치지 않으면 안 된다는 생각에 갇힌다. 돈은 늘 들어왔다 나갔다를 반복한다.

종교 갈등

가족이나 친구 간에 서로 종교가 달라서 힘든 이유는 서로를 인정하지 않기 때문이다. 성경이나 불경의 가르침이 다를 수 없다. 김수환 추기경과 강원용 목사는 서로 존경했고, 법정 스님과 이해인 수녀는 서로 교감을 했다. 우리 엄마가 소중하면 남의 어머니도 소중하듯이 자신의 종교가 소중하면 남의 종교도 당연히 소중하다. 사람들은 자기 종교 이외를 사이비(似而非)종교라 비하한다. 우리 며느리는 교회를 다니고, 아내는 절에 다니지만 화목하게 지낸다. 서로 인정을 해주기 때문이다. 아내는 법당에서, 며느리는 교회에서 정성을 들이면 오히려 두 분의 도움을 받는다. 법정은 승려지만 좋아하는 성경 구절이 삶의 이정표였다고 고백한 적이 있었다. '남에게 대접을 받고자 하는 대로 남을 대접하라.' '뿌린 대로 거둔다'라는 말은 부처님의 인과법과 일치한다. 정진석 추기경은 오병이어의 기적에 대해 이렇게 말한 적이 있다. '성경에 물고기 한 마리가 두 마리, 세 마리 불어났다는 기록은 없다. 하늘에서 떨어졌다는 이야기도 없다. 예수님 기도를 듣고 감동한 사람들이 품속에 숨겨둔 도시락을 꺼내 함께 먹은 것'이 바로 기적이라는 것이다.

1-18화 진시황과 길가메시

진시황 이야기

 붉은 용광로에 한 덩어리 눈처럼 사라지는 죽음에 대한 표현은 참 다
양하다. 세상을 떠난다는 별세(別世), 다른 세상으로 간다는 타계(他
界), 예전으로 돌아간다는 작고(作故), 추앙받은 분은 서거(逝去), 하늘
이 불러 소천(召天), 스님은 입적(入寂)이라 한다. 도대체 어디서 왔기
에 어디로 돌아가는 것일까. 자연으로 돌아가는 것일 수도 있고 사랑
하는 이의 마음으로 돌아갈 수도 있다. 시체 눕히는 판을 '칠성판'이라
고 하는 것을 보면 북두칠성으로 돌아가는 것일까. 수능을 앞둔 고3은
'수능은 자기 일이 아니라 생각했는데, 이렇게 가까이 올 줄은 몰랐다'
라고 한탄한다. 학교를 졸업하고, 결혼을 하고, 자식을 낳고, 할머니가
되어도, 늘 남의 이야기처럼 다가온다. 나이 든다는 것은 가장 낯선 경
험이다. 죽음이 가지는 세 가지 모순은 죽기보다 싫은 것이 죽음이지
만 죽음이 없으면 일상이 무의미해진다. 그리고 언젠가 우리는 죽는다
는 대명제에도 자신은 예외이며, 설령 오더라도 먼 미래의 일로 여긴
다. 또, 죽음은 뒤에 남는 자의 슬픔이자 산 사람의 고통이라는 모순을

경험하나에 지혜하나

가진 것이 바로 죽음이다.

　진시황은 춘추전국시대 5백년의 대혼란을 마감한 인물이다. 만리장성을 쌓고, 주나라 유학자들의 책을 모조리 불태우고, 460명의 유학자를 산채로 생매장시키는 무소불위의 권력을 휘두른 그도 해결하지 못한 문제가 딱 한 가지 '죽음'이었다. 그는 51세에 죽었다. 아마 약물을 과다 복용한 약화사고였을 것이다. 그가 불로장생의 비방을 구한다는 소식에 천하의 날고 기는 사기꾼들이 몰려들었다. 대표적인 인물이 산동출신 '서복'이라는 인물이다. 불로초를 반드시 구해 오겠다는 말에 귀가 번쩍 뜨인 시황제는 아낌없는 지원을 해준다. 서복은 60척의 배에 신하와 명의, 장인 그리고 신선에게 바칠 미녀까지 수백 명의 대선단을 거느리고 엄청난 귀금속을 싣고 웅장하게 떠났다. 유유히 바다 건너 신선이 산다는 봉래산(금강산)에 들렀다가 남해 해변 암석에 '서리곳'이라는 표지를 남기고 제주도를 들러 일본으로 간 것으로 추정된다. 서귀포 정방폭포 바위에 서복이 제주도에 지나갔다는 '서복과지(徐福過之)'가 새겨져 있다. '시로미'라는 불로초를 구해서 득의양양하게 서쪽을 향해 귀로에 오른 포구라고 해서 '서귀포'라 이름 지었다. 시로미는 은하수(漢)를 붙잡는다(拏)는 한라산(漢拏山) 1700m 고산지대의 식용과실로 알려져 있다. 일본에 정착한 서복은 경제발전을 촉진시키고 선진문물을 전파한 사자로서 지금도 한국과 일본에서 서복을 기리는 행사를 개최하고 있는 것을 보면 진시황의 허망한 바램이 과히 천하에 웃음거리가 되고 남는다. 인류 역사상 최대 사기 사건이다. 만약 서복이 삶의 유한성을 극복한 사람이었다면 사기를 치기는 했어도 얼마나 행복하게 살았을까 짐작이 가고도 남는다. 시황제의 어리석음을 탄하면서. 만약 진시황이 죽음을 담담하게 받아들이고 분서갱유의 폭정과 서복에게 사기당한 그 열정으로 백성을 사랑하고, 현대 과학자들도 깜짝 놀랄 녹 방지 기술을 태평성대를 위해 사용하였더라면 민중의 삶이 얼마나 풍요로웠을까하는 아쉬운 마음이 든다. 하지만 진시황제는 결코 어리석은 사람이 아니다. 다만 죽음을 극복하는 지식이 빈약했던 것뿐이었다. 그는 돈과 권력과 명예를 얻고 시황제라 칭하며 만리장성을 쌓아 천 년을 기약했지만 20년도 다 못 채우고 아들 대에서 망하고 말았다. 또한 시체라도 영생하고 싶어 시안에 지하무덤을 만들었다는 것이 사마천의 사기에 기록되어 있다. 무덤 조성에 70만 명이 동원되고 후궁 수천 명이 순장되었다니 가히 놀랄만한 일이다. 그런 진시황을 손가락질할 만한 현대인이 얼마나 될까. 진시황의 어리석음은 지금도 현재 진행형이다. 건강식품 사기 사건에 휘말려 명을 재촉하는 사람이 부지기수다. 횡단보도 앞에서 신호를 기다리는 짧은 시간에도 사기를 당하고, 영생을 준다는 종교집단에 전 재산을 몽땅 날리기도 한다. 초등학교 5학년 때 돌아가신 조부는 술과 담배, 여자로 평생을 보내신 분이다. 그럼에도 80세까지 사셨지만, 부친은 술 한 방울 마시지 않고 검소하게 재산을 일구었는데도 49세에 요절했다. 나로서는 혼란스럽다. 건강식품이다, 만병통치약이다, 진시황의 불로초처럼 인생에서 건강 비법이나 삶에 묘책이 있는 것은 아니다. 불로초를

경험하나에 지혜하나

찾아 이리저리 찾아 헤매는 어리석음으로 초조하게 사는 것보다 건강에 대한 기본 지식을 잘 지키며 몸을 보전하는 것이 진시황보다 낫다. 인명은 재천인데 서두른다고 빨리 가고, 구차하게 온몸으로 막는다고 더디 가는 것이 아닐진대 장생불사를 추구한들 무슨 소용이 되겠는가. 가능하지도 않을뿐더러 비극적인 삶의 연장일 뿐이다. 늙지 않으려 애쓰는 것은 '참으로 슬픈 일'이다.

길가메시 이야기

진시황과는 대조적으로 삶의 유한성을 극복한 인물이 있다. BC 28C경 수메르(지금의 이라크 남부)의 우르크를 지배한 '길가메시'다. 그는 친한 친구 '엔키두'의 죽음으로 충격을 받아 친구의 시신 옆에서 견딜 수 없는 슬픔에 빠져 끔찍한 두려움을 느꼈다. 나도 고3 때 돌아가신 부친의 죽음에 대한 충격으로 이 세상을 이해하는데 크나큰 혼란을 겪은 시절이 있었다. 아마 길가메시가 느낀 충격이 아니었을까. 그는 필멸의 운명을 벗어나기 위해 영원한 생명의 비밀을 알고 있다는 노인을 찾아 먼 길을 떠났다. 고생 끝에 노인을 만나 영원한 생명의 비밀을 알려 줄 것을 여러 번 간청하였으나 거절당하여 영생을 포기한 채 길을 떠나려고 하자, 그를 가엽게 여긴 노인의 도움으로 비방을 구하게 되었지만, 돌아오는 길에 뱀에게 비방을 빼앗겨 영원히 사는 기회를 놓치고 결국 빈손으로 돌아왔다. 대신 그는 귀중한 지혜 하나를 얻고 돌아왔다. '신이 인간을 창조할 때 죽음을 필연적인 숙명으로 정하고 그

숙명과 함께 사는 법을 배워야 한다.'라는 것을 깨달았다. 다가오는 죽음으로 삶을 의식하고 살아가면 가치 있는 삶을 얻을 수 있다는 평범한 진리를 알게 되었다. 죽음은 삶에 의미를 주는 원천이었다. 3천 년 전이나 지금이나 사람 사는 세상은 달라지지 않았다. 개인은 소멸해도 종족은 영원하다는 지혜를 얻었다. 역설적이게도 삶의 기쁨은 나의 존재가 유한하다는 자각에서 출발한다. 소설도 마지막 장면을 어떻게 설계하느냐에 따라 스토리가 달라지듯이 어떤 죽음을 준비하느냐에 따라 삶의 의미와 품격이 달라진다. 햇빛은 풀밭에 흔적을 남기지 않고 조용히 지나간다. 귀양 18년 후 18년을 살다가 세상을 떠난 정약용은 검소한 장례를 요구하면서 '천하에 가장 업신여겨도 되는 것이 시체'라고 했다.

시인 방우달은 '떠나고 난 후에 떠난 새가 제대로 보인다. 서투른 새는 나뭇가지를 요란하게 흔들고 떠난다. 떠난 후 가지가 한참 흔들린다. 노련한 새는 가지가 눈치 채지 못하게 조용히 떠난다. 떠나가도 늘 앉아 있는 듯한 착각 속에서 가지에 포근한 무게를 느끼게 한다.'라고 했다.

몇 해 전 다녀온 불국사 화장실에 적혀 있는 글이 문득 생각난다.

'아니온 듯 다녀가세요!'

경험하나에 지혜하나

1-19화 죽음 때문에 삶을 망친다

천국에 가고 싶은 사람도 죽지 않고 살아서 올라가기를 원한다. 모두 영생하면 공멸한다. 박테리아가 죽지 않는다면 불과 이틀 만에 지구표면을 무릎 높이만큼 덮는다고 하니 끔찍한 일이다. 흘러가는 저 강물은 어제의 강물이 아니며, 저 꽃은 지난해 꽃이던가? 죽음이 없다면 정체된 고속도로나 마찬가지다. 한 생명이 사라지면 또 한 생명이 그 자리를 채운다. 꽃이 져야 새 꽃이 피듯이 자리를 내어줌으로 생명이 유지된다. 비본질적인 것을 가장 본질적으로 되돌리는 것이 죽음이다. 절벽에 부딪히는 파도가 사라진다고 그 파도가 없어지는 것이 아니듯 죽음은 끝이 아니라 또 다른 의미의 시작이다. '죽음은 삶이 만들어낸 가장 훌륭한 발명품이다. 낡은 것이 새 것에 길을 비켜주는 것'이라고 철학자 같은 말을 남기고 떠난 스티브잡스는 대표적인 미니멀리스트이다. 자기 수명대로 잘 사는 것이 축복이다. 야생동물은 대부분 제 수명대로 살지 못한다. 굶어 죽거나 병들어 죽거나 아니면 천적 포식자에게 잡아먹힌다. 사람은 죽음 때문에 삶을 망치고, 삶 때문에 죽음을 망친다. 죽음이 '자연의 한 조각'이라는데 어차피 건너야 할 죽음을 서둘러 맞이할 필요가 있나. 소리의 뼈가 침묵이듯이 삶의 뼈대인 죽음이 받쳐주기 때문에 더 큰 의미를 준다.

구글의 자회사 갤리코(Calico)는 인간의 죽음을 해결하기 위해 세운 회사다. 머리카락보다 몇 배나 작은 나노 로봇을 만들어 인체에 투입하여 노화 과정을 되돌리거나 정지시키는 연구를 진행 중이다. 2050년에 인간은 적어도 노화로 인해 사망하지는 않을 것이라 공언한다. 2200년에는 죽음을 극복한다는 야심 찬 계획을 진행 중이라고 한다. 그나마 100년 더 앞당겨질 전망이지만 혜택을 누리는 사람은 극소수다. 그 연구의 핵심이 2009년 노벨의학상 염색체 '텔로미어(Telomere)'에 있다. 텔로미어의 길이 여하에 따라 노화와 수명이 좌우된다고 한다. 텔로미어 길이를 늘이는 치료제를 개발하고 있다고 하니 현대판 불로초인 셈이다. 믿을 수 없는 이야기지만 그렇다고 지금 추세로 보면 안 믿을 수도 없는 노릇이다. 구글벤처스 보유자산의 36%를 생명 연장 프로그램에 투자한다고 하니 기대 반 우려 반으로 제2의 진시황이 되지 않을까 염려스럽다. 차라리 그 돈으로 태평성대를 위해 사용했더라면 하는 후회가 남지 않기를 바라는 마음이다.

새끼 사자 '심바'

영화 <라이온 킹>에서 존재의 의미를 알고 싶어 하는 새끼 사자 '심바'에게 아빠는 둥근 원 이야기를 들려준다. 벌레는 새의 먹이가 되고 새는 사람의 먹이가 되고 사람은 다시 벌레의 먹이로 돌아간다. 모든 것은 연결되어 모두가 서로에게 의존한다. 풀잎 하나라도 소명을 완수하지 못하면 생명의 순환이 흐트러진다. 죽음이란 존재하지 않고 단지 변화하는 세계만이 있을 뿐이다. 그것은 시작도 없고 끝도 없는 거대한 원과 같다. 불멸을 꿈꾸는 인간이 얼마나 위험한 짓인지 모른다.

소크라테스의 마지막 부탁

소크라테스는 펠레폰네소스 전쟁에서 패한 아테네의 희생양이 되어 죽음을 목전에 두고서 억울하다고 호소도 하지 않고, 아테네를 향한 저주도 하지 않았다. 그는 '반대되는 것은 반대되는 것으로부터 생긴다. 삶이 없으면 죽음이 있을 수 없다.' 그는 독배를 마시면서 제자에게 '크리톤! 내가 아스클레피오스에게 닭 한 마리를 빚졌으니 나 대신 자네가 갚아주게'라고 부탁했다. 그리스에서는 의사가 환자를 치유하면 그 사례로 닭 한 마리를 주는 풍습이 있다. 아스클레피오스는 의술을 담당하는 치료의 여신이다. 소크라테스는 인생을 '질병'으로 여기고, 죽음으로 질병을 치유한 신에게 사례하려고 했다.

장자 부인의 죽음

장자의 부인이 죽었는데 장자는 울기는커녕 두 다리를 뻗고 아내의 주검 옆에서 노래를 불렀다. 문상을 온 혜시가 하도 기가 막혀하자, 장자는 '살고 죽는 것은 춘하추동 사계절이 운행하는 것과 같고, 아내는 천지의 해와 달의 품에 안겨 편안히 잠들었으니 내가 곡을 하면 아내의 마음이 불편할 것이다.' 장자는 죽음이란 삶의 다른 형태이며 계절처럼 오가는 자연스러운 과정임을 알기에, 세속에 얽매이지 않고 거문고를 타며 노래를 불렀다.

경험하나에 지혜하나

1-20화 내 고향 칠곡

　내 고향은 '칠곡(七谷)'이다.

　사람들은 대개 칠곡하면 '옻나무'가 많은 경북 칠곡(漆谷)으로 알고 있지만 내 고향은 경남 칠곡(七谷)이다. 일곱 골짜기라 첩첩산중의 전형적인 산골 마을이다. 중학교 졸업할 때까지 내가 자란 곳이 두메산골이라는 생각은 전혀 하지 않았다. 그렇게 불리어야 할 산골은 어디 따로 있는 줄로만 알았다. 성년이 될 때까지 그 산골은 적어도 내 마음속에 세상의 중심이었다. 아니, 지금도 크게 변한 것은 없다. 그 산골에서 빈농의 아들로 태어났고, 전기불을 처음 본 것도 국민학교 입학 때쯤이었다. 조상 대대로 한곳에 뿌리내린 집성촌이라 사회책에 나오는 고속도로를 처음 본 것도, 바다를 처음 본 것도 중2 수학여행으로 경주를 갔을 때였으니 형편없는 촌놈 그 자체였다. 세상에는 전(田)씨만 있고 김씨, 이씨, 박씨는 희귀성인 줄로만 알았다. 그래도 내세울 것은 동네 뒷산 '자굴산(897m)'이다. 제법 정기가 있는 산이라 가을이면 등산객들로 북적거린다. 그 자굴산 자락 아래로 '정암강'이 흐른다. 그 강에 세 개의 다리로 받치고 있는 '솥바위'라 불리는 바위는 이 산 주위에 나라를 먹여 살릴 국부 세 명이 나온다는 전설을 간직하고 있는 바위다. 실제로 삼성(이병철), 금성(구인회), 효성(조홍제)의 창업주가 이 강 30리 이내에서 태어났다. 저 산 너머에 삼성 창업주의 생가가 있으니 정기가 있기는 있는 듯하다. 고향 칠곡을 병풍처럼 감싼 자굴산의 부드러운 능선은 어릴 적부터 보고 자란 유일한 희망이었다. 세월이 흘러 지금은 항상 두 팔 벌려 자식을 안아주는 인자한 어머니 모습으로 늘 가슴 속에 남아있어 나에게는 태산 같은 산이다. 춥고 배고픔으로 가득 찼던 어린 시절이었지만, 살면서 세월을 견디는 힘이 될 줄은 몰랐다. 아내가 시집와서 시어머니한테 들은 말 중에 '아이구! 몸서리야. 점심을 먹는데 600원이나 들었네.' 라면 3개 600원으로 끼니를 때운 시어머니의 한숨 소리가 지금도 잊혀지지 않는다고 한다. 무녀독남! 지금이야 흔하지만, 그 당시 마을에서 독자는 나 혼자였다. 북적거리는 앞집 옆집의 모습을 보면서 늘 외로웠다. 부친도 외아들이고 보면 손이 귀한 집이었나 보다. 명절에 혼자 쓸쓸히 다니시는 부친의 뒷모습이 지금도 눈에 선하다. 부친은 49세의 젊은 나이에 생을 마감하셨다. 고3 때였다. 어릴 적 아버지가 그리울 때면 혼자서 산소를 둘러보기도 했지만, 지금 내 나이가 그때의 부친 나이를 10년 넘게 훌쩍 넘은 터라 오래된 기억이 가슴을 울린다. 대학을 졸업하고 생면부지의 땅 대전에서 교편생활을 시작했다. 성이 '田'씨인데, '大田'이라 운명적이지 않은가. 혈혈단신 객지에서 몸부림치는 과정은 나에게 버거운 '라스트 스트로우[2]'였다. 그 과정에서 2013년 3월 10일 뇌졸중으로 쓰러졌다.

·

·

·

그럼에도 불구하고 눈물겨운 재활로 기적처럼 일어섰다. 현재 고등
학교 교장으로 재직 중이다. 이제 아프기 이전으로 돌아가고 싶지는
않다. 병과 고통은 그것이 최선의 방법이기 때문에 일어난다. 지금 이
일을 당하지 않으면 더 큰 일을 당할 수 있기 때문이다. 오늘 겪는 고통
은 내가 잘못 보낸 시간에 대한 보상이다. 지금도 교만한 마음으로 살
아가고 있을지 모른다는 생각에 소름이 끼친다. 세계 500대 기업 CEO
의 42%를 차지하는 유대인의 성공비결이 부족(Lack)이라고 한다. '바
람이 세게 부는 날 연날리기 좋다'는 명언을 남긴 일본의 국민 영웅 마
쓰시다(松下)전기의 창업주 '마쓰시타 고노스케'는 그에게 하늘이 준
세 가지 성공비결은 사업에 실패한 가난한 집안에 태어나 부지런히 일
해야 함을 알았고, 타고난 허약 체질로 운동의 소중함과 절제를 배워
94세까지 건강을 누릴 수 있었으며, 초등학교도 졸업하지 못해 전기회
사 견습공으로 세상 경험을 빨리 얻고 모든 사람을 스승으로 모실 수
있었던 것이라고 했다. '가난한 것', '허약한 것', '못 배운 것'은 인생에서
원망과 불평과 불만의 요소지만 그는 '동기부여'라고 생각했다. 부족함

---

2) 낙타는 아무리 등에 짐을 많이 실어도 내색을 하지 않다가, 마지막에 올린 지푸라기
하나에 말없이 그냥 폭~ 쓰러진다.

이 성공의 열쇠가 된 것이다. 바람 부는 날 둥지를 짓는 새는 앞으로 닥칠 위험에 대비하여 더 튼튼하게 집을 짓는다. 고향이 첩첩 산골임에도 '불구하고'가 아니라, 어려운 시절 '덕분에' 거듭날 수 있었다. 미국의 성공한 CEO 193명에게 물었다. '당신의 성공에 가장 영향을 준 것이 무엇이냐'는 질문에 당연히 노력이나 능력, 운이라고 답해야 하는데 놀랍게도 83%가 'attitute'라고 답했다. 물론 성공을 하는 데 노력이나 운도 중요하지만, 더 중요한 것은 사고방식 즉, 태도이다. 사고방식에는 +와 -가 있기 때문이다. 아무리 노력을 해도 태도가 마이너스면 전부 마이너스가 되기 때문이다. 놀랍게도 인간에게는 마이너스(-)를 플러스(+)로 바꾸는 힘을 가지고 있다. 일곱 골짜기에서 자란 코흘리개는 어둔하고 부족한 실력임에도 과분한 사랑을 받은 것은 몸에 밴 태도 덕분이라 생각한다.

'나의 귀중한 자산은 불행한 어린 시절로, 내 평생의 힘은 열등감에서 나온 에너지였다.'라고 말한 헤밍웨이의 말이 오래 기억에 남는다.

1-21화 탈무드이야기

유대인이 평생 읽는다는 탈무드는 BC500년부터 AD500년까지 1,000년의 오랜 세월 동안 구전되어 내려온 문학서이자 지적 재산과 상업을 통해 경제적으로 자립하는 방법을 일깨워주는 지혜서이다. 탈무드를 한마디로 요약하면 낭비를 줄이고, 반드시 수고한 보람으로 먹고 마시며 살자는 것이다. 탈무드에 자주 등장하는 내용을 소개한다.

[하나] this, too, shall pass away

어느 날 다윗 왕이 세공사에게 '전쟁에 이겨 교만할 때 지혜가 되고, 패배하여 절망할 때 힘이 되는 말을 찾아 반지에 새겨 오라'고 명했다. 도무지 그 수수께끼를 풀지 못한 세공사는 솔로몬을 찾아가 도움을 얻어 반지에 새긴 것은 바로 'this, too, shall pass away(이 또한 지나가리라)'이다. 수많은 위인의 좌우명이기도 하다. 이 구절 하나로 유태인 학살이라는 어려운 시기를 견디어냈다고 한다.

[둘] 거짓말이 허용되는 세 가지

첫째로 지식이나 재산 과시를 피하기 위해서는 모른다고 하여라. 구입한 목도리가 고가품일지라도 비싸지 않다고 하라.

둘째로 이미 지나간 일에 대하여 다소 만족스럽지 않더라도 피해를 주는 것이 아니라면 좋은 평가를 하라. 결혼한 친구 부인에 대해서는 '정말 미인이시더라' 칭찬하라. 싸움이나 분쟁에서 화해를 위해 서로에게 좋은 말만 하라.

셋째로 부부생활 같은 내밀한 사안에 대해서도 거짓말을 해도 좋다. 유대 사회에는 사내아이가 태어나면 삼나무를, 여자아이가 태어나면 소나무를 심는 풍습이 있다. 남녀가 결혼할 때 소나무와 삼나무로 하늘 지붕을 만들어 주고 그 지붕 밑에서 어떤 일이 일어나는지 누구에게도 말해서는 안 된다고 한다.

[셋] 악마가 준 선물, 술

술은 악마의 선물이다. 처음 포도나무를 심을 때 인간이 피곤하여 잠든 사이에 악마가 찾아와 양과 사자와 원숭이와 돼지의 피를 거름으로 주었다. 그래서 술을 마시기 시작하면 처음에는 양처럼 순해지고, 더 마시면 사자처럼 사나워지고, 조금 더 마시면 원숭이처럼 춤추고 노래한다. 지나치게 마시면 뒹굴고 토하며 돼지처럼 추해진다고 경고한다. 시인 이백은 술 세 잔이면 도에 이르고, 술 한 되면 자연과 하나가 된다고 했다. 술을 먹되 덕이 없으면 문란하고, 춤추는데 예 없으면 난잡해진다. 절도 있게 시작해서 난잡하게 끝난다. 술은 행복을 주는 것이 아니라 불행을 일시 정지시키고, 걱정을 일시적으로 덜어줄 뿐이다. 술에 취한 사람은 미래를 의식하지만 걱정하지는 않는다. 내일이 없는 사람처럼 행동한다. 멀쩡할 때 넘지 않던 선을 술의 힘을 빌리다가 곤란한 처지에 놓인 자신을 발견하기도 한다.

[넷] 원만한 해결

회사에 불만을 품은 사람이 공금과 서류를 가지고 행방불명이 되었다. 친구가 찾아가 많은 사람이 배를 타고 항해를 하는데 어떤 사나이가 자기가 앉아 있는 배 밑바닥에 구멍을 뚫었다. 사람들이 놀라서 소리를 치자 '여기는 내 자리이니까 내가 무슨 짓을 하더라도 상관하지 말라'고 태연하게 말했다. 얼마 지나지 않아 배는 물에 가라앉아 버렸다. 이 말을 들은 사람은 돈과 서류를 친구에게 선뜻 꺼내 주었다.

[다섯] 힐렐의 가르침

'힐렐'은 랍비[3]의 큰 스승으로 바빌로니아에서 태어났다. 가난하여 학교에 다닐 수 없게 되자, 추운 겨울 학교 지붕 위에서 굴뚝 구멍으로 흘러나오는 강의를 듣다가 의식을 잃었다. 그 이후로 유대인 학교는 수업료를 받지 않게 되었다고 한다. 어떤 유대인이 힐렐에게 찾아와 '유대인의 학문을 내가 한 다리로 서 있는 동안 모두 가르쳐 주시오.' 하

---

3) 랍비는 유대교의 현인을 가리키는 말로 선생이라는 뜻이다.

자 힐렐은 점잖은 목소리로 '당신이 하고 싶지 않은 일을 남에게 요구하지 마시오'라고 했다. 이 말은 공자가 말한 기소불욕 물시어인(己所不欲 勿施於人)의 가르침과 같다.

또 하루는 서둘러 거리를 걸어가는 힐렐에게 '선생님 어디를 그렇게 급하게 가십니까' 묻자, 힐렐은 '나는 지금 좋은 일을 하기 위해 가는 중이라네' 궁금한 학생들이 따라가 보니 공중목욕탕에서 몸을 씻는 것이었다. '거리의 동상을 깨끗이 닦아주기보다 자신을 깨끗이 하는 것은 가장 좋은 일이다.'

[여섯] 도끼자루는 나무로 만든다

처음 도끼가 세상에 나왔을 때 온 세상의 나무들이 '이제 우리는 다 죽었구나.' 두려움에 벌벌 떨었다. 나무들이 하나님에게 불평을 하기 시작했다. 하나님은 나무를 향해 '걱정하지 마라! 도끼는 너희가 자루를 제공하지 않는 한 너희에게 상처를 입히지 못한다.'

[일곱] 스승의 신발 끈

'공부를 하려면 도서관으로 가는 편이 나을 것인데, 당신은 왜 학교에 가서 배우려고 하는가?' 물었다. '학교에 가는 것은 살아있는 본보기를 배우러 가는 것이다. 내가 늙은 랍비를 찾는 것은 스승의 신발 끈 매는 것을 보기 위함이다.' 신발 끈을 매는 것은 실천을 의미한다. 스승의 행동을 배우는 것이다.'

경험하나에 지혜하나

[여덟] 비범한 일

구두쇠 주인이 종에게 빈 술병을 주면서

'술 좀 사 오너라'

'주인님! 돈은요?'

'돈 주고 사 오는 술은 누군들 못하냐? 돈 없이 술을 사와야 비범하지'

그 말을 들은 하인은 아무 말 없이 나갔다.

잠시 후 빈 병을 가지고 돌아왔다.

'빈 술병으로 어떻게 술을 마시냐?'

'술병으로 술 마시는 것은 누군들 못 마십니까?

빈 병으로 술을 마셔야 비범하지요'

세상에 남이란 없다.

솔로몬은 '인생에서 필요한 안식처는 돈과 지혜'라고 했다. 많은 심리
학자도 경제적으로 어려움에 처해 있을 때 가장 무력함을 느낀다고 한다.
지갑이 두둑하면 마음에 여유가 생기듯 마음의 통장도 마찬가지다.

Ⅱ.
사람에 휘둘리는

2-1화 물고기는 늘 입으로 낚인다

- 말조심이 불조심보다 열 배는 더 좋은 충고다.
- 삶의 지혜는 듣는 데서 생기고 삶의 후회는 말하는 데서 비롯된다.
- 물고기는 언제나 입으로 낚인다.
- 칼에 베인 상처보다 말에 베인 상처가 평생을 간다.
- 입술에 30초가 가슴에 30년, 말의 질긴 생명력이다.
- 3년 공덕은 잘 몰라도 한 번의 악행은 온 천하가 다 안다.
- 아홉 마디 말이 옳아도 한마디 말 때문에 허물이 몰려든다.

맹자는 '계지계지 출호이자 반호이자야(戒之戒之 出乎爾者 反乎爾者 也)'라 했다. 물건이든 말이든 함부로 집어 던지면 언젠가는 부메랑이 되어 던진 사람에게로 돌아온다. 네게서 나온 것은 너에게로 되돌아온 다는 의미다. 선이든 악이든 베푼 대로 부메랑이 되어 자신에게 돌아 온다. 우리가 늘 말조심을 해야 하는 이유다.

'잠 안 오면 어떻게 하지?' 걱정하면 실제 잠을 못 자는 경우가 많다. '자기 충족적 예언(self-fulfilling prophecy)'이다. 말이 씨가 된다. 불길

한 말을 들은 누군가가 생각을 더해 실행으로 옮기게 되는 경우가 많다. 일어나지 않은 일에 대해 '잘 안될 거야'라는 부정적인 생각이 일을 망친다.

남이장군

세조 때 남이장군은 16세에 무과에 급제(당시 합격 평균 나이 30세)한 기린아였다. 뛰어난 무공으로 함경도에서 일어난 이시애의 난을 진압하고, 여진족 추장을 사살함으로 일약 스타덤에 올랐다. 임금의 총애를 받아 28세의 젊은 나이에 병조판서가 되었다. 그는 높은 산에 오를수록 더 올라야 할 산이 많다는 것을 깨닫지 못하고 거침없이 말하는 미숙함으로 반대세력의 견제로 역모에 연루되어 거열형(두 수레로 두 다리를 찢음)을 당하고 가문은 멸문지화를 당했다. 단지 하늘의 혜성을 보고 "묵은 것은 가고 새 것이 올 징조"라고 무심코 한 마디 툭 뱉은 말 때문에 역모에 휩쓸려 혜성처럼 사라졌다.

히로시마 원자폭탄

일본 히로시마 원자폭탄 투하가 총리의 말실수 때문이었다는 설이 있다. '무조건 항복과 파멸 중 하나를 택하라'는 최후통첩에 일본 정부가 '당분간 보류 한다'는 말이 문화적 차이로 인해 '무시 하겠다'로 이해되면서 투하되었다니 이 말이 사실이라면 말 한마디가 얼마나 많은 희생을 가져왔는지 끔찍하다. 히로시마 원폭 피해는 아직도 진행 중이다.

경험하나에 지혜하나

피폭으로 인한 사망자 수가 20만 명으로 한국인 사망자 수도 3만 명에 이른다고 한다. 인류사 최초로 일반 시민 학살에 쓰인 원자폭탄이 '리틀보이(Little Boy)'라는 이름으로 투하되었다니 아이러니하다. 히로시마가 폭격당한 후 일본이 바로 항복을 하지 않고 미국 본토 결전 주장과 항복하자는 주장이 대립하자 결국 두 번째 원자폭탄 투하 예정지역 '고쿠라'로 폭격하러 가다가 고쿠라 지역이 구름에 가려 시야를 확보되지 못해 연료마저 부족해 가는 길목에 있던 다음 목표 도시인 나가사키에 원폭이 투하되었다. 6일 뒤 결국 일본은 항복을 선언했다.

양정 장군

〈세조실록〉에 의하면 양정이라는 사람은 무예가 뛰어난 장사로 김종서 부자를 죽이고 단종의 측근 세력을 제거하여 수양대군의 정권 장악에 크게 기여한 인물이다. 그러나 이시애의 난 이후 소란한 북방을 안정시킨 훈구대신임에도 불구하고 늘 변방에서만 근무하여 불만이 가득했다. 하루는 세조가 그의 마음을 떠보기 위해 불러 위로연을 베풀었다. 양정은 술에 취해 그만 실언을 하고 말았다. '전하! 한 십 년 했으면 충분하지 않소. 이제 물러나 여생을 편히 보내시오' 선위를 건의하자, 세조는 분노했고 양정은 나흘 뒤에 참수형을 당해 그의 처자식은 성주의 관노로 보내졌다. 왕 앞에서는 '전하! 전하!'하면서, 뒤로는 '내가 걔 왕 만들었어~' 뒷담을 하고 다녔던 것이다. 말 한마디에 천 냥 빚을 갚기도 하지만, 만 냥 빚을 얻기도 한다.

이릉 장군

 사마천은 〈사기〉 집필 7년 차에 적에게 항복한 이릉 장군을 변호하다가 '이릉의 화'를 당해 생식기가 잘리는 치욕적인 궁형에 처했다. 흉노에 항복한 이릉장수를 무심코 변호하다가 격분한 한무제를 화나게 만들었다. 아무리 옳은 말이라도 상황에 따라 가려서 해야 한다는 지혜를 배운다(4-1화 이릉의 화 참조). 난세를 평정한 영웅의 특징은 감정을 들키지 않는 후(厚)와 마음이 보이지 않는 흑(黑)의 '후흑학'이다. 후흑학의 처세술은 어두움을 바탕으로 하는 '무디고 둔감한 감정이 지닌 힘'이다. 예민하게 반응하고 민감하게 굴지 않는 것이 큰일을 도모하는 역량이다. 존경받는 사람일수록 자기 생각을 드러내는데 신중해야 한다. 내가 하는 말이 참 말인지, 상처를 주는 험담은 아닌지, 지금 상황에 정말 필요한 말인지 살펴보아야 한다.

베를린 장벽이 무너진 이유

 1989년 동독 공산당은 동독 주민의 불만을 달래기 위해 '여행 자유화 조치'를 발표했다. 발표회장에서 한 기자가 '언제부터 시작되느냐'는 질문에 제대로 답변을 준비하지 못한 대변인 '샤보브스키'는 노트를 뒤적이더니 '경찰에 출국비자 수속을 받은 후'라는 말을 빼먹고 '내가 알기로는... 지금부터'라고 얼버무리듯이 답변했다. 서류에 10일부터로 되어있어 기자회견이 9일 밤에 행해졌기 때문에 그는 '지금부터'라는 표현을 사용했다. 원래는 '다음 달 10일부터 외국 여행은 특별한 조건 없

경험하나에 지혜하나

이 신청 가능하고, 이에 경찰은 출국비자 수속을 지체 없이 발급하며, 국외 이주는 국경 혹은 베를린 검문소를 사용할 수 있다'는 내용이었다. 이 잠정안은 헝가리와 체코를 통해 출국하려는 동독 국민을 상정해서 작성된 것을 그는 '베를린 장벽을 포함하여 모든 국경 출입소에서 출국이 인정된다.'라고 뒤죽박죽 발표를 해버린 것이었다. 귀를 의심한 내외신 기자들은 이 특종 빅뉴스를 속보로 전 세계에 긴급 타전했다. 동독 정부가 어리둥절 하는 사이, 서독의 국영방송 ARD가 저녁 8시에 뉴스 속보로 전하자 즉각적으로 동베를린 시민이 움직이기 시작했다. 베를린을 동서로 분단하는 벽의 검문소 앞으로 즉각 몰려들기 시작하고, '출국 자유화' 보고를 받지 못했던 검문소 경비병들은 시민의 통과를 거부하였으나 '자유화!'라고 외치며 밀고 들어오는 수많은 군중에 밀려 밤 11시부터는 검문소를 개방하지 않을 수 없었다. 동베를린 시민은 환호성을 지르며 서베를린으로 몰려갔다. 베를린 장벽 위에는 젊은이들이 벽을 타고 올라가서 춤을 추며 독일 국가와 베토벤 교향곡 9번의 환희의 찬가를 열창하며 독일 국기를 흔드는 광경이 연출되었다. 망치로 벽을 부수는 사람도 나타났다. 사태는 저지 불가능한 상황이었다. 그 후 샤보브스키는 자신의 행동에 대한 죄책감으로 언론의 노출을 꺼렸으며, 과거의 정치행적 혐의로 3년 형을 선고받고 건강이 악화되어 세상을 떴다. 독일 통일을 이끈 주역이 '말실수로 독일 통일을 이끈 주인공'이라는 역사적 평가를 받았다.

역린

하늘을 나는 용은 친해지기만 하면 올라탈 수 있다는 전설상의 동물이다. 용(龍)의 귀(耳)를 '농(聾)'이라 하는 것을 보면 용은 귀가 어두운 모양이다. 용의 목 아래에는 다른 비늘과 달리 거꾸로 된 비늘이 있는데 이것을 역린이라고 한다. 이 역린을 건들면 고개를 돌려 잡아먹는다고 한다. 누구나 사람마다 역린을 가지고 있다. 어떤 이는 뱃살일 수도 있고, 어떤 이는 작은 키나 큰 키 이기도 하고, 학력, 이혼 경력, 사투리일 수도 있다. 역린을 알고 실천한다면 좋은 관계를 유지할 수 있다. 남 충고를 잘하는 사람은 상대의 '역린'을 건드리기 쉽다. 잔소리와 간섭은 자식을 등지게 한다. 설교가 20분을 넘으면 죄인도 구원받기를 포기한다는 말이 있다. 타인의 말 한마디에 불행해져서도 안 된다. 소소한 일마다 상처받고 원인 따라가며 분노하지 마라. 누구나 남들의 평가에 대하여 허약체질을 가지고 있다. 산은 멀리서 보면 순하게 보이지만 가까이 가면 험하다. 소문의 밑바닥에는 그 사람의 불행을 바라는 요소가 포함되어 있다. 왜 그런 인생을 살고 있는지, 어쩌다 그런 상황을 맞이하게 되었는지 당사자가 아니면 알지 못한다. 물방울이 모여 연못이 되면, 그 연못에 용이 살게 된다. 가장 큰 고통은 남에게 말할 수 없는 고통이다. 나무나 강은 얼어붙은 침묵과 고요함 속으로 데려가는 혹한의 겨울이 없다면 눈부신 봄의 탄생도 없다는 것을 안다. 하물며 인간에게 그런 과정이 없을 리 있겠는가.

경험하나에 지혜하나

뽕나무와 거북이의 대화

신상구(愼桑龜)는 뽕나무(桑)와 거북이(龜)의 입조심이란 말이다. 옛날에 백 년 묵은 거북이를 삶아 먹어야 죽어가는 아버지를 살릴 수 있다는 말을 들은 효자 아들이 갖은 고생 끝에 백 년 묵은 거북이를 잡아 돌아오는 길이었다. 먼 길을 오느라 피곤하여 오래된 뽕나무 밑에서 깜박 졸다가 거북이와 뽕나무가 서로 대화하는 것을 비몽사몽 듣게 되었다.

거북이가 '나는 수백 년을 살아 영험한 힘을 가졌기에 아무리 삶아도 죽지 않는다. 이 젊은이는 헛수고만 하게 될거야.' 우쭐대며 말하자, 듣고 있던 뽕나무가 '네가 아무리 영험한 힘을 가졌어도 나같이 천년 된 뽕나무로 불을 지피면 금방 삶긴다네.' 자랑스러운 듯이 말했다.

집으로 돌아와 거북을 가마솥에 넣고 고아도 삶기기는커녕 죽지도 않았다. 그때 문득 잠결에 들은 뽕나무가 한 말이 생각났다. 즉시 도끼를 들고 천년 묵은 그 뽕나무를 찍어와 가마솥 불을 지폈더니 거북이는 순식간에 푹 삶겼고 거북이 탕을 먹은 아버지의 병은 씻은 듯이 나았다. 장자의 '좌중담소 신상구(座中談笑 愼桑龜)' 이야기다. 앉아서 웃고 담소할 때 조심하라는 가르침이다. 아무 생각 없이 자랑스럽게 내뱉은 한마디 말 때문에 파멸을 가져온다. 백 년 묵은 거북과 천 년 묵은 뽕나무는 우리 개인이 평생 힘들게 키워온 명예나 재산일 수도 있다. 편한 자리에서 웃고 떠드는 가운데 치명적인 정보를 누설하여 곤란을 겪는 일이 허다하다. 입은 재앙이 드나드는 문이고 혀는 몸을 베는 칼이다.(구화문 설참신 口禍門 舌斬身)

2-2화 나이는 권력이다

    한국인에게 '나이'란 참 큰 의미를 갖는다. 특히, 남자들에게는 일종의 권력이다. 상대가 누구든 간에 처음 만나면 우선 나이를 물어 암묵적인 서열을 정한다. 출발점부터 나이부터 따지는 잘못된 방식으로 관계를 형성한다. 형, 누나, 오빠, 언니, 고모, 이모, 숙부, 백부 등 나이에 따라 서열화된 독특한 호칭을 한국에서만 볼 수 있다. 서양에서는 나이를 묻는 것이 심각한 결례로 인식되는 경우가 많다. 굳이 물어야 하는 경우에는 정중히 양해를 구해야 한다. 내 주위에 유독 나이를 강조하는 지인이 있다. 그는 나이를 통해서 모든 관계를 설정하고 인정받으려 한다. 아랫사람이라면 함부로 대하겠다는 의도가 내포되어 있어서 불편할 때가 한두 번이 아니다. 나이 많은 사람한테 받은 서러움을 후배에게 고스란히 되돌려주겠다는 심술이다. 학교나 직장을 막론하고 기수를 따져 선후배 관계 서열을 규정해야 직성이 풀린다. 한국에서 '선후배 시스템'으로부터 자유로운 곳은 거의 없다. 고등학교 때 선배의 심기를 불편하게 했다고 화장실 뒤에서 '선배 예찬가'를 복창하던 시절도 있었다. '선배는 하나님과 동기동창이고, 소머즈(1977년에 방

    경험하나에 지혜하나

영된 인기 드라마의 여주인공)의 전 남편이며, 원더우먼(1978년 방영된 여성히어로인)의 현 남편이다. 선배의 말은 헌법이며, 법률이고...' 어쩌고저쩌고 복창하던 웃지 못 할 추억이 생각난다. 그 시절을 보낸 사람이라면 선배에 대한 폐쇄적인 논리가 머릿속에 잠재되어 있다. 걸핏하면 '버릇없다' 평가를 내려 주종관계를 이루려 한다. 화가 치밀면 나이를 앞세워 '내가 네 친구냐.'로 기선을 제압한다. 타인에 대한 존중 없이 복종만을 강조한다. 신입생 MT에 참석했다가 선배에게 폭행당한 대학생이 치료를 받던 중 숨졌다는 기사들이 종종 나온다. 어떻게든 권력 관계를 형성하려는 눈물겨운 노력이 깔려 있다. 나이 어린 후배의 기를 죽여야 선배로서의 체면이 선다. 삶에 지름길이 없는데 가르치려고만 하고, 청하지도 않은 충고를 늘어놓고, 자기만 옳다는 선배가 영락없는 꼰대 모습이다.

유아 사망사고가 많던 60년대는 호적신고가 늦는 경우도 많았다. 실제 나이를 거품을 물고 강조하는 것은 그만큼 나이가 권력임을 방증한다. 십여 년 전 58년 개띠들의 테니스 모임에서 실소를 금치 못할 일이 벌어졌다. 12~3명의 개띠들이 테니스를 치고 식사하러 가던 중 도시의 시 경계를 넘어가다 검문소를 지나게 되었다. 모두 얼굴이 시커멓고 도둑놈(?)같이 생긴 남자들이라 주민등록증 제시를 요구받았다. 우스운 광경이 벌어졌다. 주민등록증에 적힌 나이가 63년생부터 59년생까지 다양했고 실제 58년 개띠는 몇 명 되지 않았다. 그 일 이후로 모임에 분란이 생겼다. 모두 억울하다고 항변하지만 확인할 길은 없다. 본

인만이 안다. 20년 동안 알고 지내는 지인이 있다. 의견을 교환하는 데 스스럼이 없고, 망설임 없이 나를 친구로 대해준다. 나보다 나이가 많다는 사실을 떠올린 기억이 거의 없었다. 그냥 좋은 친구의 기억으로만 남아있다. 우연히 그의 나이를 알게 되어 새롭다는 느낌을 받았다. 하대하지 않고 나이를 떠나 참 편안한 사람으로 기억 속에 남아있다. 이런 관계를 맺고 사는 사람이 몇이나 될까.

우리는 사회를 경직하게 만들고 위에서부터 받은 억압을 아래로 고스란히 대물림하는 위계질서 속에서 평생을 살아왔다. 한 직장에서 일하는 이들은 공식적인 상사를 제외하면 모두 동료의 개념으로 지낸다면 어떨까. 친구 개념에 나이가 개입되지 않는 합리적인 관계를 설정하자. 물론 서양의 것이 모두 좋다는 사대주의식 발상은 아니다. 조직내에서 수평적인 관계가 설정되고, 자유로운 의사소통이 가능해지도록 동반자적 관계를 정립하려는 노력이 필요하다. 물론 나이 차를 무시하거나 그들을 존중하지 않겠다는 뜻이 아니다. 북유럽 스칸디나비아반도의 행복 원동력은 '평범하게 행동하라. 그걸로 충분히 특별하다'라는 네덜란드 속담처럼 엘리트 교육보다 평등 교육 정책이 한몫을 하고 있다. 넘치는 자유와 타인에 대한 신뢰, 다양한 재능과 관심에 대한 존중에서 나온다고 한다. 각자 제 잘난 맛에 살지만, 그것을 존중해주는 문화 개인주의다. 이들 나라에 비해 대만, 일본, 한국은 높은 소득수준에도 불구하고 수평적 가치관이 부족하여 행복지수가 낮은 것은 아닐까. 관계가 유연하고 수평적인 것과 상대방을 존중하지 않는다는 것은 별개의 문제다. 서로 하대하지 않고 그의 의견을 존중하면서도 얼마든지 자유로울 수 있다. 이러한 자유로움은 반드시 존댓말이나 호칭으로 제약되는 것은 아니다. 우리 사회에서 느껴지는 이 불편함이 의미 있는 변화로 이어지길 바란다.

2-3화 후발제인

　〈순자〉가 '적의 움직임을 예의 주시하면서 적보다 나중에 움직이되 먼저 목적지에 이르는 것이 승리의 비결이다. 뒤에 출발하여 먼저 도달하는 것이 용병의 중요한 술책'이라고 하는 데서 '후발제인(後發制人)'이 유래되었다. 적의 기세가 날카로울 때는 정면으로 상대하지 말고 한 걸음 뒤로 물러나 단단한 벽처럼 버티고 기다렸다가 기세가 흐트러진 틈을 타서 적을 제압하는 용병술을 말한다. 적이 먼저 출발하기를 기다렸다가 모습을 모두 드러내면 약한 곳을 찾아 유리한 위치를 선점하는 것이다. 세계 전쟁사에서 약자가 승리를 거둔 사례를 무수히 접할 수 있다. 유방과 항우가 자웅을 겨룬 성고대전, 손권과 조조가 격돌한 적벽대전 등이 '후발제인'의 대표적인 사례에 해당된다. '천리마도 오래 달려 피곤하면 평범한 말도 그보다 빨리 달릴 수 있고, 용맹스런 병사도 힘이 빠지면 평범한 사람이라도 그를 이길 수 있다.'라는 말이 있다. 힘 빠지기를 기다리는 후발제인이라야 가능할 것이다.

　마오쩌둥은 상대가 까불면 가만히 지켜보다가 잠복해 있던 적까지 모습을 드러내면 일거에 제압하는 이 병법을 즐겨 썼다. 적을 상대할 때는 한 걸음 양보하여 그 우열을 살핀 뒤 약점을 공격하면 아무리 강한 상대라도 나가떨어졌다고 한다. 발끈 화내는 사람은 얼핏 강해 보여도 자기 무덤을 파는 경우가 많다. 진정한 의미에서 강해지는 방법은 유연한 자세를 유지하는 것이다. 경거망동하거나 남을 쉽게 믿거나 두려움에 겁을 먹어서는 안 된다. 평화의 상징인 국화를 사랑하면서 칼을 숭상하는 일본인은 예의 바르고 겸손하게 고개를 숙이지만 그 속에 무서운 '칼'이 숨겨져 있음을 느낀다.

2-4화 값으로 매길 수 없는 친절

사람과의 관계에서 정성을 기울이지 않으면 언제나 후회한다. '이방인'을 친절히 대접하는 인디언의 오랜 전통을 몰랐던 콜럼버스는 자신을 신으로 착각했다고 한다. 잘 해주면 착각하고, 못 해주면 서운하게 생각한다. 착한 일을 하고도 인정받지 못한다고 억울해하지 마라. 벌받지 않고 넘어간 나쁜 일에 대한 대가라고 생각하면 마음이 편하다. 지금 마주하는 사람에게 친절을 베푸는 것이 평범한 오늘을 가장 특별한 내일로 만드는 방법이라 했다. 인간은 칭찬보다 비판에 능하고, 신뢰보다는 불신을 갖는 것은 살아남기 위해 상대의 단점을 먼저 볼 수밖에 없으며, 피해의식을 가질 수밖에 없다고 말한다. 법정스님은 최고의 종교는 친절과 칭찬이라고 한다. 살아가면서 필요한 지혜는 '친절하고, 친절하고, 또 친절한 사람이 되는 것'이라 강조했다.

친절한 청년 필립

미국 필라델피아에 비에 젖은 노파가 다리를 절면서 어느 백화점에 들렀다. 노파의 행색이 누추하여 모두 외면하였지만, 초라한 노파에

경험하나에 지혜하나

게 '필립'이라는 청년이 다가가 '무엇을 도와 드릴까요?' 말을 건네고 '마음 편히 계시다 비가 그치면 가세요' 라며 의자까지 내어주었다. 비가 그치고 난 후 노파는 그 청년의·명함을 받아갔다. 몇 달 후 백화점 사장 앞으로 당시 미국의 억만장자 철강왕 앤드류 카네기[4]로부터 편지가 도착했다. 그 편지에는 백화점 2년 매출에 맞먹는 주문서와 함께 이 업무를 필립이 맡아달라고 적혀 있었다. 그 노파가 바로 앤드류 카네기의 모친이었던 것이다. 필립은 회사 중역이 되고 나중에는 카네기의 손과 발이 되었다. 착한 품성이 놀라운 기회를 가져다준다. 이 일 이후로 각 백화점은 '카네기 엄마'라는 명칭으로 운동복 차림의 모니터 요원이 직원의 친절 여부를 살피는 계기가 되기도 하였다.

제임스 레이니 주한 미국대사

1993년부터 1997년까지 4년간 주한 미국대사를 지냈던 'James Laney'는 한국에서의 임기를 마치고 귀국하여 미국 조지아주의 에모리대학 교수가 되었다. 건강을 위하여 매일 걸어서 출퇴근을 하던 중 길가에 쓸쓸히 혼자 앉아 있는 한 노인을 만났다. 레이니 교수는 노인에게 다가가 다정하게 인사하고 지나갔다. 다음 날도 똑같이 앉아 있

---

4) 두 사람의 카네기가 있다. 둘 다 가난한 환경에서 태어나 어렵게 성공한 인물이다. 한 사람은 당대 최고의 부자로 US STEEL이라는 세계 최고의 철강회사를 일구어 오늘날 돈으로 환산하면 450조를 벌어 빌게이츠 재산보다 많았던 앤드류 카네기이다. 또 한 사람은 성공학 강사로 처세술 관련 책을 10여권을 쓴 데일 카네기로, 인간관계론, 자기관계론, 성공대화론이 대표작이다. 50년 후배인 데일 카네기는 앤드류 카네기의 성공 이야기를 자기 책에 소개했다.

는 노인에게 다정하게 인사하고 지나갔다. 그 후 둘은 서로 인사 후 잠시 대화를 나누기도 했다. 가끔 시간이 날 때는 퇴근길에 커피를 마시거나 잔디를 깎아주면서 2년 동안 알고 지냈다. 그러던 어느 날 노인이 보이지 않았다. 돌아가신 것이다. 며칠 후 어떤 사람이 와서 '회장님께서 당신에게 남긴 유서가 있다.' 종이를 건넸다. 그 노인이 바로 코카콜라 회장임을 알고 레이니 교수는 깜짝 놀랐다. 유서에는 '당신은 내가 만난 가장 친절한 사람이었소. 나에게 말벗이 되어줘서 고마웠소. 나는 당신에게 25억 달러와 코카콜라 주식 5%를 유산으로 남긴다'라고 적혀 있었다. 코카콜라 주식을 모두 팔면 국내 상장 주식을 모두 살 수 있을 정도의 큰 금액이다. 레이니 교수는 세 가지에 놀랐다.

첫째, 세계적인 부자가 정말 검소하게 산다는 점
둘째, 자신의 신분을 전혀 밝히지 않았다는 점
셋째, 아무 연고가 없는 나에게 그렇게 큰돈을 준 점

다름 아닌 친절 값이었다. 레이니 교수는 노인에게 베푼 친절로 받은 유산을 모두 에모리 대학의 발전기금으로 내놓았다. 그러자 그에게 대학 총장이라는 명예까지 주어졌다. 친절은 값으로 매길 수 없는 보배다. 친절은 뜻하지 않은 행운을 가져다주는 마법의 상자이다. 남의 친절에 감사하는 사람 역시 친절한 사람이다.

2-5화 우아한 대응(부메랑)

사람은 자신의 경험만큼만 남을 이해하기 때문에 서로에게 상처를 준다. 요즘은 결혼을 꼭 해야 되는 것도 아닌데 '결혼 언제하나?'는 질문에 상처받지 말고 '곧 해야죠' 의례적으로 대답만 하면 된다. '우리는 그때 안 그랬는데'라는 식의 검증 안 된 말에 신경을 끄는 것이 상책이다. 우아한 대응은 새로운 것을 찾아서 대응하려고 하지 말고, 상대가 했던 말을 역이용해서 반격하는 것이 효과적이다. 방문한 사람이 '빈손으로 왔어요'라고 하면 '괜찮아요, 저도 빈손으로 보낼 텐데요. 뭐요' 웃으면서 가볍게 받아주라.

'그렇게 생각하시는 군요'

'그건 내가 알아서 할게요.'

1달러의 팁

인도를 여행하는 백인 남성이 어느 식당에 들어갔다. 앉아 있던 청년들이 '흰 오랑우탄이 뭘 먹으러 왔나?' 희롱을 했지만, 백인은 무표정으로 창밖만 바라보고 있자 주인은 안심한 듯 '글쎄 오랑우탄은 값을 두

배로 받아야지'라고 놀렸다. 이윽고 백인이 식사가 끝나고 1달러만 계산했다. 주인이 화를 내자 '오랑우탄이 무슨 돈이 있나? 그건 팁'하고 나가 버렸다. 주먹을 날리는 것보다 더 통쾌한 복수를 한 것이다. 기분 나쁜 일을 당했을 때 우리는 얼마든지 '그 느낌'을 상처로 남길 수도 있고 상대의 문제로 되돌릴 수도 있다.

젊은이와 버나드 쇼의 대화

상류층 젊은이가 버나드에게 '당신 부친은 양복쟁이 맞나요?'

버나드가 '그렇다'

젊은이는 '그렇다면 잘 이해가 되지 않는 군요. 왜 당신은 양복쟁이가 되지 않고 극작가가 되었나요?' 우쭐대자

버나드는 '당신 부친은 신사였다는데 맞지요?'

젊은이는 자랑스럽게 '물론이죠.'

버나드는 '참 이해가 안돼요. 왜 당신은 아버지처럼 신사가 되지 못했나요?'

굴원과 어부의 대화

굴원(BC340 ~ BC278)은 왕족의 후예로 비타협적이고 원칙론자의 대명사다. 초나라 충신으로 임금의 총애를 받았으나 쫓거나 유배 길에 강을 건너게 되었는데 어부가 '귀하신 분이 어쩌다가 추방을 당했소?' 유배 이유를 묻자,

경험하나에 지혜하나

굴원은 '온 세상이 모두 흐리고 모든 사람이 취해 있는데, 나만 홀로 맑고, 깨어 있어 모함을 당해 추방을 당했소'

어부가 '성인은 세상 사물에 얽매이지 않지만, 세상을 따라 변할 수 있어야 하오. 세상 모든 사람이 다 취하는데 어찌 같이 그 막걸리를 마시지 않으시오? 어찌 스스로 고결한 채 처신하여 쫓겨남을 당하시오?' 세상사의 변화와 추이에 어울리지 못함을 나무라자.

굴원은 '내 어찌 깨끗함으로 상대의 더러운 것을 받아들일 수 있겠소.

머리 감은 사람은 반드시 깃을 털고
(신목자 필탄관 新沐者 必彈冠),
목욕 한 사람은 반드시 옷을 턴다.
(신욕자 필진의 新浴者 必振衣)

내 차라리 멱라수에 뛰어 들어 물고기 뱃속에서 장사를 지낼망정 세속의 먼지를 뒤집어 쓸 수 있겠소.'

어부가 빙그레 웃으며 굴원의 비타협적이고 고고한 처세에 대해

창랑의 물이 맑으면 갓끈을 씻고,
(창랑지수 청혜 가이탁 오영 滄浪之水淸兮 可以濯吾纓).
창랑의 물이 흐리면 내 발을 씻소
(창랑지수 탁혜 가이탁 오족 滄浪之水濁兮 可以濁吾足)

결국 굴원은 울분을 참지 못해 먹리수 강물에 몸을 던진 비극적 인물이 되었다. 세상 돌아가는 대로 살아가는 어부의 자세와 대조가 된다.

갈릴레이와 브르노

갈릴레오 갈릴레이와 조르다노 브르노는 '지동설'을 주장한 인물로 가톨릭적 세계관을 부정하고 신성 모독 죄목으로 교황청에 의해 지독한 심문을 당했다. 브르노는 죽음 앞에서도 우주론적 신념을 지키고 기독교에 대한 비판으로 가혹한 심문을 받았다. 지동설을 포기하라는 회유에도 '나는 지동설을 철회할 아무 이유도 없다'라고 주장하다가 결국 사형을 선고받았다. 사제들은 브르노의 턱을 쇠로 된 재갈로 채우고, 쇠꼬챙이로 혀를 꿰뚫어 입천장을 관통시켜 수레에 싣고 끌고 다니면서 로마 거리의 구경거리로 만들었다. 그는 화형당하는 순간까지 자신의 주장을 철회하지 않았다.

한편 갈릴레이는 목성의 위성을 발견하고 관찰 결과를 통해 '지동설'을 주장하다가 불경죄로 로마의 종교재판에 회부 되었다. 많은 종교 지도자들이 그의 과학적인 사실에 탄원했지만, 추기경은 가톨릭 진영의 이탈에 대해 강경한 입장을 취했다. 갈릴레이는 재판장에 서서 과거 자신의 주장을 '맹세코 포기하며, 저주하고 혐오한다.'라고 선언한 뒤 겨우 풀려났다. 그를 자신의 철학을 굽히지 않는 원칙주의자라기보다 성공에 포커스를 둔 현실타협형 인간으로 보는 견해가 강하다. 갈릴레이는 재판소 문턱을 나오면서 큰소리로 '그래도 지구는 돈다'라고 외쳤다.

이 두 사람의 삶을 비교해보면 어느 한쪽이 옳은 것이 아니라 둘 모두 의미 있고 존재하는 삶의 한 형식이다. 사람은 어떤 때는 브루노의 삶을 살다가 어떤 때는 갈릴레이의 삶을 살기도 한다. 이 둘은 모순된 것이면서 동시에 본보기이기도 하다.

김상헌과 최명길

김훈의 〈남한산성〉에서 창랑 김상헌과 청음 최명길의 논쟁은 우리에게 많은 의미를 준다. 싸우다 명예롭게 죽을 것인가, 치욕적이지만 살아서 후일을 도모할 것인가. 어느 쪽이 더 가치 있을까에 대한 명제를 우리에게 던진다. 임진왜란이 끝난 지 40여 년이 지난 1636년, 조선은 또 한 번 전쟁의 소용돌이에 휩쓸렸다. 오랑캐 후금이 나라 이름을 '청'으로 바꾼 후 명나라를 치기 위해 조선에 군신 관계를 요구하는 병자호란이 일어났다. 청나라 군대 10만여 명이 쳐들어와 남한산성에 갇힌 조선 군대는 1만 3천 명이었다. 수많은 백성이 목숨을 잃고 굶어 죽어갔다.

최명길은 '전하, 청과 협상을 해야 합니다.'라고 하자
김상헌은 '전하, 죽음이 가볍지 어찌 삶이 가볍습니까' 반박한다.
최명길은 '삶과 죽음을 구분하지 못하고, 삶을 욕되게 하는 자가 있소이다. 신은 무거운 삶을 지탱하려 하옵니다.'

고민하던 인조는 결국 화친을 주장하는 최명길에게 항복 문서를 쓰게 하자,

김상헌은 '이런 더러운 글을 쓰려고 공부를 했단 말이냐?' 쓰고 있던 편지를 빼앗아 갈기갈기 찢어버렸다. 최명길은 찢은 종이를 주우면서 '너는 찢지만, 나는 줍는다'라며 노여워하지 않았다.

결국 청나라를 배척한 인조는 청의 요구대로 단상 위의 청나라 왕에게 세 번 절을 하며 아홉 번 머리를 땅에 찧는 '삼배고구두례'로 삼전도의 굴욕을 당했다. 조선의 항복을 받은 청나라는 인조의 두 아들(소현세자와 봉림대군)과 아녀자를 인질로 잡아갔다. 김상헌도 '가노라 삼각산아 다시보자 한강수야' 시조를 남기고 청으로 끌려갔다. 그 후 최명길도 명과의 복원 계획이 발각되어 청으로 압송되었다. 최명길이 잡혀 왔다는 소식을 들은 김상헌은 최명길에게 시 한 수를 지어 보냈다.

가만히 두 사람의 생각을 되돌아보니
문득 백 년의 의심이 풀리는구려.

최명길이 화답했다.

그대 마음은 돌과 같아서 바꾸기가 어렵지만
나는 둥근 고리 같아 경우에 따라 되돌리기도 한다오.
나를 지키되 너를 인정한다.

경험하나에 지혜하나

그토록 싸운 두 사람이지만 이국땅 선양 감옥에서 두 사람은 서로의 진심을 이해하고 화해했다. 그들은 싸웠지만 서로 아꼈다. 삶의 철학이 다르기에 난국을 극복하는 방법에서 첨예하게 대립할 수밖에 없지만 두 사람의 정의는 한 지점에서 만났다. 김상헌과 최명길 두 사람의 가는 길은 달랐지만 나라 사랑은 하나로 만난다. 최명길은 실질을 중시하는 현실문제에 관심이 있었고, 김상헌은 명분과 의리의 성리학에 충실하였다.

작가 김훈도 평가를 유보한다. 고통 받는 자의 편에 서야 한다면 어디에 서야 하나? 인조는 삼전도의 굴욕을 치렀으나 조선의 명맥은 유지할 수 있었다.

소동파의 유후론(留侯論)

2010년 이명박 대통령 시절 천안함 사건으로 46명의 군인이 사망했을 때, 우리 정부는 중국 정부에 협력을 요청하자, 추이 외교부부장이 우리 외교부차관 앞으로 중국의 입장을 우회적으로 담은 액자를 전달한 것이 '소동파의 유후론[5]'이다. 중

天下有大勇者 천하유대용자
천하에 큰 용기가 있는 자는

猝然臨之而不驚 졸연임지이불경
갑자기 어떤 일이 닥쳐도 놀라지 않으며

無故加之而不怒 무고가지이불노
까닭없이 해를 당해도 화를 내지 않는다

此其所挾持者甚大 차기소협지자심대
이는 그의 마음에 품은 바가 크고

而其志甚遠也 이기지심원야
뜻이 심히 원대하기 때문이다

---

5) 유방이 천하를 통일할 수 있도록 도와준 장량은 유후(留侯)라는 벼슬자리에 올랐다. 그 후 시인 소동파가 장량에 대하여 쓴 글이다.

요한 시기에 감정에 휘둘리지 말고 인내하고 절제하면 결국 상대를 이긴다는 의미로 인용된다. 큰일을 도모하는 사람의 자세와 그 비결이 담겨있다.

　이런 우아한 대응에 우리 정부에서는 무슨 말을 하겠는가? 이 액자를 놓고 우리 정부를 조롱했다는 시각도 있지만, 보는 사람의 마음에 따라 다르다. 세상은 늘 두 가지 시각으로 존재한다. 다음은 무례한 부탁에도 화내지 않고 인내심을 보여주는 장량에 대한 글로, 그의 성품에 감탄한 어느 노인이 알려준 태공병법 내용이다.

古之所謂豪傑之士 (옛날 호걸들에게는)

必有過人之節 (필히, 보통을 능가할 절개와 지조가 있다)

人情有所不能忍者 (인간의 감정으로 도저히 참을 수 없을 때)

四夫見辱 (보통사람은 치욕을 당하면)

拔劍而起 (먼저 칼을 뽑아 들고 일어나)

挺身而鬪 (몸을 날려 싸우는데)

此夫足爲勇也 (이것은 용감한 일이라 할 수 없다)

天下有大勇者 (천하에 용기 있는 자는)

猝然臨之而不驚 (갑자기 큰일을 당해도 놀라지 않으며)

無故加之而不怒 (이유 없이 당해도 노하지 않는 것은)

此其所挾持者甚大 (그 마음에 품은 바가 심히 크고)

而其志甚遠也 (그 뜻이 원대하기 때문이다.)

當韓之亡 (한나라가 쇠퇴하고)

秦之方盛也 (진나라가 강성하여)

夷滅者 (죄 없이 죽임을 당한 자가)

不可勝數 (헤아릴 수 없었다)

子房不忍忿忿之心 (장량은 분통한 마음을 참지 못해)

以匹夫之力 (필부의 힘으로)

而逞於一擊之間 (분을 풀려고 진시황을 습격하였으나)

子房之不死者 (장량이 죽을 뻔할 정도로)

蓋亦危矣 (매우 위험한 일이었다)

子房而蓋世之材 (장량은 세상을 뒤덮을 재주가 있으면서)

不爲伊尹太公之謀而 (이윤이나 강태공과 같은 방법을 쓰지 않고)

特出於荊軻聶政之計 (오히려 형가나 섭정의 자객의 방법을 썼으니)

而僥幸於不死 (죽지 않은 것만도 다행이었다)

此圮上之老人所爲深惜者也 (이런 일을 애석하게 여긴 노인이)

倨傲鮮腆而深折之 (거만하고 무례한 장량에게 말했다.)

…〈 중략 〉…

彼其能有所忍也 (비로소 장량은 능히 참을 수 있을 정도가 되었다)

然後可以就大事 (그런 후 비로소 큰 일(진나라 정복)에 착수했다)

故曰 (그래서 이르기를)

孺子可教也 (과연 아이는 가르칠 만하구나!)

조식의 칠보시

1990년 타이완의 한 단체가 중국을 방문했을 때, 중국 정부에 전달한 조식의 〈칠보시 七步詩〉이다.

위나라의 '조조'는 총애하던 둘째 아들 '조식'에게 왕위를 물려주려고 했으나 뜻을 이루지 못하고 결국 맏아들 '조비'에게 물려주고 죽었다. 형 조비는 신하들의 이간질에 의해 동생 조식을 죽이기로 했다. 선왕의 장례에 참석하지 않은 동생의 죄를 물어 동생을 불렀다. 형 조비는 소명의 기회를 주고자 '형제라는 뜻이 들어가되, 형제의 단어가 들어가지 않는 시를 일곱 보를 걸어갈 때까지 지으라'고 명했다. 일곱 걸음을 걷는 동안 즉흥적으로 시를 지으면 살려주고, 그렇지 못하면 죽음을 면치 못하는 벌을 내리기로 했다. 조식은 눈물을 흘리면서 '칠보시'를 지었다.

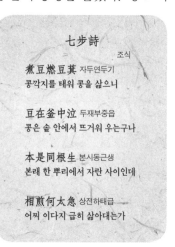

七步詩
조식

煮豆燃豆萁 자두연두기
콩깍지를 태워 콩을 삶으니

豆在釜中泣 두재부중읍
콩은 솥 안에서 뜨거워 우는구나

本是同根生 본시동근생
본래 한 뿌리에서 자란 사이인데

相煎何太急 상전하태급
어찌 이다지 급히 삶아대는가

이 칠보시를 듣고 감명을 받은 조비는 눈물을 흘리면서 자신의 우매함을 반성하고 동생을 제후로 봉했다.

장자와 혜자의 대화

장자 '물고기가 자유롭게 헤엄치는 것이 큰 즐거움이구나.'

혜자 '당신이 물고기가 아닌데 어떻게 물고기가 즐거운지 아느냐?'

장자 '당신은 내가 아닌데 어떻게 내가 물고기의 즐거움을 알지 못한다는 걸 어떻게 아느냐?' 반문하자

혜자 '물론 자네가 아니니 알 수 없다. 자네 역시 물고기를 알 수 없다.'

장자 '자네는 내가 물고기의 즐거움을 알고 있음을 알고 물었다. 나는 물고기와 하나가 되었기에 그 즐거움을 알 수 있다네.'

혜자 '당신의 말은 논리가 맞지 않소.'

장자 '당신이 딛고 있는 땅이 좁다고 해서 다른 넓은 땅도 모두 쓸모없는 땅이라 할 수 있느냐?' 무용지용(無用之用)으로 반문했다.

말장난 같지만, 존재와 인식에 관한 심오한 철학이 담겨있다.

캐나다 총리 장 크레티앙

장 크레티앙은 가난한 집안의 막내로 태어나 선천적으로 귀가 어둡고 안면 근육 마비로 입이 비뚤어져 발음이 어눌했다. 그럼에도 불구하고 1993년에 캐나다 총리에 임명되었다. 풍자만화의 놀림감이 되고, 유세 중에 상대방이 자신의 약점을 파고드는 것에 정면으로 대응하여

신체장애의 고통을 솔직히 시인을 하고 '나는 말을 잘 못 한다. 그래서 거짓말도 잘 못 한다'는 유명한 유세현장 말을 남겼다. '제 생각과 의지를 전하지 못할까 고통스럽다. 인내를 가지고 들어 달라'고 호소했다. 거짓말이 난무하는 정치판에 거짓말을 하지 않는 깨끗한 이미지로 인정을 받아 세 번씩이나 총리에 임명되었다.

링컨의 유머1

링컨 대통령이 의회에서 한 의원으로부터 심한 질책을 받고 있었다.

'당신은 두 개의 얼굴을 가진 이중인격자요'

그러자 링컨은 억울하다는 표정으로

'참! 내가 두 개의 얼굴을 가지고 있다면, 이렇게 중요한 자리에 왜 이 얼굴을 가지고 나왔겠느냐?'

링컨의 한 마디에 의회 안은 순식간에 웃음바다로 변했다.

그 의원은 더 이상 링컨을 다그치지 못하고 슬그머니 자리에 앉았다.

링컨의 유머2

링컨은 성격이 조용하고 신중한 반면 부인 메리는 성급하며 신경질이 많은 편이었다. 젊은 시절 아내 메리가 생선가게 주인에게 신경질을 부리면서 짜증을 내자, 주인은 불쾌한 표정으로 링컨에게 거세게 항의를 했다. 링컨은 가게주인의 손을 잡고 조용히 부탁했다.

'저도 15년 동안 참으며 살고 있습니다. 5분만 참아 주십시오.'

압구정

　한명회는 수양대군의 어린 조카 단종을 몰아내고 왕으로 즉위시킨 계유정란의 1등 공신이다. 두 딸을 예종과 성종의 왕비로 만들고 자신은 영의정에 오르면서 그의 집 앞에는 뇌물을 들고 줄을 선 사람들로 넘쳐났을 정도로 권력의 정점을 찍었던 인물이다. 그는 칠삭둥이로 태어나 과거에 여러 번 응시했으나 실패하여 공부머리는 없었지만, 권람과의 친분으로 수양대군에게 추천되어 '자방'이라는 책사 장량의 별명을 얻을 정도로 처세머리가 뛰어났다. 한명회의 호 압구(狎鷗)는 강촌에 묻혀 갈매기와 친하게 지낸다는 뜻이다. 한명회가 지은 압구정은 풍악소리와 웃음소리가 그칠 날이 없었다. 이런 명성이 중국까지 알려져 사신이 성종을 통해 압구정 관람을 청했으나 한명회는 장소가 좁다는 이유로 거절하고 왕실에서 쓰는 용봉 천막을 사용하게 해주는 조건을 제시하자 성종은 한명회의 태도에 불쾌감을 감추지 못했다. 결국 성종은 제천정에서 사신 접대를 하고 난 후 왕실 정자를 제외한 모든 정자는 없앤다는 선언을 했다. 한명회가 뒤늦게 수습하려고 나섰지만, 성종은 한명회를 파직했다. 최고 권력가의 추락은 이처럼 작은 사건 하나로 한순간에 무너졌다. 화려한 정치 인생의 종지부를 찍고 여생을 한가롭게 보내기 위해 만든 압구정이 부메랑이 되었다. 겸재 정선의 그림을 보면 압구정은 한강 변에 자리 잡은 명승지였으나 지금은 강남의 고급아파트가 자리하고 있다. 압구정이 들어선 이후 갈매기가 날아들지 않았다니 압구(狎鷗)가 아니라 압구(押鷗)가 되어 버린듯하다. 한명회가 죽었을 때 조문하러 온 이가 아무도 없었다는 것을 보면 그가 어떤 식으로 살았는지 한 단면을 보여준다. 조선의 청백리 황희 정승이 말년에 관직을 사양하고 갈매기와 벗 삼아 지낸 파주의 반구정 (伴鷗亭)에는 지금도 갈매기가 날고 있어 그 풍경이 압구정과 대조를 이룬다.

겸재 정선의 압구정(狎鷗亭)
그림출처 〈겸재 정선 붓으로 펼친 천지조화〉 국립중앙 박물관

경험하나에 지혜하나

2-6화 모든 것은 연결되어 있다

우리 모두는 하나로 연결되어 있다. 사람은 공기와 물, 햇빛의 도움 없이는 한시도 살 수 없듯이 사람과 떨어져도 살 수가 없다. 임진왜란 때 나의 조상 중 부친 쪽이든 모친 쪽이든 한 사람이라도 전사했다면 나란 존재는 이 세상에 태어날 수 없다. 내가 임진왜란 때의 조상을 만나려면 부계와 모계를 합해 1만 5천여 명의 조상이 존재해야 가능한 일이다. 이 얼마나 경이로운 일인가. 지금 내가 한 일이 7대까지 연결된다는 연구보고서가 있는 것을 보면, 존재하는 모든 것은 어떻게든 서로 연결되어 있다. 남의 좋은 일과 고통이 나에게도 같이 일어난다. 매미는 날개에 의존하지만, 날개는 매미가 없으면 날아야 할 이유가 없다. 바늘은 실 때문에 존재하지만, 실없는 바늘은 존재의미가 없다. 서로가 서로에게 의존한다. 머리와 척추와 엉덩이는 서로 구분되어 있지만, 따로 존재하지 않는다. 대서양에서 나비의 사소한 날개 짓이 태평양에 허리케인을 일으킬 정도의 심원한 변화를 일으킨다. 인류는 하나의 생명으로 전체와 연결되어 있다. 직접 도끼를 들고 나무를 베지 않아도 무심코 휴지 한 장을 톡 하고 뽑는 순간 나는 도끼를 든 나무꾼으로 변할 수 있다. 내가 겪고 있는 불행은 언젠가 내가 잘못 보낸 시간의 결과로 연결되어 있다. 미시적 우연이고 거시적 필연이다.

인드라의 구슬

인드라[6]의 하늘에는 구슬로 된 그물이 걸려있는데 구슬 하나하나가 서로 다른 구슬을 모두 비추고 있어 어떤 구슬 하나라도 소리를 내면 다른 구슬 모두에게 그 울림이 연달아 퍼진다고 한다. 인터넷처럼 하늘은 인드라의 그물로 서로 연결되어 있다. 작은 연어가 큰 바다로 나갔다가 다시 돌아오고, 작은 철새 한 마리가 푸른 창공을 넘어 크게 한 바퀴 돌고 나니 작고 여린 푸른 별 하나에 지나지 않는다는 것을. 세상이 참 마음대로 되지 않는다. 한때는 씩씩하고 자신만만했는데 보잘것없는 존재임을 알게 된다. 내가 작은 게 아니라 큰 세상을 알게 된 것이다. 우리는 인드라의 큰 울림을 만들어가는 주체다.

한일 우드 테니스라켓

80년대 초 대학 1학년 때 교문 옆에 있던 테니스장을 호기심으로 기웃거리다 막내 고모를 졸라 한일 우드라켓(싯가 7천 원)을 선물 받았다. 그 호기심이 계기가 되어서 테니스로 인해 수많은 사람을 만났다. 그리고 크고 작은 경기에서 우승하기도 하면서 30년 넘게 나의 큰 즐거움이 되었다. 운동은 몰입으로 인한 쾌감을 준다. 어릴 적부터 가르

6) 불가에서 말하는 '화엄 세상'을 비유.

경험하나에 지혜하나

친 아들이 이제는 청출어람 빙출어수를 넘어 제 아비를 능가하는 선수급(?)이 되었다. 며느리를 고를 때도 테니스가 참작되었다. 세상에 태어나 잘한 일이 아들에게 테니스를 가르쳐준 일이라고 우스갯소리를 하고 다니는 바보 아빠다. 손주 장난감이 테니스라켓이다. 벌써 언제부터 테니스를 가르칠까 고민을 하는 것을 보면 손주가 세계적인 테니스 선수가 되지 말란 법은 없지 않은가(너무 나갔나?). 존재하는 모든 것은 어떻게든 서로 연결되어 있다. 지금 내가 하는 일이 7대까지 연결된다는 말이 빈말이 아닌 듯하다.

인디언의 시간개념

인디언은 시간을 과거, 현재, 미래의 직선적인 개념이 아니라, 하나의 순환 개념으로 시간을 이해한다. 지나간 것은 사라지는 것이 아니라 '바로 우리 옆에' 존재한다고 믿는다. 사람이 죽으면 조상의 혼과 하나 되어 '우리와는 다른 형태로' 존재한다는 것이 인디언의 믿음이다. 모든 기도는 '세상은 모두 연결되어 있다'로 끝을 맺는다. 'small world 이론'은 4~5단계만 건너면 세상 모든 사람과 아는 사이가 된다. 한 사람이 100명만 알아도 2단계에서는 만 명을 알게 되고, 3단계는 1억, 4단계에서 모든 사람을 만날 수 있다. 우리도 4~5단계만 거치면 미국의 대통령과도 악수를 할 수 있다.

'앤'이라는 아이

'앤'이란 아이는 미국 앨리바마주에서 태어나 부모를 잃고 시력까지 나빠 많은 보육사들이 포기한 채 거들떠보지 않았다. 그런데 한 보육사만이 따뜻하게 보살펴 앤이 맹아학교를 졸업하고 시력을 되찾게 하여 자립할 때까지 정성을 다했다. 이 어린 '앤'이 바로 헬렌켈러를 암흑에서 빛을 밝혀준 '앤 설리번'이다. 앤 설리번이 없었다면 오늘날의 헬렌켈러도 없었을 것이다. 무명의 보육사로부터 시작된 작은 헌신이 앤 설리번으로 이어져 오늘날의 헬렌켈러가 만들어졌다니 놀라지 않을 수 없다.

경험하나에 지혜하나

2-7화 보수와 진보

　유럽에서는 이미 홍역을 치른 보수와 진보, 우파와 좌파의 대립이 지금 우리 사회를 온통 뒤덮고 있는 큰 이슈다. 1789년 프랑스혁명 이후 소집된 국민회의에서 오른쪽에 왕당파가, 왼쪽에 공화파가 앉은 데서 유래된 보수와 진보 대립의 시초이다. 조선 초기 집권 공신세력인 훈구파를 견제하기 위해 과거시험으로 선발된 사림의 정계 진출이 두 세력 간 대립양상이 이념논쟁으로 발전하였다. 훈구파는 당연히 자리를 지키는 수구를 원하고, 사림파는 개혁을 원한다. 사림파는 (이조전랑 문제로) 동인과 서인으로 분열하고, 동인은 (정여립 모반사건으로) 다시 남인과 북인으로, 서인은 (허적 아들 역모사건으로) 노론과 소론으로 분열되었다. 훈구파와 사림파의 대립으로 시작한 이념 논쟁은 이권 쟁탈 도구로 전락하였다.

훈구파	집권 공신 (한명회, 권람)			
사림파	과거로 정계 진출 (정몽주-길재-김종직)			
	이조전랑 문제로	동인	정여립 모반사건	남인
				북인
		서인	허적 역모사건	노론
				소론

오늘날의 보수는 국가의 개입 없이 시장 논리에 의해 스스로 해결해야 한다는 입장인 반면, 진보는 시장의 부패와 불합리한 요인을 극복하기 위해 국가의 간섭으로 소수 독점 폐해를 막아야 한다는 입장이다. 보수의 핵심은 각자 자기 위치에서 열심히 일하고, 일한 만큼 보상받고, 공동체를 위해 애쓰며, 개인주의에 빠지지 않고 잘하는 사람에게 수월성의 대가를 인정해 주는 것이다. 19C 이후 민주주의 파괴 주범은 아이러니컬하게도 히틀러나 무솔리니같은 지독한 극우파들이었다. 우리는 엉뚱하게도 우파는 자유민주주의 신봉자로, 좌파는 공산주의 신봉자로 여겨 급격한 변화와 개혁은 무질서와 혼돈으로 체제의 안정성을 해친다고 생각한다. 우파가 인간의 본성에 적합한 약육강식의 관점이라면, 좌파는 인간의 본성을 거스르는 유토피아적 관점이다. 헨리 모건의 〈세네카족 인디언들의 생활〉의 땅 소유방식에 감동한 칼 마르크스가 독일로 건너가 〈공산주의 선언〉을 쓴 계기가 되었다. 그는 독점기업을 국유화해서 개인의 이익이 아닌 공동체의 이익을 강조했다. 유토피아적 측면이다. 그의 이론이 실패한 이유다. 보수는 부의 창조를 위한 개발과 역동성 등을 중시하는 반면, 진보는 노동자, 동물, 자본주의에서 상처받은 이들에게 배려와 관심을 보인다.

 인간은 생존본능에 따라 보수적인 성향을 띤다. 계란의 티눈, DNA 흰자는 노른자를 본능적으로 감싼다. 영양분을 놓지 않으려 한다. 생명의 서바이벌 원리는 보수적일 수밖에 없다. 의병과 광복군은 보수성향이지만, 계몽운동과 의용대는 진보성향이다. 지배계급은 당연히 현

경험하나에 지혜하나

상 유지를 바라는 보수적 의식을 가진다. 진보는 서민복지를 확대하는 부자 증세에 찬성하지만, 보수는 이에 반대한다. 진보는 외국인노동자 권리와 다양성을 옹호하지만, 보수는 내국인의 이익과 민족 고유성을 중시한다. 진보는 전쟁에 반대하고 갈등의 평화적 해결을 옹호하지만, 보수는 부국강병과 군사적 대응을 선호한다. 진보는 여성과 장애인의 소수권익을 보호하지만, 보수는 다수의 행복을 더 옹호한다. 뭉뚱그려 보수는 모든 문제에 진화적으로 익숙하고 자연스러운 방향으로 생각 하고 행동하지만, 진보는 진화적으로 덜 자연스러운 방식으로 생각하 고 행동한다. 그래서 보수는 흉악범을 확실하게 응징하는 사형 제도를 원한다. 생물학적으로 자연스럽기 때문이다. 함무라비 법처럼 이에는 이, 눈에는 눈으로 복수를 하는 것이다. 흉악범에게 세금으로 옷을 입 히고 밥을 먹이는 것은 생물학적으로 자연스러운 일이 아니다.

지식인일수록 진보성향이 강한 이유는 변화를 원하기 때문이다. 노 래를 잘한다고, 달리기를 잘한다고, 지능이 높다고 더 지성적인 것은 아니다. 다만 지능이 높은 사람일수록 새로운 환경에 효과적으로 대처 하는 경향이 있다는 사실 뿐이다. 비정규직 노동자의 권익을 위해 임 금 손실을 감수하면서까지 투쟁하는 것은 생물학적으로 덜 자연스러 운 것이다. 유전적으로 무관한 타인의 복지를 위해 자발성을 발휘한다 면 그 사람은 진보주의자다. 진보주의자는 이타적 본능을 제도로 표현 한다. 병에 걸린 국민이 돈이 부족해 치료를 받지 못하는 일이 없도록 국민건강보험 혜택을 전 국민이 받게 하는 국민기초생활 보장법 시행은 김대중 정부 때였다. 노인장기요양보험은 노무현 정부 시절이었다.

인간은 동물에서는 볼 수 없는 이타적인 행동을 하는 존재다. 보수는 전통적인 제도와 관습을 소중히 여긴다. 보수가 물질적 이익과 세속적 출세를 탐한다고 하지만 진짜 보수주의자는 이익보다 가치를 탐한다. 좌파가 신봉하는 유물론은 물질이 우선 존재하고 그 결과로 의식이 존재한다는 것이다. 즉, 존재가 의식을 지배하고, 아날로그와 분배, 공동체, 평등의 원칙을 고수한다. 우파의 시각은 의식이 물질을 지배한다는 시각이다. 디지털과 성장, 개인주의를 신봉한다. 인간에게만 있는 공감 능력이 유복한 집안의 도련님인 칼 마르크스와 엥겔스가 〈공산당선언〉을 쓰게 한 것이다. 보수의 제1 가치는 성장이다. 경제 성장과 시장의 자유를 말한다. 양육강식의 자연원리를 그대로 따르자고 한다. 그래서 경제 성장을 가로막는 것을 사회주의 포퓰리즘 정책 탓이라 생각한다. 기업가는 끊임없는 혁신을 지속해서 성과를 낼 수 있도록 사회 전 영역에 시장 자유를 확대해야 한다고 주장한다. 진보는 사회발전에 뒤처진 사람과 더불어 함께 가자는 것이다. 우파는 '차이가 나는 것이 자연법칙이고 인간 본성이야. 어떻게 차이를 줄일 수 있어?'라고 성장주의와 능력주의를 옹호하는 반면, 좌파는 '차별을 막으려면 차이를 인정해서는 안 돼! 그래서 서울대학은 없어져야 해!'라고 평등주의를 지향한다. 진보와 보수, 성장과 분배는 서로 별개의 것이 아니다. 성장 없는 복지가 있을 수 없다. 둘은 구분할 수 없는 연속적인 흐름이다.

김형석 교수는 우리 민족성 가운데 가장 시급하게 고쳐야 할 단점이

경험하나에 지혜하나

무엇인가에 대한 질문에 '시급한 것은 절대주의적 사고방식으로 중간을 인정하지 않는 이분법적 흑백논리'라고 말했다. 일본 때문에 주권을 빼앗겼다는 세력과 일본 덕분에 근대화가 실현되었다는 세력으로 나뉘어 아직도 이분법적 논리가 반복되고 있다. 철도, 항만 건설은 수탈을 위한 노동력 착취였다. 역사는 팩트라기 보다 해석에 가깝다. '식민지냐 근대화냐'라는 이분법을 해체하는 논쟁의 장이 되어야 한다. 조선왕조 500년간 주자학 같은 형식논리를 추구하는 동안에 흑백논리 전통이 만들어졌다. 색에는 빨강, 노랑, 파랑, 초록의 4가지 색이 있다. 위로 올라가면 색이 다 사라진 정점에 흰색이, 아래로 내려가면 색이 다 채워진 정점에 흑색이 있다. 흑백은 이론으로는 가능하지만, 흔히 존재하는 색은 아니다. 회색지대만 존재할 뿐이다. 비교적 선한 사람과 정도에 따라 악한 사람이 있을 뿐이다. 한 점 흠 없는 선인도 악인도 있을 수 없다. 완벽한 시장주의 경제는 세금이 제로여야 하고, 완벽한 사회주의 경제에서 세금은 100%여야 하지만 이런 제도는 하늘아래 존재하지 않는다.

2-8화 화(禍)는 나를 도우러 온 친구

'화'를 내지 않고 사는 사람은 없다. 화를 잘못 다스리면 낭패를 당한다. 감정은 생활필수품이다. 나에게 찾아온 감정이 어떤 감정인지 알아야 한다. 속상함인지, 상실감인지, 수치심인지 그 감정에 걸맞게 대우해야 한다. 〈말 그릇〉의 김윤나는 '화'를 다스리는 감정을 다섯 단계로 나눈다. 첫째는 출현의 단계다. 나에게 조용히 말을 건네는 감정을 거부하지 말고 그대로 받아들인다. 다음은 자각의 단계다. 감정에 이름표를 달아주는 과정이다. 몸이 좋지 않은 어머니가 먼 길에 반찬을 가지고 와서 짜증이 났다. 정말 짜증일까. 아니면 미안함일까? 각각에 이름표를 달아주고 나서, 어떻게 보관하고 조절할 것인가. 무작정 짜증을 쏟지 말고 그릇에 보관해서 진정시키는 노력이 필요하다. 네탓, 내 탓으로 일순간 무너지기 쉽다. 과열되지 않도록 자기를 진정시킬 수 있는 스위치를 발견하여 멈출 수 있는 사람이 진정 '화'로부터 자유로운 사람이다. 넷째는 표현의 단계다. 감정을 어떤 말로 표현되느냐의 핵심은 원래 감정을 훼손시키지 않고 명확히 표현하는 연습이 필요하다. 느낀 감정을 있는 그대로 인지하고 이름표를 달고 담아두는

경험하나에 지혜하나

보유의 단계를 거쳐 표현의 과정을 통해 말끔히 사라지는 완결의 단계로 이어져야 한다.

가령, 세미나 연구 발표를 하는데, 준비해온 PPT가 하나도 보이지 않았다고 가정하자. 책임소재를 엄하게 묻는 사람은 '폭포수형'이다. 책임질 능력이 부족하며 타인의 감정까지 휘젓는 사람이다. 괜찮아! 그럴 수도 있다고 말하는 사람은 '호수형'이다. 호수형은 마음 깊은 곳에서 악취가 올라 결국에는 썩게 된다. '내가 따로 미리 챙겼어야 했는데'라고 말하는 사람은 '수도꼭지형'이다. 한 번 더 챙기는 더블체크! 플랜B를 준비하는 수도꼭지형은 온수와 냉수를 선택할 수도 있어 난데없이 쏟아지는 찬물에 놀라지 않아도 된다. 원하는 만큼 조절하여 말과 감정이 조화롭고 편안함을 느낀다. 폭포수형은 감정을 정확히 보유하는 힘을 길러야 하고, 호수형은 감정과 정면으로 마주하고 명확히 표현하는 연습이 필요하다.

같은 일을 겪어도 유독 화를 잘 내는 사람이 있고, 묵묵히 넘기는 사람이 있다. 둘 다 바람직한 것은 아니다. 누구나 '허용할 수 있는 범위'와 '허용할 수 없는 범위' 사이에 '그럭저럭 허용하는 범위'가 있다. 우리에게 필요한 것은 '그럭저럭 허용하는 범위'를 넓히도록 노력하는 것이다. 화내는데 서툰 사람은 작은 불만부터 침착하게 말하는 훈련이 필요하다. 감정은 금덩어리도 쓰레기도 아니다. 고장 나면 고쳐 쓰는 생활필수품이다. 사람이 타고 있지 않은 빈 배와 부딪치면 아무렇지도 않지만, 사람이 타고 있으면 갑자기 화가 치민다. 인간사 주인 없는 배에 들이 받혔다고 생각하라. 무뇌한 인간이나 주인 없는 배나 마찬가지다. 인생도 자기를 비우고 인생의 강을 건넌다면 화를 면할 수 있다. 마음공부는 나에게 실망을 안기고 모욕을 주는 사람으로부터 시작된다. 옳은 말이라도 상황에 따라 득이 되기도 하고 화가 되기도 한다. 화가 된다면 스스로 불행을 자초한 꼴이 되고 만다.

극지의 에스키모 이누이트족은 분노나 화가 치밀면 하던 일을 멈추고 무작정 걷는다고 한다. 가라앉을 때까지 계속 걸어가다가 화가 풀리면 그 자리에 지팡이 하나를 꽂아두고 돌아온다. 미움, 원망, 서러움으로 얽힌 감정을 그곳에 남겨두고 돌아오는 것이다.

타고르의 하인

인도의 시성 타고르는 하인이 없으면 아무 일도 하지 못했다. 어느 날 아침 하인이 세 시간이 지나도 오지 않아 혼내기로 단단히 벼르고 있었다. 한낮이 다 되어서야 나타났다. 그런데 하인은 아무 일도 없는 듯이 일을 하고 있었다. 더 화가 나서 '당장 그만두고 나가!' 소리를 질렀지만, 하인은 비질만 계속하고 있었다. 화가 머리끝까지 치민 타고르는 뺨을 때리고 '당장 나가라'고 소리를 질렀다. 하인은 바닥에 빗자루를 땅에 놓으면서 '제 어린 딸년이 어젯밤에 죽었어요.' 순간 타고르는 얼음이 되었다. 이 일로 인해 그는 아무리 화가 나는 상황이라 해도 함부로 말하고 행동하는 것이 옳지 않음을 깨닫게 되었다. 상대에 대한 이해가 없을 때 사람은 몹시 잔인해진다. 상대의 마음을 읽지 못하는 것이 바로 현대 문맹이다.

피리의 주인

피리 하나를 놓고 세 아이가 싸운다. 한 아이는 자신만이 피리를 불수 있어 다른 아이에게 피리는 소용없으니 자기가 가져야 한다고 주장한다. 다른 아이는 모두 장난감이 많은데 자기만 없으니 자기가 가져야 한다고 주장한다. 또 다른 아이는 자기가 만들었기 때문에 자기가 가져야 한다고 한다. 세 아이의 주장은 각자에게 유리하게 말을 하지만 이유를 들어보면 각자 나름 합당하다. 정의란 흠 잡을 데 없는 공정한 제도라기보다는 다소 개인주의적이지만 옳다고 믿고 공정한 토론으로 도달하는 것이 아닐까.

2-9화 나만 불행한 게 아니었네

　〈적과 흑〉의 스탕달이 피렌체의 성당에 걸려있는 뛰어난 예술작품을 보고 잠시 정신분열을 일으켰다는 데서 유래된 것이 '스탕달 신드롬'이다. 멋있는 배우를 보고 난 뒤 자신의 능력 부족을 느껴 자괴감에 빠지거나, 돈 많은 부자를 접하고 난 뒤의 의기소침한 기분을 말한다. 그동안 참 열심히 잘 살았다고 자부하는데 다른 사람들은 매일 맛있는 것을 먹고, 멋있는 옷을 입고, 해외여행도 자주 다니고, 미모까지 잘났네, 잘났어.

　남의 인생은 모두 쉬워 보인다. 드라마나 SNS를 보면 모두 자기보다 행복해 보인다. 다들 주인공으로 살아가는데 나만 이렇게 엑스트라로 살아가야 하는지 잘못 살았다는 자괴감이 든다. 이런 나를 부러워하는 사람이 내 옆에 또 있다. 나는 행복하고, 감사하며, 기뻐해야 할 이유를 충분히 가지고 있다. 내 처지를 비관하고 나만 불행하고 못났다고 생각하면 스탕달 증후군에 걸린 것이다. 모르는 게 약이라는 데도 우리는 늘 SNS를 통해 돈 잘 쓰는 사람들의 이야기, 세계 명소를 여행하는 사람들의 이야기를 비교하면서 살아간다. 점점 관음증 환자가 되어가고 있다. 내가 아무리 힘들어도 남이 나보다 더 힘들면 견딜만하다. 잘 살고 있는데 나보다 더 잘 사는 사람을 보면 갑자기 우울해진다.

관음증의 대표공간이 SNS다. 캘리포니아 대학에서 교직원의 연봉을 공개한 적이 있었다. 다른 동료의 급료를 알게 되자, '왜 내가 저 사람보다 급여가 낮은가?' 아무렇지도 않은 사람들이 업무에 불만을 토로하기 시작했다. 투명성을 통해 행복이 파괴된 것이다. 인간이 오늘날처럼 다른 사람들과 비교당하면서 생활한 적이 없었다. 멀리 있는 친구가 유럽여행을 했는지 어떻게 사는지를 모르고 살았지만, 이제 지구촌 사람들의 사생활을 손금 보듯이 들여다보는 카·페·트[7]를 손에 들고 산다. 현대인 쾌락의 총량은 원시사회보다 엄청나게 많음에도 불구하고 행복하지 않다.

위로 견주면 모자라고 아래에 견주면 남는다고 했다. 남들은 별일 없이 잘 사는데 나만 왜 이럴까. 인생은 비교나 경주가 아니라 혼자서 조용히 자신만의 화단을 가꾸는 일이다. 마음은 계속 불편한데 원치 않은 사람과 무의미하게 시간을 보내는 것은 혼자의 의미를 알지 못하기 때문이다. 모든 문제는 외로움을 피해 생겨난 어설픈 인간관계에서 시작된다는 것을 우리는 외면하고 있지는 않은가? 사막에는 비가 내리지 않는다. 비는 하늘에서 오는 것 같지만, 실제로는 땅의 물이 하늘로 올라갔다가 다시 내려오는 것이다. 서로 비슷한 것끼리 끌어당긴다. 하늘 탓이 아니라 자신 탓이다. 긍정은 긍정을, 부정은 부정을 끌어당긴

---

7) 카카오톡, 페이스북, 트윗 같은 SNS를 말한다.

다. 꽃이 지기로서니 바람을 탓하랴. 행하고도 얻는 것이 없다면 자신을 돌아보아야 하는 '반구제기(反求諸己)[8]'다.

난 화분을 선물로 받은 법정스님은 행복감과 동시에 애착으로 인한 두려움도 생겼다고 한다. 집을 비우게 되면 걱정거리가 하나 더 늘었기 때문이다. 우리 삶에 행복과 불행은 늘 균형이 맞지 않는다. 유쾌한 일이 둘이면 답답한 일이 여덟이고 승리가 둘이면 패배가 여덟이다. 우리는 길에서 넘어지면 발밑에 돌부리를 찾는 남 탓의 달인들이다. 친구에게 호감을 사기보다 고립되어도 좋다는 마음으로 자기를 관철해 나가야 진정한 의미에서의 기쁨이 찾아온다. '혼자여도 괜찮아'라는 마음만 있으면 많은 것을 얻을 수 있다. 저속하고 지루한 친구보다 충실한 고독이 더 낫다. 편안하고 즐겁지 않은 친구와 함께 있으면 껍데기와 마주하는 것이다.

석수장이의 소원

옛날에 석수장이가 살고 있었다. 매일 뙤약볕에서 땀을 흘리며 산을 파는 일이 너무 힘들고 지쳐 소원을 빌었다. 내가 해님이라면 얼마나 좋을까! 높은 곳에서 햇살을 뿌리고 있으면 세상 부러울 것 없을 것 같았다. 그러자 기적이 일어나 석수장이가 해님이 되었다. 소원이 이루어지자 너무 행복했다. 즐거운 마음으로 햇살을 내려 보내고 있는데

---

8) 발이부중 반구제기(發而不中 反求諸己) 활로 과녁을 맞히지 못하는 원인은 자신에게 찾고, 행유부득 반구제기(行有不得 反求諸己) 행하고도 얻는 것이 없는 것도 자신에게 찾아라

경험하나에 지혜하나

느닷없이 구름이 나타나 햇살을 막아버리니 해님이 된 게 무슨 소용이람! 구름이 더 힘이 세구나 불평하자, 이번에는 구름이 되었다. 그는 신나게 날아다니며 비를 뿌렸다. 그런데 바람이 갑자기 나타나 구름을 흩뜨렸다. 또 불평을 했다. 구름보다 강한 바람이 되고 싶었다. 그래서 바람이 되어 돌풍을 만들며 태풍이 되기도 했다. 그런데 산이 바람을 막는 것이다. 어이구! 힘이 가장 센 것이 바로 산이구나. 그래서 산이 되어 왕처럼 버티고 있는데 누군가가 산이 된 자기를 후벼 파는 것을 느꼈다. 바로 조그만 석수장이였다. 결국 그는 다시 석수장이가 되었다.

샤든프로이더(schadenfreude)

한 여자가 11층에서 뛰어내렸다. 뛰어내리기 전까지는 세상에서 제일 불행한 사람이라 생각했는데 자기만 불행한 게 아니었다.

10층을 보니까, 금슬 좋기로 소문난 부부가 치고받고 싸우고, 9층에서는 항상 밝고 유쾌한 남자가 혼자 쓸쓸히 울고 있었고, 7층에서는 남자들과 말도 섞지 않던 여자가 바람을 피우고 있었고, 6층에서는 돈 많다고 자랑하던 남자가 구직 광고지를 보고 있었고, 4층에서는 듬직하고 정직했던 남자가 여자 속옷을 입고 날뛰며, 3층에서는 이혼한 여자가 남편 사진을 보고 그리워하고 있었고, 2층에서는 닭살 커플이 헤어지자며 치고받고 싸우고 있었다.

방금 보았던 사람들이 내가 떨어진 화단에 설탕물에 개미 몰리듯 나와 자기 위안을 받고 있었다. 연민은 남의 불행을 먹고 사는 서글픈 감정이다. 이혼이나 실직을 당한 사람, 결혼생활이 평탄치 않거나, 직장에 불만이 많은 사람들이 나로 인해 위안을 받고 돌아가면서 그들은 돌아갈 따뜻한 가정과 직장이 있음에 위로를 받는다. '타인의 불행에 행복을 느끼는 쾌감(감정)'을 '샤든프로이더(schadenfreude)'라 한다. 우리는 다른 사람의 불행을 통해 더 현명해진다. 나쁜 놈이 전기의자에 앉는 것보다 착한 놈이 전기의자에 앉는 영상을 볼 때 더 많은 쾌감을 느낀다고 한다.

경험하나에 지혜하나

2-10화 쾌산의 억울한 소

옛날 중국 쾌산(快山) 지방에

농부가 밭을 갈다가 낮잠을 자는데,

호랑이가 나타나 농부를 잡아먹으려 하자,

이를 본 소가 힘껏 싸워 호랑이를 물리쳤다.

호랑이는 달아났고 밭은 짓밟혀 엉망이 되었다.

농부가 잠에서 깨어 일어나 보니 기가 막혔다.

엉망이 된 밭을 보고 불같이 화를 내고

소를 몽둥이로 때려잡았다.

소는 너무 억울했다.

어찌 억울한 소가 쾌산에만 있겠는가?

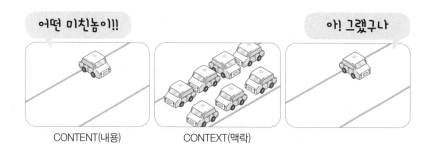

CONTENT(내용)   CONTEXT(맥락)

2-11화 어디나 싸가지 없는 놈은 꼭 있다

직장생활 6개월밖에 안 된 조카가 '나를 힘들게 하는 사람 때문에 직장생활을 못 하겠다' 하소연한다. 나는 35년 직장생활을 하는 동안 불편한 사람 없이 살았던 적이 없었는데, 고작 6개월 다닌 주제에 하는 말이다. 20년 20일을 감옥에서 지낸 신영복 선생은 '감방마다 싸가지 없는 놈이 꼭 있다. 그놈이 출소하기만 손꼽아 기다리지만, 그놈이 출소해도 꼭 또 다른 놈이 생긴다' 우리는 현실의 불만을 대리 해소하기 위해 '공공의 적'을 만들며, 우리가 처한 힘든 상황이 그런 표적의 필요성을 찾게 한다. 한 가지 전염병을 퇴치하면 또 다른 전염병이 찾아든다. 머리 한 개가 잘리면 하나가 더 생겨나는 신화 속 괴물 히드라처럼 의문 하나를 해결하면 또 다른 의문이 꼬리를 물고 나온다. 한 질병의 근절이 더 치명적인 다른 질병을 발생시킨다. 강물은 한쪽을 막으면 다른 쪽으로 넘쳐흘러 자기의 목적을 방해받지 않고 수행한다. 나에게 경종을 울리는 원수 한 명쯤은 품고 살아야 나를 다듬는 계기가 된다. 난상 토론에서 의견 교환이 기탄없이 오가면 오갈수록 의사결정의 질이 높아진다. 수많은 갈등과 반대 의견을 뚫고 나간 정책이 가장 매력

경험하나에 지혜하나

적인 정책이 된다.

신념에 찬 사람보다 많은 갈등 속에서 견딘 사람이 더 좋은 사람이 될 수 있다. 다수의 반론과 반박을 뚫고 나가는 언론이 뛰어난 언론이지, 반론을 봉쇄함으로 얻은 언론은 기능 부전에 빠진다. 진주조개는 모래를 뱉으려다 안 되면 진주로 만들어버린다. 저 산만 넘으면 원하는 세상을 얻을 수 있다고 생각하지만 산 없는 산은 없다. 우리는 법대로 원칙대로를 강조하다가 본의 아니게 남에게 상처를 주며 살아간다. 불의를 내치기보다 품에 안아야 정의가 오래간다. 불교의 보왕삼매론에 '내 뜻과 맞지 않는 사람들로서 원림(園林)을 삼으라. 그렇지 않으면 스스로 마음이 교만해진다'. 가슴에 품은 칼 때문에 스스로 그 칼에 다칠 수 있다. 남을 미워하면 내가 미워진다. 어디나 있는 싸가지 없는 놈은 바로 '나'일 수 있다.

스승이 늘 불평만 하는 제자에게 유리잔에 소금 한 줌을 물에 타주면서 물었다. '어떤가?' 제자는 '너무 짜서 먹을 수 없다'고 하자, 이번에는 시냇물에 소금 한 줌을 뿌리고는 소금 맛을 보게 하자 '소금 맛이 전혀 나지 않고 시원하다'고 하자, 스승은 '소금의 양은 같지만, 우리가 얼마나 넓은 마음으로 그것을 인식하느냐의 차이이다. 유리잔이 되지 말고 넓은 호수가 되어라' 조언한다. 어떤 스케일로 사물을 보느냐에 따라 아름다움과 추함이 달라진다.

2-12화 2013년 3월 9일의 기억

2013년 3월 9일. 나이 오십을 넘긴 지 한두 해 뒤였다. 친척 결혼식으로 아침 일찍 부산행 KTX를 탔다. 가는 내내 컨디션이 좋지 않았다. 너무 일찍 도착해 예식장 입구 기둥 옆 벤치에 앉아 기다리는데 머리가 횡하니 무슨 일이 일어날 것만 같았다. 처음 느끼는 생소함이라 아직도 아픈 기억의 흔적이 마치 땅속을 더듬는 두더지 자국처럼 뚜렷하게 내 머리에 남아있다. 나이 든다는 것은 가장 낯선 경험이라는데, 병이 드는 것은 더 낯선 경험이라는 생각이 든다. 몸이 혼란스러워 친척들과의 인사는 그냥 웃음으로만 답했다. 결혼식 후 사진을 찍고 계단을 내려오는데 평소와 다르게 왼쪽 다리가 휘청거렸다. 뭔가 심각한 사정임을 느끼고 혼자 얼른 식당에 가서 마치 모르는 사람과 합석하여 밥을 먹는 것처럼 무표정하게 허겁지겁 먹고 식장을 빠져나왔다. 바로 귀가를 해야 했는데 모처럼 먼 길에 고향 친구와 약속이 있었다. 미련하게 컨디션 탓인 줄 알았다. 몇 해 전 허리디스크가 왔을 때도 컨디션 탓만 하고 운동으로 풀다가 낭패를 본 적이 있었는데 지금 생각하면 참 미련하기 짝이 없다. 소 잃고 외양간 고치면 무슨 소용. 택시에서

경험하나에 지혜하나

내릴 때도 엉덩이를 몇 번 들썩거린 후 내리자 택시기사가 걱정스러운 듯이 나를 처다본다. 아내에게 보내는 문자에 오타가 자꾸 생긴다. 그 순간 스친 것이 '이게 뇌졸중! 설마?' 하늘이 노랗다는 이야기는 관념적인 생각이다. 하늘은 짙은 먹구름이었다. 갑자기 초조해졌다. 돌아오는 KTX에서의 시간은 재미없는 영화를 보는 것처럼 지루하기 짝이 없었다. '그래도 아닐거야!' 혈압이 높은 것도, 담배를 피우는 것도, 남들보다 운동을 적게 하는 것도 아닌데, 오십을 갓 넘긴 나이에 인정할 수 없었다. 놀란 토끼 눈 마냥 대전역에 마중 나온 아내에게 복잡한 감정을 털어놓기는 어려웠다. 그냥 말없이 손만 잡았다. 그때라도 곧장 병원으로 갔어야 했는데 또 미련하게 집으로 왔다. 자고 나면 괜찮겠지! 다음 날 아침 오른발을 들어 바지를 입는 순간 폭 고꾸라졌다. 그때는 인정할 수밖에 없었다. 미련함의 극치였다. '빨리 병원으로 가자!' 놀란 아들이 차를 대기하고 집사람 도움으로 옷을 입고 대학병원으로 가는데 어제 본 그 하늘보다 더 까맣다. 흘러내리는 눈물은 체면을 생각할 겨를이 없었다. 하늘이 무너지는 슬픔이었다. 앞으로 할 일이 너무 많았기 때문이다. 아들, 딸이 대학생이고, 치매를 앓는 어머니도 계시고, 시집 안 간 막내 고모도. 그보다 칠곡 두메산골에서 얼마나 열심히 살아왔는데 여기서 그친다고 생각이 나를 더 서럽게 했다. "난 아프면 안 되는데, 안 되는데..." (지금 생각하니 우습다. 아파도 되는 사람은 아무도 없다. ^^) 아들이 당황하는 모습도 보였다. 드디어 응급실에 도착하고 왼쪽 마비는 더 심해 왔다. 면회도 하루에 점심, 저녁 두 번으로 제한되고, 멀리 대학 다니는 딸이 저녁 늦게 도착했다. 딸의 손을 붙잡자 눈물이 쏟아졌다. 이불을 뒤집어쓰고 그냥 울었다. '어떻게 해야 하나? 나에게 이런 일이 오다니' 믿을 수도 없고, 감당할 수도 없었다. 끝이 보이지 않은 어두운 동굴로 내려가는 막막함과 좌절감이었다. 깊고 어두운 그림자가 보였다. 동굴의 깊이가 얼마나 되는지, 동굴 바닥은 어떤지, 어떤 유령이 살고 있는지 암담한 심정이었다. 지금 생각하면 그게 저승길이었나 싶다. 경험하지 못한 세상이다. 종일 누워서 지낸다. 한 손으로 제대로 일어설 수가 없다. 화장실도 혼자 갈 수 없다. 투병 생활이 시작되었다. 왼손은 어깨에 매달아 놓은 추처럼 오른손의 도움 없이는 움직일 수 없다. 밥은 모래알이었다. 단지 살아야지 하는 의지로 꾸역꾸역 넘기는 것이지, 아프기 전에는 밥에 반찬이 왜 필요한지 모를 정도로 식탐이 많았던 이전의 내가 아니었다. 세상에 걷는 것만큼 쉬운 게 없는 줄 알았다. 한 살만 되어도 걸을 수 있으니까. 기적은 하늘을 날거나 물위를 걷는 것이 아니라 땅 위에 중심을 잡고 두 발로 서서 걸어 다니는 것이 얼마나 큰 축복이고 기적인지를 실감했다. 중환자실에 들어가 보면 걷는 것이 신이 선물한 기적 같은 보물임을 금방 알게 된다. '아프기 전과 후'가 이렇게 명확하게 달라지는 것이 몸의 신비다.

1999년 인기리에 방영된 드라마 〈허준〉의 압권은 가난한 사람을 치료해주다가 벌을 받는 장면이다. 허준이 쓰러지면서까지 입에 거품을 물고 천 번을 되풀이한 말이 '조섭수양 약석차지(調攝修養 藥石次

경험하나에 지혜하나

之)'이다. 환자의 기운을 회복하는데 약과 치료보다 본인의 의지와 기력이 중요하고, 생활을 바르게 하고 몸을 관리하는 것이 먼저이고, 약으로 치료하는 것은 그다음이라는 뜻이다. 나에게 많은 힘이 된 말이다. 약과 음식은 근본이 같다. 한방병원에서 세모와 네모, 동그라미 수놈을 암놈에게 끼우는 것으로 재활 훈련을 시작했다. 옆에서 지켜보던 아내도 어이없어하는 모습을 지금도 잊을 수 없다. 차라리 그런 감정을 느끼지 못한 병이었더라면 모를까. 뇌졸중 관련 환자나 기사를 보면 나도 모르게 몸이 소스라치게 반응한다. 재활의가 '제가 아는 분도 처음에는 이랬는데, 지금은 회사 출근도 하고 정상적인 생활을 잘하고 있다'는 말이 투병 기간에 내내 들은 것 중 가장 큰 힘이 된 이야기이고 강한 신념을 불어 넣어준 말이다. 어떤 위로보다 강렬하게 희망을 준 메시지였다. 희망의 말 한마디는 이렇게 구체적 이어야함을 느꼈다. 우리의 몸과 뇌는 생각보다 강한 '뇌가소성'을 가지고 있다. 죽은 뇌세포는 다시 살아나지 않지만, 그 주위의 뇌세포가 정상적인 생활을 하도록 도와주면서 자리를 잡는다고 한다. 어떤 이는 위로한답시고 암보다 낫다고 말한다. 맞는 말이긴 하지만 불행한 일을 당했을 때 더 불행한 경우를 가정하고 위로를 받는 것은 치사하지만 가장 효과적인 방법이기도 하다. 양팔이 몸의 균형을 잡아주는 날개 역할을 한다는 사실도 그때 알았다. 그게 안 되니 뒤뚱거릴 수밖에 없다. 협동의 관계가 깨진 곳에 소외가 생긴다. 젊은 시절 내 몸은 가장 친하고 만만한 벗이었다. 나이 들면서 점점 삐지기 시작하더니 이제 늘그막의 내 몸은 한 평생 모시고 살아야 하는 가장 무서운 상전이라는 박완서의 말에 공감한다. 어쩔 수 없이 남아도는 시간의 무료함을 달래기 위해 책을 보는 것 외에는 달리 할 것이 없었다. 이것이 내 인생에 행운이었다. 남보다 잘하는 건 별로 없지만 남보다 좀 더 하는 게 있다면 책보기를 즐겨 하는 것이 큰 즐거움이 되었다. 병은 말을 타고 들어와 거북이를 타고 나간다는 말이 있다. 오랜 기간 힘들게 병마와 싸우면서 모든 유혹을 뿌리치고 수도승 같이 산 덕분에 요즘 몸이 점점 좋아지면서 가끔 올챙이 시절을 잊는다. 청국장이 발효될 때까지 뚜껑을 열지 말아야 하는 것처럼 우리는 늘 호기심과 유혹을 이기지 못해 금기를 깨뜨려 무서운 결과를 초래한다. 맹자에서 가장 많이 읽히는 구절이 위안이었다.

天將降大任於是人
하늘이 장차 큰일을 맡기려 할 때는,

必先苦其心志 勞其筋骨 餓其體膚
먼저 그의 심신을 고통스럽게 하나니,

空乏其身 行拂亂其所爲 是故動心忍性
이는 고통을 통해 참을성을 길러주고,

增益其所不能
지금까지 할 수 없었던 일을 능히 할 수 있게 함이다.

나에게 일어나는 병과 고통은 쾌락에 대한 이자이며, 그것이 최선의 방법이기 때문에 일어나는 것이라 한다. 그것을 겪지 않으면 더 큰 대가를 치른다. 병과 고통이 없었다면 '건강은 건강할 때 지켜야한다'는 기본적인 말조차 이해하지 못한 채 지금도 교만하게 살고 있을지 모른다는 생각에 소름이 끼친다. 모든 삶에서 기본을 지켜야 하는데 처음에는 지키지 않아도 당장에 아무런 지장을 받지 않지만, 시간이 지나면 혹독한 후유증을 겪는 것이 기본이다. 나쁜 자세는 평소에 잘 의식하지 못하지만, 디스크나 관절질환이 생기고 난 후는 후회를 해도 소용없다. 고통은 나와 가장 친한 친구가 될 때까지 나를 괴롭힌다. 넘어지고 나서야 하늘을 볼 수 있다는 돼지처럼 지금 걸려 넘어진 그 자리가 내 인생의 전환점이 될 줄은 몰랐다. 인간에게는 그 사람에게 어울리는 사건밖에 일어나지 않는다는 확신을 갖게 되었다. 오히려 그 이후의 삶이 더 행복했다. 하늘을 나는 연은 당기는 줄만 없으면 하늘을 자유롭게 날 수 있을 것이라 생각하지만, 그 당기는 줄 때문에 더 높이 날 수 있다. 줄이 끊어지는 순간 초라하게 땅으로 추락한다. 그 밧줄 때문에 푸른 하늘 거센 바람 속에서 마음껏 춤출 수 있다. 밧줄은 실패나 고통, 가난, 부양할 가족, 질병일 수도 있다. 2013년 3월 9일 일이 나를 붙잡아주는 밧줄임을 의심하지 않는다.

2-13화 용서는 최고의 복수

　미국의 어느 톨게이트에서 한 남자가 다음 차 통행료를 대신 내주고 지나갔다. '앞차가 지불했다'는 말에 너무 고마워 주저하지 않고 다음 차의 톨비를 대신 지불하여 그 행렬이 한동안 지속된 미담 사례를 듣고는 용인 톨게이트에서 뒤에 오는 차의 톨비를 대신 지불하고 톨게이트를 빠져나오는데 누가 경적을 울리면서 쌍라이트를 켜고 쫓아오기에 창문을 열었더니 '야이 새끼야, 네가 뭔데 돈을 내줘! 어디서 돈 자랑질이야?' 900원 내주고 창피당한 〈말그릇〉 김윤나의 이야기가 오랜 여운을 남긴다. 아마 그는 돈 때문에 자존심이 상한 사람일 것이다. 가끔 불행한 과거가 현재를 지배하고 있다는 생각이 든다. 살면서 미운 사람 하나 없이 살아갈 수는 없다. 인간의 본성 중 하나가 '복수' 감정이다. 드라마나 영화에서 가장 쉽게 몰입을 유도할 수 있는 소재이기도 하다. 스포츠 경기 중에 상대방 선수가 나에게 반칙을 해도 복수는 심판이 하는 것이다. 현대 문명국가에서는 사적인 보복을 금지하고 법에 의해서 해결하도록 하고 있다. 달라이 라마는 '삶 속에서 실천할 수 있는 가장 큰 수행이 용서'라 했다. 인간은 털끝 하나 손해를 보지 않으려 하지만 유일하게 복수 감정만큼은 손해를 불사한다. 손해를 보는 한이 있더라도 포기하지 않는다. 복수할 때의 뇌 활동은 기쁨이나 만족감을 느낄 때의 쾌감과 비슷하다고 한다. 미움이란 가진 만큼 불행해진다. 급히 먹은 콩밥은 똥 눌 때 알아본다는데 미운 감정은 똥처럼 계속 생긴다.

복수는 쾌감이나 마음에 맺힌 분을 일시적으로 풀 수는 있지만, 고통을 줄여주지는 않는다. 한바탕 욕설을 퍼붓고 나면 당장은 시원할지 몰라도 상대방의 서운함은 오래간다. 작용은 반작용을 부른다. 공격이 공격을 부르고 불신이 불신을 낳는 진흙탕 싸움이 된다. 남을 용서하면 내가 용서받는다. 용서는 나 자신과의 화해다. 타인은 봄바람(春風)같이 대하고, 자신은 추상(秋霜)같이 대해야 한다. 선행은 3년을 해도 아는 이가 적지만 나쁜 일은 하루만 해도 온 천하가 다 안다. 갈등 상황에는 좋은 품성으로 맞서야 한다. '한 대 맞았으니 너도 한 대 맞고 화해하자'는 얼핏 보면 합리적으로 보이지만, 어느 쪽인가는 더 억울하다. 전적으로 옳은 양시론과 전적으로 옳지 않은 양비론은 없다. 내 원수는 남이 갚아준다고 하지 않는가? 모난 돌은 어디서든 징을 맞게 되어있다. 원수 갚는다고 인생을 허비하지 마라. 용서는 한번 짐으로 영원히 이기는 것이다. 모든 강은 바다를 배운다(百川學海). '바다'를 이루는 것은 모든 강물을 '받아'들이기 때문이다. 태산은 한 줌의 흙덩이라도 버리지 않으므로 더 큼을 이루고, 바다는 작은 물줄기라도 마다하지 않고 받아들임으로써 깊이를 더한다. 신호등 없는 교차로에서 직진 차량과 좌회전 차량이 충돌하면 40 : 60으로 책임을 묻는다. 직진 차량은 억울하지만, 법은 서로 조심하지 않은 양보의 책임을 서로에게 묻는다. 결국, 파괴적인 방식으로 균형을 이루려는 것은 아무것도 해결하지 못한다. 아무도 돌에 맞아 싼 사람은 없다. 왜 그랬나 사정을 알고 나면 용서하게 된다. 최고의 복수는 용서다. 링컨에게 '각하는 적에게 너무 친절하다'라고 하자, 링컨은 '그들이 나의 친구가 되었을 때 그들을 이기는 거라네'라고 했다. 나에게 가장 거북한 사람이 내 편이 되면 제일 믿음직하다. 서양 사람은 이혼 후에도 서로 만나 자녀 진로를 걱정하는데 우리는 다시는 안 볼 철천지원수가 된다. 자녀 문제로 양보를 하면 '속도 없는 놈'이라 핀잔을 쏟아 붓는다. 용서의 이유를 김수환 추기경의 말에서 찾는다. '용서해야 하는 근본 이유는 나 자신도 얼마나 더 많이 용서를 받아야 될 사람인지 모르기 때문'이라는 말에 크게 공감한다.

과하지욕의 한신

항우를 제압한 한신은 중국 역사상 제일의 장수다. 그가 젊어 가난한 시절 푸줏간에서 일을 하다 동네 건달들을 만난 적이 있었다. 건달들은 '푸줏간의 칼로 나와 싸우든지 내 가랑이 사이로 기어가든지 하라'고 시비를 걸어왔다. 건달을 한참 바라본 한신은 아무 말 없이 가랑이 사이로 기어 나왔다. 구경꾼들은 모두 그의 비겁함에 비웃었다. 한신은 '훗날의 큰 목표를 위해 오늘의 굴욕은 참는다.(소불인 난대모, 小

不忍 難大謀)'고 생각하면서 동네 건달의 가랑이 밑으로 기어 나오는 치욕을 당했지만, 큰 꿈이 있기에 당장의 비굴함을 참는 과하지욕(跨下之辱)은 진정한 용기다. 훗날 영주가 되어 옛날의 그 동네 건달들을 찾았다. 건달들은 죽을 줄로만 알았는데 '임자로부터 받은 굴욕이 나로 하여금 겸손함과 신중한 처신을 일깨워 오늘의 나를 있게 했네.'라며 휘하에 경비병으로 일하도록 하였다. 너무나 감격해서 죽을 때까지 충성을 다했다고 한다. 굴욕을 참아내는 인내의 교훈과 세상에서 가장 우아한 복수로 이만한 것이 또 있을까. 화가 치밀어 오르는 순간, 냉정을 되찾고 나에게 이익이 되는 일이 무엇이지 생각해서 행동한다면 미래의 큰 이익을 얻을 수 있다.

모두 갓끈을 끊어라

초나라 장왕은 용서와 관용의 아이콘이다. 초나라 장왕이 장수들을 불러 주연을 베푸는 자리에서 모두 술에 취해 춤을 추는데 갑자기 불이 꺼졌다. 신하 중 한 명이 장왕의 애첩을 끌어안았다. 애첩은 '폐하, 여기에 흉측한 신하가 있사옵니다. 그의 갓끈을 잡았습니다. 찾아 벌하소서.' 장왕은 '모두 갓끈을 끊도록 하라'고 명했다. 한참 세월이 흘러 장왕이 진나라와 싸울 때 항상 선두에 서서 용감하게 싸우는 장수가 있었다. 그 장수 덕분에 초나라는 승리를 거두었다. 목숨을 걸고 용감하게 싸운 장수에게 이유를 묻자 '폐하, 저는 이미 한 번 죽었던 몸이옵니다. 갓끈을 끊긴 자가 소신입니다. 그 후로 은혜를 보답할 기회를 기다렸습니다.' 무아봉공(無我奉公)이란 말이 있다. '남을 나로 알고 산다'라는 말이다. 불의를 내쳐서 세우는 정의는 오래가지 못한다. 불의까지 품는 정의가 오래간다.

<붉은 수수밭>의 모옌

〈붉은 수수밭〉 모옌의 노벨문학상 수락 연설이다. 어릴 적 어머니와 추수가 끝난 밭에서 이삭을 줍다가 어머니가 주인으로부터 흠씬 얻어맞고, 피를 흘리며 쓰러진 기억이 내게는 평생 잊을 수 없는 아픔이었다. 수십 년이 지난 후 우연히 그 밭을 지나다가 백발이 된 그 노인을 보고 모옌은 쫓아가 그 노인의 멱살을 잡고 복수를 하려고 할 때 어머니는 '아들아, 그때 나를 때린 사람과 지금의 저 노인은 같은 사람이 아니란다. 나는 이미 그 사람을 용서했다.' 어머니는 아들이 자신의 복수로 또 다른 죄를 짓는 것을 두고 볼 수 없었기 때문이다. 복수는 또 다른 복수를 낳는다. 복수는 한 번으로 끝나지 않는다.

창가의 토토

1981년에 출간된 〈창가의 토토〉는 대학 시절 원서로 읽었던 감명 깊은 책이다. 출간 첫해 500만 부로 일본 출판계 최고 판매 부수를 기록하여 기네스북에 오른 작품으로 34개국으로 번역되어 아직도 그 기록이 깨지지 않고 있다. 토토는 초 1학년 때 책상 뚜껑을 수없이 열었다 닫았다 하는가 하면, 공부시간에 창가에 서서 거리의 악사에게 한

경험하나에 지혜하나

번 더 연주해 달라 소리치는 등 다른 친구에게 피해를 주어 다른 학교로 전학을 가게 되었다. 하지만, 엄마는 '퇴학당했다'라고 하지 않고 '좋은 학교로 전학 간다'라고 위로했다. 하루는 토토가 아끼던 지갑을 화장실에 빠뜨렸다. 창고에서 자루바가지를 메고 와서 오줌똥을 퍼내기 시작하는데 수업종이 울렸다. '어떡한담?' 고민 끝에 하던 일을 마저 하기로 했다. 더 열심히 펐다. 꽤 수북이 쌓일 무렵 교장 선생님이 지나가다가 '뭐하니?' '지갑을 빠뜨렸어요' '그래'하고 지나가셨다. 똥오줌이 산더미처럼 쌓였다. 다시 교장선생님이 오셨다. 친구 같은 목소리로 '찾았니?' '아뇨 아직 못 찾았어요' '다 끝나거든 원래대로 해 놓으렴' '예' 결국 지갑은 나오지 않았다. 토토는 지갑이 없어도 괜찮았다. 자신의 힘으로 실컷 찾아봤으니까. 교장 선생님은 화를 내지 않으셨다. '나를 믿어 주고 어엿한 인격으로 대해 주었잖아'. 하지만 그때는 그 말이 그렇게 어려운 말인 줄 몰랐다. 토토는 약속대로 퍼낸 것을 화장실 구덩이에 다 집어넣었다. 자신의 어린 시절을 적은 자전적 소설로 학생의 생각과 개성을 존중하는 진보 대안 교육에 불을 지핀 책이다.

<레미제라블>의 미라엘 신부

26세의 장발장은 굶주리는 부양가족 일곱 조카를 위해 빵을 훔친 죄로 5년형을 선고받고 복역 중에 4차례나 탈옥 시도를 하다가 경찰 자베르의 끈질긴 추격으로 19년간 옥살이를 하게 된다. 사회에 대한 증오로 가득 찬 채 45세에 출소를 한다. 노숙 생활을 하던 중 미라엘 신부의 환대를 받고도 은식기를 훔쳐 나오다 다시 붙잡혀온 장발장에게 미라엘 신부는 '다시 만나 반갑소, 은촛대도 드렸는데, 왜 안 가져갔소? 나와의 약속을 잊지 마시오' 그 순간 장발장은 눈을 크게 뜨고 멍하니 미라엘 신부를 바라보았다. 그 이후로 장발장은 다시 태어나기로 결심하고 '마들렌'이란 이름으로 개명하고 사업 밑천으로 은식기를 팔아 검은 구슬제조법을 고안하여 사업가로 큰 성공을 이루고, 파리시장까지 올라 훌륭한 선행을 베푼다. 장발장은 마지막 숨을 거둘 때 그의 머리맡에는 미리엘 신부가 선물한 은촛대가 놓여 있었다. '은촛대'야말로 우리 사회가 추구해야 할 덕목이다.

"다시 만나 반갑소. 은촛대도 드렸는데 왜 안 가져갔소?"

경험하나에 지혜하나

2-14화 갈등

하늘을 덮는 큰 나무도 작은 씨앗 하나에서 시작되고, 태산을 모조리 태우는 큰 불도 성냥개비 하나면 충분하다. 작은 갈등의 불씨 하나가 우리 사회를 모두 태우고 한마디 말실수가 평생 덕행을 무너뜨린다. 1930년대 세계 대공황도 미국의 어느 시골 은행의 부도로부터 시작되었다니, 모든 일은 작은 생각 하나에서 비롯된다. 1931년에 여행보험 사에 근무하던 하인리히는 5,000건의 노동 재해 분석에서 어떤 법칙을 발견했다. 큰 재해로 1명이 사망할 경우 이와 관련된 경상자가 29명 발생하고, 사소한 일로 다칠 뻔한 사람이 300명이 존재한다는 것이다. 우연히 발생하는 것이 아니다. 사소한 여러 징후가 발생한다. 2004년 일본 모리빌딩의 회전문에 여섯 살짜리 아이가 사망했다. 그 이전에 32건의 경미한 사고가 있었다고 한다. 사소한 갈등이 여러 번 겹치면서 하나의 큰 사건이 벌어진다. '역하인리히법칙'도 있다. 300번의 사소한 노력이 29번의 조그마한 성과를 내고 마침내 커다란 성공을 가져온다.

A4용지를 50번 접으면 두께가 얼마나 될까? 서울에서 인천, 대전, 부산, 도쿄, 태양까지 중 어디일까?(*생각해 보고 다음 장을 넘기자.*)

사람에 휘둘리는

종이를 10번 접으면 14Cm이지만 50번을 접으면 믿어지지 않겠지만 1억 5천Km나 되는 태양까지의 거리이다. 사소한 갈등이 큰 소용돌이로 변하는 것은 더 많은 사람이 생각을 보태기 때문이다. 동양에서의 갈등(葛藤)이란 기둥을 오른쪽으로 감는 칡과 왼쪽으로 감는 등나무의 얽힌 상태를 말하지만, 영어로는 'Conflict'라 한다. 서로 부딪친다는 의미다. 개인주의적 문화인 서양에서는 갈등을 충돌로 본다면 집단주의적 문화인 동양에서는 갈등을 관계 개선의 측면으로 바라본다. 대표적인 차이가 '고르디우스의 매듭'이다. 그리스 신화에 나오는 고르디우스는 왕으로 추대되어 자신이 타고 왔던 마차를 신전에 단단히 묶어놓았는데 그 매듭을 푸는 사람이 아시아의 지배자가 될 것이라는 소문이 나돌자 많은 사람이 몰려와 풀려고 시도를 했으나 모두 실패했다. 알렉산더가 그 소문을 듣고 '고르디우스의 매듭'을 단칼에 잘라버렸다. 매듭은 손으로 풀어야 한다는 고정관념을 단칼에 날려버리는 발상의 전환으로 복잡한 문제를 대담하게 풀었다. 인간 세상은 겨울철 난로 위에 물방울 튕기는 소리만큼 마찰 소리로 요란하다. 생물은 서로 부딪치는 것이다. 죽은 고기만이 파도를 따라 같이 움직인다.

철학자 헤겔은 세상이 변화하고 발전하는 과정을 '변증법적'으로 보고 모순되는 계급이 서로 갈등을 겪으면서 새로운 계급을 탄생시킨다고 했다. 왕과 노예계급에서 귀족이 생기고, 귀족과 평민에서 영주가 생기고, 영주와 농노계급을 거쳐 오늘날의 자본가와 노동자계급으로까지 발전을 거듭해왔다. 작은 갈등은 사회를 발전시키는 촉매 역할을 하기도 한다. 싸우면서 투명해지기 때문이다. 내부 갈등이 없다면 세상은 바뀌지 않는다. 갈등이 깊어질수록 새로운 질서가 생기고 변화의 원동력이 된다. 얼음이 물이 되고 수증기가 되듯이 형이상학적 세계관은 순간 비약적인 변화를 가져온다. 촛불 시위가 쌓여 프랑스혁명 같은 질적 변화를 맞이한다. 2018년 삼성경제연구소의 발표에 따르면 우리나라의 갈등지수는 OECD 가입국 중 2위로 갈등으로 인해 치르는 경제적 비용이 연간 250조 원에 이르고, 1인당 GDP의 27%를 사회갈등 해소 비용으로 지불한다고 한다. 이는 국민 1인당 년 900만 원씩 부담하는 셈이다. 갈등으로 인해 감정 소모를 경험해본 사람은 안다. 일은 어려워도 얼마든지 할 수 있지만, 사람이 어려우면 이러지도 저러지도 못하는 진퇴양난이다. 오히려 일하지 않는 것이 더 낫다. 오염된 한 방울의 물을 정화하는데 300방울의 물이 필요하다고 한다. 갈등의 원인이 중간을 인정하지 않는 이분법적인 흑백논리 때문이라고 철학자 김형석은 진단한다. 자연의 색에서 흑과 백은 존재하지 않는 색깔이다. 순수 선과 악이란 존재하지 않는다.

BC 4세기 인물 장자도 '깨어나면 주어지는 상황과 날마다 얽히는 씨름질, 자잘한 걱정거리에 잠 못 든다. 우리 인생은 거대한 공포에 질려 하루하루가 그렇게 저렇게 시들어간다.'라고 한탄한 것을 보면 예나 지금이나 세상의 실존 문제는 변하지 않은 것 같다. 비행기가 산에 걸리지 않는 것은 높게 날기 때문이다. 대응하지 않음으로 스스로 뉘우치게 하는 묵빈대처(黙賓對處)로 물리쳐라. 갈등으로 힘들어하는 이는 사흘만 입을 다물면 심심해서 못 산다고 난리다. 제 팔자 제가 꼬기도 하지만, 펴기도 한다고 하지 않는가. 부부 3600쌍을 40년간 연구한 부부치료자 존가트맨 박사는 부부갈등은 성격 차이나, 나이, 자녀 문제, 고부 관계 같은 굵직한 원인보다 '이게 당신 때문이야!'라는 사소한 의사소통 방식이 나비효과가 되어 큰 상처를 남긴다고 한다.

사례의 오류

일본속담에 '꺾는 바보, 꺾지 않는 바보'라는 말이 있다. 벚나무 가지를 꺾으면 벚꽃이 오래가지 못하고 줄기가 썩는다. 하지만 매화 가지를 꺾어주면 더욱 튼실해져 꺾은 자리에 속살이 차올라 한결 멋스러워진다. 벚꽃을 꺾는 바보, 매화를 꺾지 않는 바보다. 하나의 사례를 들어 자기주장이 옳음을 주장하는 것은 사례의 오류에 빠질 수 있다. 어떤 사례는 맞는 말이지만, 그 반대의 사례도 차고 넘친다.

최상의 법적 해결이 최악의 화해보다 못하다

모 경찰서 경미 범죄 시민위원으로 3년간 활동한 적이 있었다. 나는 그 자리에 나온 사람들에게 늘 하는 질문이 있다. '당신이 한 번의 잘못된 생각으로 이 자리에 있기까지 어떤 느낌이냐'는 질문에 대부분은 '자기가 이런 일로 여기까지 오게 될 줄 미처 몰랐다' 면서 북받치는 감정을 주체하지 못해 펑펑 우는 사람이 많았다. 내게 닥친 부당하고 속상한 일들이 막상 지나고 보면 언젠가 잘못 보낸 시간에 대한 대답이다.

경험하나에 지혜하나

'꼭 와야 할 것이 왔구나' 생각하면 늦었지만 도리어 약이 되기도 한다.

2080 법칙

19C 이탈리아 경제학자 파레토는 개미의 행동 패턴과 습성을 관찰하면서 전체 개미의 20%만 일을 하고 나머지 80%는 빈둥댄다는 사실을 발견했다. 열심히 일하는 개미만 모아두면 모두 열심히 하겠지 생각했는데 놀랍게도 그중 또 20%의 개미 만 일을 하고 80%는 빈둥거리며 논다는 것이다. 걱정의 80%는 쓸데없는 생각이고 회의의 80%도 시간 낭비다. 우리에게 일어나는 일의 80%는 앞서 잘못 보낸 20%에 대한 보상이다. 우리는 갈등으로 인생의 80%를 허비한다. 성과의 80%는 가장 집중한 20%의 시간에서 나온다. 대화의 대부분은 본질과 벗어난 군더더기다. 자전거는 넘어져도 괜찮은 나이에 배워라. 제때 흘리지 않은 20%의 땀은 80%의 눈물로 되돌아온다.

삼의제

갈등은 의사결정 과정에서 합의를 끌어내지 못하면 늘 시끄럽다. 합의 과정은 크게 세 가지로 나뉜다. 첫째, 전원일치 제도이다. 이 제도는 모두의 의견을 반영한다는 측면에서는 좋기는 하지만, 소수의 횡포가 있을 수 있다. 끝까지 반대하는 몇 사람 때문에 의사결정에 어려움을 겪는다. 두 번째로 다수결 제도이다. 전원일치 제도를 보완하여 과반수(혹은 2/3 찬성)은 민주주의의 의사결정 방식으로 자리 잡고 있지만, 일견 합리적으로 보이지만 다수의 횡포가 있을 수 있다. 소수의 의견이 무시된다. 현대사회는 하지만 달리 대안이 없어 이 제도를 선호하고 있다. 처칠은 '민주주의가 이렇게 불편한 제도인 줄 몰랐다. 하지만, 이보다 나은 제도가 없기에 목숨을 바친다'라고 대의민주주의의 비효율성을 꼬집었다. 공공의 선이나 공동체 질서를 제한하는 것이 많기 때문이다. 세 번째는 소수의 의견을 존중하는 삼의제가 있다. 이 제도는 우선 토론을 거치고 난 후에 의견이 전원일치가 되지 않으면 다수결로 결정한다. 이때 진행자가 '소수의 의견을 가진 분들은 의견을 철회하느냐?'의 동의 절차를 가진다. 소수의 의견을 가진 사람이 의견을 철회하면 회의가 끝나지만, 철회하지 않는다면 재 토론을 세 번까지 반복한다. 마지막 소수자는 탈락시킨다.

사소한 일을 가치 있게 받아들이면

전금자의 〈사소한 소원만 들어주는 두꺼비〉에서 훈이는 학교 가는 길에 두꺼비를 구해주자 두꺼비가 고마워서 '사소한 소원만 들어주겠다.' 말한다. 훈이가 '짝꿍과 친해지고 싶다.' 소원을 말하자, 두꺼비는 '다른 사람을 존중하고 친구들과 사이좋게 지내는 것은 사소한 일이 아니다'라고 거절한다. 이번에는 '그럼 미술 시간이 싫다. 음악 시간으로 바꿔 달라'고 하자, 두꺼비는 '다 같이 약속된 시간표를 지키는 것은 중요한 일이지 사소한 일이 아니다.' 능청스럽게 말한다. 성질이 난 훈이는 두꺼비를 필통 속에 가둬버렸다. 미술 시간에 갑자기 짝꿍이 '지우개를 빌려 달라'고 해서 필통 속을 뒤졌지만 보이지 않는다. 다급해진 훈이는 두꺼비에게 지우개 하나만 만들어 달라고 부탁하자, 소원이 이루어졌다! 결국, 짝꿍과 다시 친해지게 되었다. 우리에게 큰 행운은 이루어지지 않는다. 사소한 것을 가치 있게 받아들이게 되면 큰일이 이루어진다. 작은 일들이 우리를 행복하게 하고 즐겁게 해준다. 작은 것을 무시하면 결코 신과 만날 수 없다. 사소한 일이 우리를 괴롭히고, 사소한 것이 우리를 힘들고 지치게 만든다. 한 번에 큰일이나 큰 불행은 일어나지 않는다. 모두 사소한 일들로 힘들어한다. 세상의 위대함이란 작은 것들에 대한 충실함이다.

5Why기법

미국의 3대 대통령 제퍼슨 기념관 외벽이 심하게 부식되어 막대한 예산으로 보수를 해도 해결되지 않아 주 정부가 골치를 앓고 있었다. 해결방법은 의외로 간단했다. 기념관 외등 불빛에 모인 나방을 잡아먹기 위해 비둘기가 날아들었고, 비둘기 배설물을 제거하기 위해 청소부가 세제로 외벽을 청소하기 때문이었다. 그래서 외등 켜는 시간을 2시간 늦췄더니 나방이 날아들지 않아 해결된 '5Why 기법'이다. 4 ~ 5단계만 따라 올라가면 원인은 사소한 것에 있음을 알 수 있다. 학교에 근무하면서 난제에 부딪히면 늘 원인을 몇 단계 거슬러 올라가는 방식으로 문제를 해결해왔다. 상습 민원을 5Why기법으로 해결하여 보람을 느낀 일들이 많았다. 모두가 사람이 하는 일이기에 가능한 일이다.

중책불벌

중책불벌(衆責不罰)이란 말이 있다. 모든 사람을 벌할 수는 없다는 의미다. 많은 사람이 신호를 어기면 사람이 잘못된 것이 아니라 신호에 문제가 있기 않겠는가. 비효율적인 범칙금으로 많은 사람을 다스릴 것이 아니라 차의 흐름에 따른 신호체계를 바꾸어야 한다. 실제로 사고가 잦은 도시의 교차로 30여 곳의 신호체계를 바꾸자 교통사고가 23% 감소했다는 조사 결과도 있다.

어떻게 존중할 것인가

1900년대 초반 아프리카 지역의 케냐 43개 부족, 콩고 157개 부족의 부족장들이 한자리에 모였다. 모인 자리에서 서로 각기 다른 종족주의를 '어떻게 이해할 것인가'라는 주제로 토론을 했는데 결론은 '어떻게 존중할 것이냐'의 방법적인 문제가 결론이었다는 것이다.

고등학교 다닐 때 가장 기억에 남는 선생님이 있다. 영어를 담당하는 양선생님이다. 인사를 할 때 마다 꼭 '예~'라고 화답한다. 그 당시는 학교의 체벌이 심하던 시절이라 일종의 신선한 충격이었다. 내가 존중을 받았다는 생각에 감동이었다. 그래서 그 선생님에게는 인사를 더 잘했다. 초중고대학 시절의 특이한 경험이었다. 교직에 나와서 나도 모르게 학생들이 인사할 때마다 '예~'라고 화답하게 된 계기가 되었다. 성인을 뜻하는 성(聖)자는 누군가의 말에 귀를 기울이는 모습이다. 귀를 기울이는 것은 존중의 첫걸음이다.

2-15화 자녀교육

올해로 35년째 교직에 몸담고 있다. 중학교와 고등학교의 인문계, 특목고, 농업, 공업, 상업계고에서 두루 근무한 경력을 가지고 있다. 교장이 되면서 '교육철학이 무엇인가'에 대한 질문을 자주 받곤 한다. 35년간의 생각을 정리하면 교육의 목표는 '스스로 서고 더불어 사는 것'이라 생각한다. 스스로 서는 것은 세 가지로 나눈다. 우선 간난 아기의 육체적인 홀로서기이다. 손자가 스스로 목을 가누고, 몸을 뒤집고, 앉기도 기기도 해서 겨우 두 발로 일어서는 1년 동안의 과정이 얼마나 눈물겨운지 모른다. 통계에 의하면 2천 번의 엉덩방아를 찧어야 걷는다고 한다. 다음은 사회적인 홀로서기 단계이다. 딸의 공무원 합격 소식을 버스를 타고 가다가 들었다. 나도 모르게 눈물이 볼을 타고 흘러내렸다. 옆 사람이 볼까 봐 창밖을 한동안 쳐다보면서 몰래 눈물을 훔쳤다. 자식이 초중고대학을 거치고 시험을 위해 어떤 노력을 했는지 알고 있기 때문이다. 다른 사람의 도움 없이 스스로 자립을 하는 것이 교육의 진정한 목표다. 그 다음은 정신적인 홀로서기 단계이다. 나는 이 글을 쓰면서 비로소 공자가 말하는 40세 불혹(不惑)의 경지를 맛보게 되었다. 남을 위해 쓴 글이지만 결국 나를 위한 글임을 알게 되었다. 정년퇴임을 해도 정신적으로 우울증을 겪는 사람을 주위에서 많이 본다. 밭에 잡초가 무성하듯이 사람도 마음을 다스리지 않으면 사악한 마음이 계속 올라온다. 기독교인은 교회에서, 불자는 절에서 마음을 다스린다. 스스로 일어섰다면 '더불어 사는 것'이 인생의 최종목표이다. 나무는 혼자 낙락장송이 되는 것이 목표가 아니라 다 함께 숲을 이루는 것이다.

고등학교에서만 25년을 근무하다가 처음으로 중학교에 내려갔을 때의 기억은 충격이었다. 중학생 아들을 이해하지 못한 아빠로서의 뼈저린 후회가 파도처럼 밀려왔기 때문이다. 하물며 초등학교는 어떠했을까 짐작이 간다. 자녀와의 갈등은 사춘기에 극에 달한다. 사춘기는 스스로 주인이 되려는 과정이다. 중고등학교 시절은 혹독한 사춘기를 겪는 시기로 매년 이루 말로 할 수 없는 안타까운 사례들을 교직 생활을 통해 무수히 보아왔다. 심지어는 자살까지 한 안타까운 학생도 있었다.

수학을 포기하는 '수포자'가 나오는 시기가 초3 '분수' 부터라는 연구 결과를 본 적이 있다. 지금까지와는 다른 분수와 도형을 접하면서 수학에 대한 부정적인 감정을 형성되어 수포자가 생기기 시작한다고 한다. 벽돌을 쌓을 때 한 줄을 건너 띄어 건물을 지을 수는 없다. 마치 '분수'를 모르는 학생에게 '통계'를 가르치는 꼴이다. 벽돌은 무너져버리지만, 인간은 그 상황을 모면하기 위해 거짓말을 한다. 나중에 사춘기와 겹치면서 반항은 극에 달한다. 아들이 어릴 적 스키보드를 함께 배운 적이 있었다. 스키나 보드는 회전이 생명이다. 보드는 오른쪽 턴보다, 왼쪽 턴에서 첫 고비를 맞는다. 나도 왼쪽 턴을 연습하다가 넘어져 한 동안 어려웠는데, 아들도 왼쪽 턴으로 머리를 크게 다쳐 결국 보드를 포기하는 '보포자(?)'가 되었다. 매 단계마다 찾아오는 고비를 극복하기 위해서는 본인의 노력과 주위의 지원이 절대적으로 필요하다.

다른 동물에게는 찾아볼 수 없는 사춘기는 왜 인간에게만 있는 것일까. 사춘기는 홀로서기 단계이다. 부모 말만 잘 들으면 평생 부모의 노예가 되기 때문이다. 어려운 시절을 겪은 우리 세대는 사춘기란 것이 있는지도 모르게 지내왔지만, 요즘처럼 풍족한 시절일수록 사춘기가 더 심한 모양이다. 학교에서 단계를 빠트리지 않고 꾸준히 쌓아 올리는 학생은 사춘기가 심하지 않게 지나가는 것을 많이 보아왔다. 다음 단계로 나아가지 못함이 사춘기와 겹치면서 부모와의 갈등이 악화되는 것을 종종 본다. 사춘기는 자기 위치를 잡는 과정에서 겪는 갈등이란 생각이 든다. 사춘기는 단계를 놓친 학생이 더 심하게 겪는다.

오래전 중국에 나무를 잘 기르기로 소문난 곽탁타[9]라는 사람이 있었다. 낙타처럼 등이 굽어 붙여진 이름이다. 사람들이 과실나무를 잘 기르는 비법을 묻자 '나는 나무를 오래 살게 하거나 열매를 많이 열리게 할 능력이 없다. 다만 천성에 따라 본성을 잘 발휘하게 할 뿐이다. 나무의 본성이란 뿌리는 퍼지기를 원하고, 땅은 평평하게 하되 원래의 밀도대로 다져주기를 원하는 것이다. 심고 난 후 잡초제거와 병충해 예방 같은 기본만 다하고 건드리지도, 걱정도, 다시 뒤돌아보지도 않

---

9) 당나라시대 유종원의 〈種樹郭橐駝傳〉

왔다. 그 이상은 자연이 감당을 해준다. 심기는 자식처럼, 두기는 버린 듯이 해야 나무의 속성을 온전히 회복할 수 있다.'라고 답했다. 나무를 키우면서 자식 키우는 법을 터득한다. 노자는 생이불유 장이부재 위이 불시 시이현덕(生而不有 長而不宰 爲而不恃 是謂玄德)이라 했다. 자식을 낳고 길렀으되 소유하지 않고, 자신의 공을 이루고도 자랑하지 않음으로 그 공이 사라지지 않는다. 이를 현덕이라 한다.

경험하나에 지혜하나

2-16화 가장 먼 여행, 머리에서 가슴까지

　자기 그릇이 아니고는 음식을 먹을 수 없는 '여우와 두루미의 우화'처럼 남의 입장을 이해하기란 쉬운 일이 아니다. 길다고 여분으로 생각하지 말고, 짧다고 부족하다 여기지 말라. 길다고 자르면 아픔이 되고, 짧다고 늘이면 우환이 된다. 옆으로 걷는 꽃게를 보고 똑바로 걷지 못한다고 비웃지만, 꽃게는 앞으로 걷는 사람들을 이해하지 못한다. 다리가 두 개인 사람이 다리가 열 개나 되는 게의 입장을 알 리 없다. 남의 입장을 헤아리는 역지사지를 영어로 표현하면 'Put into your shoes'라 한다. 남의 신발을 신어 본다는 뜻이다. 남의 신발을 신는 것이 얼마나 불편한지 신어 본 사람만이 안다. 내가 좋아하는 신영복 선생은 세상에서 가장 긴 여행은 머리에서 가슴까지의 여행이라 했다. 머리좋은 것이 마음 좋은 것만 못하고, 마음 좋은 것이 손 좋은 것만 못하고 손 좋은 것이 발 좋은 것만 못하다. 관찰보다는 애정이, 애정보다는 실천이, 실천보다는 입장의 동일함이 관계의 최고의 형태라 말한다. 상대방의 입장에서 바라보고 행동하는 것이 가정과 직장에서의 성공비결이기도 하다. 아내가 언니랑 어린 시절 이야기를 했더니, 언니의 어머니랑 나의 어머니랑 다르다는 걸 느꼈다고 한다. 한 배에서 나온 자매도 한 어머니를 서로 다르게 인식하는데 하물며 다른 사람이야 오죽하겠는가.

삼국지의 조조는 난세 영웅이지만 평화로운 세상에는 큰 도둑이라 평한다. 그가 빛날 수 있었던 것은 당시 시대 상황이 난세였기 때문이다. 밥은 소중하지만, 뺨에 붙어있으면 추하게 보인다. 수박이 상 위에 있어야지 바닥에 있으면 쓰레기로 보인다. 위치가 다를 뿐이다. 세상에 정답이란 없다. 자연에는 어느 것 하나 우월하거나 열등한 것이 없다. 현대사회가 미개사회보다 기술적으로 우월하다고 할지 모르지만, 정신적인 면에서까지 우월의 척도가 될 수는 없다. 미개 사회인은 비록 유충을 먹으며 벌거벗은 채로 살아가지만, 우리보다 훨씬 복잡한 문제들을 합리적으로 해결한다. 한 사회를 다른 사회의 기준으로 재단하는 일은 바람직하지 않다.

시비 개시

조선시대 황희 정승 집에 두 노비가 싸웠다. 한 노비가 와서 자초지종을 이르자, 황희는 '그래, 네 말이 옳구나'하고 말하자, 다른 노비가 와서 자기도 억울하다고 하소연을 하자, 가만히 듣던 황희 정승이 '그렇구나, 네 말도 옳구나. 그렇다면 네 말도 맞구나' 한다. 이를 지켜보는 부인이 남편의 줏대 없음을 나무라자 황희 정승은 '허허 듣고 보니, 부인 말도 옳소!'라고 했다. 자기주장이 강하면 고집불통이라 비난하고, 자기주장이 없으면 줏대가 없다고 평한다. 말을 할 때는 상대를 존중하고 긍정적으로 수용하고, 남을 좋게 평하라는 가르침을 일깨우는 시비 개시(是非 皆是) 일화로 유명하다.

일수사견

불가(佛家)에 일수사견(一水四見)이란 말은, 천사는 보석으로, 마귀는 피로, 사람은 물로, 물고기는 집으로 본다는 의미다. 물 하나를 놓고 자기 입장에 따라 네 가지로 본다는 뜻이다. 1915년 일본소설 〈라쇼몽〉은 사무라이 부부가 길을 다가가 아내는 강도에게 겁탈을 당하고 무사는 살해되고 현장에 있던 나무꾼의 신고로 아내와 강도, 나무꾼, 영매사(죽은 사무라이)가 재판을 받는다는 이야기이다. 아무 이해관계가 없는 나무꾼의 증언이 가장 진실에 가까워 보이지만, 나무꾼 역시 이 사건의 관계자임이 밝혀진다. 어떤 상황이 벌어졌을 때 자신에게 불리한 부분은 생략하고 유리한 부분만 기억하거나 주장하는 현상을 '라쇼몽 효과'라 한다. 주관적인 시각과 서로의 이익 때문에 진실이란 어쩌면 영원히 찾을 수가 없을지도 모른다는 메시지를 주는 작품으로 영화로도 각색되어 베네치아 국제영화제 황금사자상을 받아 세상을 놀라게 했다.

2-17화 과시적 소비

문명사회 이전의 야만 사회에서는 '약탈'이 존경을 불러일으키는 능력이다. 자본주의 사회에서는 그것이 '소비'의 형태로 절묘하게 포장되어 있다. 수단과 방법을 가리지 않고 모은 돈이 '과소비'의 형태로 나타난다. 아무나 살 수 없는 고가의 자동차나 값비싼 옷을 살 수 있는 능력이 품위 있게 보이고 비쌀수록 능력을 인정받는다. 가격이 상승해도 오히려 수요가 증가하는 현상을 '과시적 소비'라 한다. 길거리에서 15달러와 50달러의 와인을 시음하면서 어떤 것이 더 고급 와인인지 묻는 질문에 거의 차이를 못 느낀다는 연구결과가 나왔다. 허영을 나타내고 싶은 과시적 소비의 욕구이기 때문이다. '돌' 대신 '돈'을 들었을 뿐 구석기시대와 다르지 않다. 약탈이라는 야만 문화 잔재가 과시적 소비의 형태로 둔갑한 것이다. 돈을 버는 것은 행복을 위한 활동이고, 다른 사람을 이기려는 경쟁심의 표현이다. 부자는 다른 부자를 이기려는 욕망에 불탄다. 부의 크기는 별로 중요하지 않다. 남이 가지고 있는 부의 크기가 기준이 된다.

나는 30년 동안 테니스를 치면서 전국대회에서 우승 경력도 있지만,

경험하나에 지혜하나

만족하지 못하고 늘 남보다 잘 치려고 경쟁을 해왔다. 나를 부러워하는 사람들이 내 눈에 보이지 않았다. 어릴 적 '네 나이가 부럽다'는 소리를 많이 들었지만, 정작 나는 젊음을 알지 못했다. 행복은 다른 사람보다 얼마나 많이 소유 했는가로 좌우된다. 타인의 눈에는 내 무지개가 보일 텐데 내 눈에는 보이지 않는다. 우리가 행복하길 원한다면 그것은 쉬운 일이지만, 남들보다 더 행복하길 원한다면 그것은 매우 어려운 일이다. 남들이 실제보다 훨씬 더 행복해 보이기 때문이다. 아홉 가진 사람이 하나 가진 사람을 탐하는 한 행복은 없다. 부자들은 생산적 노동을 면제받은 집단이다. 초식동물은 식물에서 에너지를 취한다. 생산적 노동을 하는 사람이 초식동물이라면 부자들은 육식동물이다. 자신의 능력을 입증하는 수단으로 과소비를 선택한다. 비쌀수록 능력을 인정받는다. '명품의 경제학', 혹은 '베블런 효과[10]'라 한다. 자기의 부를 과시하기 위해 경쟁적으로 애완견을 위해 호화파티를 한다. 어떤 명품 가방은 2만 달러 이상의 구매 이력이 있어야 구매할 수 있도록 하여 과시적 소비를 유도한다. 그 가방을 소지하는 자체가 부를 상징한다. 아무나 살 수 없도록 차별을 조장하여 약탈의 능력을 교묘히 감추고 있

---

10) 미국학자 베블런(1857-1929)은 예일대 철학박사 학위를 받고 7년 동안 책만 읽으면서 무위도식하다가, 시카고대학 교수가 되어 '상류층의 소비 형태는 사회적 지위를 과시하기 위해 가격이 오르는데도 수요가 줄어들지 않고, 오히려 증가하는 현상'을 연구하게 되었다. 명품 등은 경제 상황이 악화되어도 줄어들지 않는다는 '유한계급론'을 세상에 내어놓아 미국의 독서 시장을 휩쓰는 대박을 터뜨렸다. 말년에 여자와의 염문으로 대학에서 쫓겨나 1920년 중반 오두막에서 읽지도 쓰지도 않고 사색에 잠겨 살았다. 유서가 발견되었다. '어떤 종류의 의식도 하지 말고, 화장을 바란다. 재는 강에 뿌리고 어떤 기념비도 건립하지 마라'고 적혀 있었다.

다. 과시적 소비로 차별화하여 선사시대 약탈문화를 옹호하고 조선시대 양반계급을 지향한다. 현대는 욕망을 소비하는 시대다. 호모 컨슈머라 불리는 자본주의 사회는 소비를 기반으로 한다. 단순히 의식주 해결만을 위해 소비하지 않는다. 명품으로 차별화를 하여 차이를 두려고 한다.

오늘날의 소비 형태는 브레이크 고장 난 자동차를 타고 질주하는 파괴적이고 탐욕적인 모습이다. 인간은 물질적인 욕구가 충족되고 나면 정서적인 욕구를 강하게 느낀다. 풍요로워질수록 더 많은 것을 욕망하는 현대인의 탐욕이 만들어 낸 질병을 '어플루엔자'라고 한다. 부유한 사회일수록 돈 쓰는 일을 중요하게 여기고 남들에게 좋게 보이려는 것에 높은 가치를 둔다. 아내가 외제차를 사자고 조른 적이 있어 고민한 적이 있었다. 없이 살 때는 꿈도 꾸지 못했는데, 그동안 누리지 못했던 욕구를 보상이라도 받으려는 듯이 욕망이 꿈틀거린다. 돈 있는 여자의 마음이 더 혼란을 많이 느끼는 것 같다. 모 자동차 회사에서 '럭셔리 마케팅'으로 새 모델 자동차가 나왔다. 홍보 마케팅 비용으로 8억짜리 돔을 지어 딱 400명만 초대해 최고의 음식을 제공하고 화려한 무대 쇼를 펼쳤다. '최상위 계층의 고객만 특별히 초청한 이벤트로 오늘 여러분에게만 처음으로 알려주는 은밀한 정보'라고 추켜세운 뒤 'G20 정상의 의전을 담당했던 바로 그 차'라며 '성공의 지표'라는 퍼포먼스를 펼쳤다. 실제로 아우디 국내 출시 때 올림픽공원에서 있었던 'A8' 이야기다. 그리고 다음 날 8억짜리 돔을 미련 없이 부수었다. 티파니 불가리 보석이

경험하나에 지혜하나

나 에르메스, 샤넬 가방의 접근 방식도 이와 유사하다. 모회사 가방은 2천 달러 이상의 구매경력이 있어야 소지할 수 있다니, 소지 자체만으로도 부를 과시하게 된다. 시내 백화점은 일정 금액 이상의 구매고객에게 주차하기 좋은 층에 주차할 수 있는 주차권을 주어 차별을 유도한다. 외제 고급 차의 승차감이야 국산 차와 별반 차이가 있을 리 없지만 타고 내릴 때 남부러운 시선을 받는 비용을 과대 지불하며 살아간다. 약탈문화가 과시적 소비 형태로 우리 사회 곳곳에 똬리를 틀고 앉아 있다. 필요에 의해서가 아니라 남과 다르게 보이기 위한 '차이적 소비'로 나타난다.

2-18화 비행기는 속도에 의해 떠 있다

비행기는 시속 300km의 속도로 2km를 활주하면 비상한다고 한다. 시속 250Km의 속도로는 지구 한 바퀴를 돌아도 날 수 없다. 적절한 타이밍이 중요하다는 의미다. 비행기가 하늘에 떠 있는 것은 속도 때문이다. 자전거 핸들을 잡지 않으면 바로 넘어지듯이 비행기 조종간을 1초만 내버려 두어도 한쪽으로 기울어져 버린다. 비행기는 양 날개로 날듯이 우리 사회도 보수와 진보의 양 날개로 난다. 비행기는 초당 수십 번씩 항로를 이탈하지 않도록 꼬리날개 방향을 바로잡아준다. 물위를 우아하게 떠다니는 백조는 물밑에서 우스꽝스러울 정도로 쉼 없이 움직인다. 사람들이 경쟁 사회에서 우아하게 생활하는 것처럼 보여도, 차가운 물속에서 살기 위해 얼마나 발버둥 치는지 모른다. 테니스 황제라는 별명을 가진 페드로가 어릴 적 어떤 힘든 과정을 거쳤는지, 그의 부모들이 어떤 지원을 했는지는 생각하지 않고, 단지 그가 누리는 현재의 화려한 명성만 기억한다.

괴테와 괴벨스는 천재적인 언어지능을 지닌 공통점이 있지만, 도덕지능의 차이로 괴벨스는 히틀러의 게르만 우월주의를 선동하는 선봉

경험하나에 지혜하나

장이었고, 괴테는 위대한 문학가로 인류 역사에 길이 이름을 빛내고 있다. 지식만 있고 지혜가 없으면 산속에서 풀이나 뜯는 외로운 은자와 같고, 지식 없이 지혜만 있으면 호감 가는 바보일 뿐이다.

지하철로 출근하던 어느 날 한 아가씨가 내 앞에서 갑자기 푹 쓰러졌다. 순간 멘붕이다. 모두 쳐다만 보고 있다. 걱정 어린 눈빛으로 '어~ 아가씨!' 불러본다. 어떻게 해야 하나? 인공호흡이라도 해야 하나? 흔드는 순간 슬며시 일어난 창백한 얼굴의 아가씨는 창피한 듯 얼른 옆칸으로 도망치듯 가버렸다. 가슴을 쓸어내렸다. 온종일 그 아가씨 생각을 지울 수가 없었다. '그녀에게 무슨 일이?' 자식 키우는 부모로서 머리가 복잡했다. 제시간에 출퇴근하는 평범한 일상의 삶에도 이토록 평범하지 않은 것들로 가득 차 있다. 평범한 일상을 유지한다는 것이 얼마나 위대하고 훌륭한 일인지 모른다. 세상은 날씨만큼이나 맑은 날 흐린 날로 가득 찬 일상이다. 평화로운 여생을 보내는 일상적인 삶에도 얼마나 엄청난 재능과 노력과 행운이 필요한지 모른다. 누구나 자기 몫의 아픔을 안고 살아간다. 고통만큼은 평등하다는 생각이다. 가족 때문에, 자식 때문에, 건강 때문에 남모르는 고통에 시달린다. 자식은 부모에게 빚 갚으러 온 자식과 빚 받으러 온 자식으로 구분한다고 한다. 배우자를 만나고, 아이를 낳고 기르는 과정이 얼마나 힘든 전쟁인지 모른다.

일에 의해 하루가 지탱되고 그 하루가 모여 삶이 된다. 하루가 팔만대장경이다. 하루하루를 지탱하는 일, 이부자리를 개고, 아침을 준비하고, 청소하는 일상적인 일들이 얼마나 경이롭고 위대한 일인지 모른다. 매일 지속되는 평범한 일상을 지켜낸다는 것이 참 비범한 일상임을 안다면 지금 하는 일이 얼마나 위대한 일인지를 깨달을 수 있다. 요즘 전원주택 붐이 한창이다. 저 푸른 초원 언덕에서 평화로운 여생을 보내는 평범한 삶 그 이면에는 이토록 평범하지 않은 노력과 행운이 한가득 똬리를 틀고 앉아 있다. 평범한 사람과 비범한 사람을 가르는 그 작은 차이가 평화를 누릴 수 있는 큰 차이를 만든다. 벽돌공에게 '뭐하느냐' 물었더니 '보면 모르오? 먹고 살기 위해 힘들게 벽돌을 쌓고 있소'라는 사람과 '나는 지금 멋진 성당을 짓고 있소.'라는 사람은 분명 큰 차이가 있다. 월급이 많은 것도 아니고, 존경을 받는 것도 아닌데 늘 밝은 표정의 환경미화원을 본 적이 있다. 아마 그 환경미화원은 '지구의 한 모퉁이를 깨끗하게 청소하는 신념과 보람'으로 살아가기 때문일 것이다. 평범함 속에 특별함을 발견하고 지금 자신이 하는 일을 가장 멋지게 생각하라! 그것이 일에 대한 가장 이상적인 모습일 것이다.

모든 힘을 합하면 제로가 된다. 줄다리기에서 서로 가장 세게 잡아당길 때가 줄이 꼼짝하지 않는다. 평화로운 겉모습의 이면에는 수많은 힘이 서로 비기고 있다. 하루하루 큰 변화 없이 되풀이되는 삶의 평화로운 일상은 안간힘의 결과다. 오늘 하루가 무사했다면 가장 열심히 산 덕택이다. 우리 생에 평범한 순간이란 없다. 배가 험한 파도를 밀쳐내고 버티는 것은 중용의 힘이다. 중용의 힘은 평형수에서 나온다. 우리 안에 모두 세월호가 있다고 생각한다. 그러나 돈을 더 벌려는 욕심에 평형수를 빼내 버린다. 더 좋은 직장과 더 많은 돈을 벌기 위해 타인에 대한 배려를 다 빼내고 그 자리에 욕망을 채운다. 더 빨리 갈지는 몰라도, 언제라도 가라앉을 수 있는 위험을 안고 있다. 나뭇잎 하나에 가려 태산을 보지 못하듯이 돈에 가려 소중한 것을 잊고 사는 것은 아닌지.

2-19화 소크라테스의 역설

2500년 전 소크라테스와 한 청년의 대화 내용이다.

소크라테스: 자네는 '누구나 악을 원하는 사람은 없다'라는 말을 들어본 적이 있나?

청년: 악을 원하는 사람은 산처럼 많지 않나요? 부정을 일삼는 정치인, 공무원, 기업가, 오히려 착한 사람 찾기가 더 어렵지 않나요?'

소크라테스: 그래. 분명 악은 숱하게 존재한다네. 하지만, 사람들은 순수하게 나쁜 짓을 저지르지는 않네. 모든 범죄자는 '마땅한 이유'가 있기 때문이지. 가령 금전에 얽힌 원한으로 살인을 저지른 당사자도 '마땅한 이유'인 '선(善)'을 수행했다고 하지. 물론 도덕적 의미의 선은 아니지만 '자기 자신에게 득이 되는' 의미에서의 선이지.

청년: 자신에게 득이 되는 '선'이라구요?

소크라테스: 그리스어로 선(善)은 '아가톤(agaton)'으로 '득이 된다.'라는 의미라네. 악(惡)은 '카톤(katon)'이라고 하는데 '득이 되지 않는다.'라는 의미라네.

청년: 그게 저와 무슨 상관이지요?

경험하나에 지혜하나

소크라테스: 만약 자네가 악하고 나쁜 일을 했다고 가정해 보면, 자네는 자신에게 '득이 되는 선(善)'이라 판단했기 때문이겠지.

청년: 왜요? 무엇을 위해서요?

소크라테스: 자네가 왜 스스로 악하고 나쁜 일을 택한 것일까? 구체적인 이유까지는 나는 모르네. 자네와 대화를 나누어 보면 그래야 할 '마땅한 이유'가 자세히 밝혀지겠지.

청년: 선생님은 저를 속이려 하고 있어요.

유명한 소크라테스의 역설이다. 제아무리 나쁜 흉악범이라도 자신에게 득이 되기 때문이지 나쁜 의도는 없다. '선량한 인간'이라도 언제든 반전이 일어난다. 세상은 지켜지지 않은 수많은 약속과 이기적인 것으로 가득 차 있다.

침팬지 새끼 중 86%는 권력을 거머쥔 녀석의 독식 구조라 한다. 대다수 수컷은 평생 짝짓기 기회가 없다. 모든 암컷은 자식을 갖지만, 소수의 힘센 수컷만이 유전자를 남긴다. 힘없는 변방의 수컷은 짝짓기를 포기하고 마을을 떠나 쓸쓸하게 노후를 보낸다. 여자는 노력 없이 엄마가 될 수 있지만, 수컷은 최고가 못 되면 낙오자가 된다. 동물의 출세는 오로지 번식 성공도로 가늠한다. 식물은 더 치열하다. 빛 한 줄기, 물 한 방울을 차지하려 서로 경쟁하고 서로 죽일 준비가 되어있다. 잎새 하나가 응달에 놓이게 되면 식물은 그 잎새를 포기하고 위에 있는 잎들을 더 키운다. 무자비한 식물의 세계다. 이 순간에도 생존의 고지를 점령하기 위해 승부욕을 불태운다. 생존과 짝짓기를 위한 수컷들의 생존은 처절하지만, 인간은 좀 더 세련되고 복잡하게 대의명분을 만들어 그럴싸하게 포장하여 그 목표를 이룰 뿐이다. 여자보다 남자가 많은 곳일수록 과소비로 인한 부채율이 높은 것은 돈 대신 돌을 든 구석기시대와도 다르지 않다. 생존의 불균형이 개인은 폭력으로, 단체는 테러로, 나라끼리는 전쟁의 형태로 나타난다. 폭력이나 전쟁은 깨진 균형을 회복하려는 과정이다. 국민 소득 6천 달러 미만의 나라에서는 민주주의가 성공한 예가 없다고 한다. 가격표 앞에 애국 없고, 생존 앞에 양보 없다. 배고픈 사자는 하늘을 나는 독수리를 쳐다본다는 말이 있다. 배고픔이 의사결정 능력을 떨어뜨린다. 허기가 삼일이면 쓰레기통을 뒤진다고 하니 굶주림 앞에서 인간은 비열한 짐승이 된다.

30년 넘게 테니스 동호회 활동을 해오면서 갈등이나 다툼이 없었던 적이 없다. 나이 육십을 이순(耳順)이라지만, 막상 육십이 되어보니 공자님의 말씀에 동의하기 어렵다. 귀가 순해지기보다 오히려 얼굴이 두꺼워 고집이 세고 욕심만 부린다. 공자는 그런 바람직한 사회를 원했는지 모른다. 나이 들어 수치심마저 없는 칠십 넘는 선배를 보면 공자가 말한 욕심이 양심을 넘지 않는다는 나이 칠십 '종심(從心)'이라는 말이 부끄럽기만 하다.

세상에 나쁜 날씨란 없다. 맑아도 흐려도 비가와도 서로 다른 자연의 이치일 뿐이다. 세상에 나쁜 사람은 없다. 나쁜 환경만 있을 뿐이다. 자동차 회사는 온 국민이 잘 살기를 바라고, 관 짜는 사람은 더 많은 사람이 죽기를 바라지만, 그가 선하거나 악해서가 아니라 그들의 이익 때문이다. 인간의 선과 악은 이익에 따라 움직이는 것이다. 이런 이기적인 인간의 본성을 제어하는 힘을 정의를 통해 명분을 얻고 통찰해야 한다. 인간의 이기심을 고려하지 못한 고차원적인 도덕심에 의존하다 보면 비효율만 초래할 뿐이다.

2-20화 감동만한 입소문은 없다

초나라 섭공이 '백성이 국경을 넘어 모두 떠나니, 큰 걱정이다'는 말에 공자는 '근자열 원자래(近者說 遠者來)' 여섯 자를 남기고 떠났다. 스스로 내세우지 않고 가까이 있는 사람만 감동을 주면 먼 곳에서도 찾아오게 마련이다. 감동보다 큰 서비스는 없고, 감동만큼 강력한 입소문은 없다. 북인도 지방에서는 손님을 신으로 여겨 대접한다고 한다. 발 없는 감동이 천리를 간다. 나를 위인으로, 부자로 만들어 줄 사람이 옆 사람인데 어찌 소홀하게 대접할 수 있겠는가.

망해가는 위나라를 구하기 위해 맹자를 초빙하여 '어떻게 하면 부국강병으로 만들 수 있나?' 자문을 구하자, 맹자는 '하필 일리 인의(何必曰利 仁義)'라고 사자후를 날린다. 가게가 망해 가는데 이익을 논하느냐고 책망하면서 천시(운)는 지리(목)의 이로움만 못하고, 지리의 이로움은 사람의 화합(인화)만 못하다. 능력보다 목 좋은 곳이, 목 좋은 곳보다 인화가 낫다는 뜻이다.

소문난 식당 주인이 건물주에 의해 쫓겨나 후미진 곳에서 식당을 하는데도 여전히 문전성시를 이룬다. 내 이익보다 제 자식에게 먹여도

　　　　　경험하나에 지혜하나

손색없는 음식을 만드는 것이 우선임을 조언한다. 칭기즈칸은 성을 치기 전에 마음을 먼저 처라는 심상성하(心上城下)의 전술로 세계를 정복했다. 그는 '저항하는 자는 처자식을 몰살 시키겠다'라는 공포 전술로 마음을 먼저 공략하는 심리전이 상책이고, 성을 공격하는 전쟁은 하책이라 했다. 식량이 풍부한데도 성이 무너지는 것은 인화가 되지 않기 때문이다.

조너스 소크 박사

나는 '조너스 소크'박사를 존경한다. 소아마비 백신을 개발한 러시아 출신 유대인계 바이러스 학자이다. 소아마비는 1900년대 초 전 세계에서 매년 50만 명의 소아마비 환자가 발생하여 원자폭탄을 제외하고 가장 무서운 공포에 떨게 했던 질병이었다. 180만 명의 어린이에게 백신 개발을 성공시킨 '기적의 일꾼'이라 불렀다. 1984년 이후로는 한 명도 발견되지 않았다. 그는 수많은 제약회사로부터 달콤한 특허 양도 제안을 뿌리치고 '현재 버는 돈으로 사는데 지장이 전혀 없다'라며 단호히 거절하고 특허권을 무료로 넘겼다. 그 결과 엄청난 사람들이 혜택을 보게 되었다. 만약 그가 특허 양도 제안을 수락하였다면 그 액수가 무려 8조 원으로 평가될 정도이다. 우리가 유혹을 뿌리치고 선행을 베푸는 사람에게 열광하는 이유는 아무나 할 수 없는 힘든 일을 하기 때문이다. 주 정부는 소크의 업적을 기려 '소크연구소'를 세웠다. 영감이 떠오르지 않아 우연히 천정이 높은 유럽의 어느 성당에서 영감을 얻은 소크의 유지를 받들어 연구소의 천장 높이가 19m나 된다. 그 때문인지 50년간 12명의 노벨상 수상자가 배출되는 최고의 유명한 연구소가 되었다. 그가 무료로 공개한 덕분에 1달러 이하로 아프리카 등지에서 사용이 가능하게 되어 지구상에 소아마비가 없는 아름다운 세상을 만드는데 결정적인 기여를 했다. 아이젠하워 대통령도 '인류의 은인'이라 칭송할 정도였다.

기업의 성공은 팬덤에

세계 10대 기업으로 애플, 아마존, 구글, 페이스북, MS, 알리바바, 텐센트, 삼성 등이 꼽힌다. 이들의 특징은 모두 스마트폰 관련 기업이다. 1위 애플은 스마트폰을 만드는 기업이고, 2위 아마존은 매장이 없는 온라인 유통기업으로 소비생활 패턴을 바꾼 기업이다. 매장 하나 없이 'Best Service is No Service'란 구호 아래 고객은 스마트폰으로 게임하듯 버튼을 누르기만 하면 배달된다는 전략이다. 물류의 80%를 드론이나 무인차로 보내겠다는 야심 찬 전략도 가지고 있다. 3, 4위 구글과 페이스북은 방송과 광고 비즈니스 모델을 파괴한 황당한 기업이다. 2019년 기준 구글의 광고매출은 전체의 86%, 페이스북은 무려 99%다. 전 세계 신문사와 방송사의 광고비를 모두 잠식해버렸다. 거대자본으로 기존 광고기업을 무너뜨린 것이 아니라 고객의 자연스러운 선택으로 성장했다. 이와 같은 기업의 성공은 팬덤에 달려있다. 1억 명의 충성 고객이 연회비 119달러를 내면서 최저가 쇼핑을 즐긴다. 아마존 창업

경험하나에 지혜하나

자 제프 베조스는 고객만 생각하는 '고객 집착증 환자'로 유명세를 탔다. '어머, 이건 꼭 사야 해' '너도 이건 꼭 써봐'라는 팬덤이 생겨야 생존한다. 팬덤은 가까이 있는 사람을 기쁘게 해야 멀리 있는 사람이 몰려든다는 '근자열원자래'의 대표적 선두주자다.

경주 최부잣집

'부자 3대 못 간다.'라는 말을 무색하게 한 경주 최부잣집은 12대 400년 동안 부를 유지한 가문이다. 2012년 12월 경주 힐튼호텔에 많은 사람들이 모였다. 최부자 12대 후손 최염 옹의 '마지막 과객 접대 자리'였다. 1947년 대구대(영남대 전신) 설립에 전 재산을 기부하고 부의 대물림을 마감했다. 초대 최부자 최국선(1631~1681)은 부자가 아니었다. 당시 8~9할의 소작료를 내던 소작인이 곡식이 떨어지자 고리 이자로 2배를 갚아야 했던 어려운 시절이었다. 어느 날 최부잣집에 도둑이 들었는데 소작농의 아들과 종들이 포함된 것을 알고 최국선은 큰 충격을 받았다. 더욱이 이들은 장리 서류도 몽땅 가져갔다. 배은망덕한 놈이라 엄벌을 내려야 한다고 난리였지만, 최국선은 '그냥 돌려주고 이번 일도 불문에 부친다.'라고 지시했다. 그리고 관행인 8할의 소작료를 5할로 낮추도록 하였다. '축적'이 아닌 '분배'의 조치였다. 이때부터 [육훈]과 [육연]의 철학이 가훈으로 정해졌다.

경주 최부잣집의 명성은 파격적으로 '소작료 50%' 시행에서 비롯되었다. 신뢰가 우선이고 이익은 나중이다. 이웃과 나눔을 시작한 것이

부자의 지름길이 된 것이다. 입에서 입으로 '근자열 원자래'의 실천으로 조선팔도에 걸쳐 가장 존경받는 부자로 회자 되었다. 일제시대 백산상회로 상해임시정부의 독립자금을 제공하고 해방 후에는 남은 재산을 모두 대학에 기부하고 역사 속으로 조용히 사라졌다. 12대 만석꾼 집안의 책임을 다한 진정한 노블레스오블리주였다.

六訓(육훈)

과거를 보되 진사이상 하지 말고

재산은 만석 이상 모으지 말며,

지나는 과객은 후하게 대접하고,

사방 백리 안에 굶는 이가 없고,

흉년기에는 땅을 매입하지 말고,

며느리는 3년간 무명옷을 입혀라.

六然(육연)

·집착을 벗어나 초연하고(超然)

·남에게 언제나 온화하고(靄然)

·성공을 이뤄도 담담하게(淡然)

·실의에 빠져도 태연하게(泰然)

·일을 당해서는 담대하고(敢然)

·평상시 마음 맑게 지녀라(澄然)

바다의 요정 사이렌

스타벅스는 멜빌의 〈모비딕〉에 등장하는 고래잡이 배의 일등항해사 '스타벅'에서 따온 말이다. 스타벅은 항해 중 커피를 자주 마셨고, 뱃머리에는 그리스 신화에 나오는 바다의 요정 사이렌이 있었다. 사이렌은 얼굴과 몸은 아름다운 여자의 모습이지만, 하반신은 물고기 모습을 한 요정으로 그녀의 아름다운 노랫소리로 수많은 뱃사람이 홀려 죽었

경험하나에 지혜하나

다. 〈오디세이〉의 오디세우스가 트로이 전쟁을 마치고 고향으로 귀향할 때 귀를 틀어막고 자신의 몸을 기둥에 꽁꽁 묶어서 사이렌의 유혹을 피했다고 한다. 스타벅스는 광고를 하지 않는다. 책과 음악을 듣는 휴식공간으로 커피마니아들이 사이렌의 유혹에 홀린 사람처럼 책을 읽거나 음악을 듣는 휴식공간으로 마법에 홀린 듯 몰려든다. 1987년 두 다리를 벌리고 있는 인어의 모습이 너무 선정적이라는 비판에 지금의 로고를 사용하고 있다.

전 세계 40여 나라에 매장을 가진 스타벅스는 먹을 것을 들고 다니는 「테이크 아웃」이란 새로운 문화를 한국 사회에 전파하고 찾기 쉬운 곳의 대형매장으로 좌석을 많이 배치한 점이다. 그래서 찾아낸 공간이 대형건물 1층 로비다. 누군가를 만나는 만남의 장소 개념에다가 커피의 맛과 품질에 승부를 걸었다. 큰 빌딩 로비는 사실상 죽어있는 공간으로 건물주는 매달 수입이 생기고 스타벅스는 권리금 없이 매장을 열 수 있게 되어 서로에게 도움이 되었다. 오디세우스가 다시 살아 돌아온다면 귀를 틀어막고 자신의 몸을 기둥에 묶는다고 해서 유혹을 피할 수 있을까.

하워드 슐츠 회장은 시간이 지나도 변하지 않는 가치로 스타벅스의 대성공을 가져왔다. 회사가 종업원에게 관심을 가지는 만큼 종업원은 회사의 성공으로 보답한다는 신념으로 몸담고 있는 회사를 보다 나은 사회로 만들기 위한 도전을 멈추지 않았다. 남에게 잘 보이기 위한 겸손이 아니라 사회 문제해결을 위한 수단으로서의 겸손을 실천했다.

2-21화 새끼줄은 반대로 꼬아야 하나가 된다

진실은 어느 쪽인가는 불편하다. 낮과 밤, 동전의 양면은 서로 다르게 존재하지만, 별개의 것이 아니다. 동전 뒷면이 있어야 앞면이 존재한다. 그림자 없는 빛이 있을 수 없다. 새는 뼛속을 비워야 멀리 날 수 있고, 낙타는 무거운 물주머니를 가지고 있어야 사막을 건널 수 있다. 페미니즘! 남녀 혐오로 세상이 시끄럽지만, 여자 없이 남자가 있을 수 있겠는가. 무(無)는 '텅 빈 공간'이다. 이름을 붙이는 순간 비로소 유(有)의 세계로 나온다. 어둠은 존재하지만 드러내지 않을 뿐이다. 구름이나 소나기 없이 무지개를 볼 수 없다. 외부환경이 적대적일수록 잠재 능력은 향상된다. 선인장이 뜨거운 사막을 좋아하는 것이 아니라 그런 환경에 처해 있기 때문에 견디는 것이다. 깊은 산 속에서 길을 잃은 사람도 며칠이면 독초를 구분하고, 사냥능력이 생긴다.

세상에 무엇 하나 대립이 아닌 것이 없다. 하늘과 땅, 선과 악, 진보와 보수 등 반대되는 것은 반대되는 것과 하나가 된다. 새끼줄은 두 가닥이 서로 반대로 꼬여 하나의 튼튼한 줄이 된다. 채근담에 '아기가 태어나면 어머니가 위태롭고 돈이 쌓이면 도적이 노린다. 어찌 기쁨이

경험하나에 지혜하나

근심이 아니겠는가. 통달한 사람은 순경과 역경을 모두 소중히 여긴다'
는 말이 있다. 질서는 무질서를 낳고 무질서는 다시 질서를 낳는다. 질
서는 무질서의 결함에 지나지 않는다. 푸른 잎은 낙엽이 되어 땅에 떨
어지면 다시 탄생의 밑거름이 된다. '어떤 나무도 높이만큼 뿌리를 땅
속으로 뻗지 못하면 하늘까지 자라지 못한다.'라는 정신분석가 카를 융
의 오랜 사유 끝에 내린 결론이라 더욱 공감한다. 오만을 겪지 않은 겸
손이 있을 수 있겠는가. 천남성은 사약이지만 소음인에게는 약으로 처
방된다. '약'은 '독성'도 함께 지닌다. 약효는 독성과의 투쟁에서 생기는
변독위약의 저항력 때문에 병이 치유된다고 한다.

　여행은 떠남과 만남이다. 떠나지 않으면 만나지 못한다. 떠남은 공간
적인 의미이고, 만남은 새로운 생각을 만나는 것이다. 꽃이 져야 새 꽃을
만날 수 있다. 죽음이 없으면 새 생명의 탄생도 없다. 아이는 사랑과
관심으로 자라기도 하지만, 멍들기도 한다. 끝 다음이 시작이다. 오늘
은 언제나 내 남은 인생의 첫날이기도 하지만 살아온 날의 마지막 날
이기도 하다. 흘러가는 시냇물에 손을 담그면 흘러간 물의 마지막이기
도 하지만 흘러갈 물의 첫 부분이기도 하다. 고기를 해동하는 것이 요
리의 시작이다. 종지부를 찍는 일은 다시 새롭게 시작됨을 의미한다.

　나는 두 가지 아호를 사용한다. 그중 하나가 도추(道樞)이다. 도추는
〈장자〉의 재물편에 나오는 이야기로 '도(道)의 지도리(樞)'란 의미다.
지도리는 문과 문틀을 하나로 연결해주는 경첩이다. 들락거리는 문은
입구의 기능과 출구의 기능을 동시에 가지고 있다. 문이 입구 기능만

있다면 모두 죽는다. 지도리는 사방으로 여닫히는 문의 움직임에 제한 없이 응한다. 늘 같은 모습으로 양쪽을 모두 이루어내는 지도리야말로 우리가 영위해야 할 삶의 근본이다. 열림과 닫힘이 가능하고 고정되지 않아 어느 쪽도 편들지 않고 균형을 잡을 뿐이다. 어떤 경우에도 자기 중심을 놓치지 않고 살아간다. 자신은 움직이지 않지만, 모든 움직임을 그 안에 담고 있다. 전체적인 안목으로 한쪽만을 옳다고 고집을 부리지 않는다. 사람들의 모습 속에는 항상 절반의 악과 절반의 선이 감춰져 있다. 나는 수줍고, 관대하고, 순수하고, 정직하기도 하지만, 위선적이고, 이기적이고, 인색하다. 이런 다변성과 모순을 동시에 지니고 있다. 싸움을 좋아하면서도 얌전하고, 불손하면서도 예의 바르고, 완고하면서도 적응력이 있고, 유순하면서도 분개하고, 용감하면서도 겁쟁이고, 보수적이면서 새로운 것을 즐겨 받아들인다. 자연의 실상에서 반대편이 있다고 해서 어느 것 하나 우월하거나 열등한 개념이 아니다.

저마다의 삶의 방식, 각득기의

소는 풀을 먹고 호랑이는 고기를 먹는다. 존재마다 저마다의 독특한 삶의 방식, 즉 각득기의(各得其宜)를 가지고 있다. 미꾸라지가 습지에 산다고 해서 더럽게 보거나 원숭이가 나무 위에 산다고 해서 위태롭게 볼 이유는 없다. 미꾸라지는 진흙탕이 아늑하고, 원숭이는 나무 위에서 편안하다. 베짱이는 베짱이의 즐거움으로 살고, 개미는 개미의 즐거움으로 산다. 새는 날고 두더지는 땅을 파는 것이 재능인데, 새 더러 땅을 파라고 강요하거나 비난해서는 안 된다. 존재 방식(庸) 자체에 쓸모(用)를 지니고 있다. 판단하지(用) 말고 사물을 있는 그대로에(庸) 맡겨두어야 한다. 모두 제각기 마땅한 자기 자리가 있다.

보왕삼매론

명나라 묘협스님이 어려운 일을 만났을 때의 금언이다.

1. 몸에 병 없기를 바라지 마라. 병 없으면 탐욕이 생긴다.
2. 세상살이 곤란 없기를 바라지 마라. 안일하면 교만해진다.
3. 공부에 장애 없기를 바라지 마라. 배움이 넘쳐 교만해진다.
4. 수행에 마(魔) 없기를 바라지 마라. 강건하지 못한다.
5. 모든 일이 쉽게 되기를 바라지 마라. 경박해지기 쉽다.
6. 친구 사귐에 이(利)를 바라지 마라. 믿음이 상한다.
7. 남들이 복종하기를 바라지 마라. 스스로 교만해진다.
8. 공덕에 대가를 바라지 마라. 불순한 생각이 움튼다.
9. 분에 넘치는 이익을 바라지 마라. 어리석은 마음이 생긴다.
10. 억울함을 굳이 밝히려 하지 마라. 그것으로 수행의 문을 삼으라

막히는 데서 통함이 생기니, 곤란을 수행의 벗으로 삼아라. 장애를 이기지 못해 잃는 것이 너무 많다.

풍경과 바람

빛이 없으면 꽃을 볼 수 없고,
어둠이 없으면 별을 볼 수 없다.
빛과 어둠이 있어야 모든 색채를 본다.

풍경은 바람 때문에 아름다운 소리를 내고
바람은 풍경 때문에 그 존재를 드러낸다.
풍경은 바람 덕분이고, 바람은 풍경 덕분이다.

바늘은 실 때문에 존재하지만,
바늘만 있으면 존재의미가 없다.
바늘은 실 때문에, 실은 바늘 덕분이다.

내가 있기에 당신이 있는 게 아니라,
당신이 있기 때문에 내가 있다.
당신이 없으면 내가 없다.

경험하나에 지혜하나

III.
나를 붙잡아주는

3-1화 징크스

 이틀 굶긴 원숭이 네 마리를 우리 안에 집어넣고 높은 장대 위에 맛있는 바나나를 올려놓았다. 한 원숭이가 미친 듯이 장대 위로 올라간다. 거의 다 올라갔을 때 호스로 물을 뿌린다. 원숭이는 물을 싫어한다. 물세례를 받은 원숭이는 놀라 황급히 내려온다. 다른 원숭이도 몇 차례 시도했지만 모두 허사였다. 배는 고프지만 하루 종일 장대 위 바나나를 쳐다만 볼 뿐 올라가려고 하지 않는다. 다음날 두 원숭이를 빼고 다른 두 원숭이를 집어넣자 새로 들어온 원숭이가 미친 듯이 장대 위로 올라가려고 하자 먼저 들어온 고참 원숭이가 할퀴면서 극구 말린다. 신참 원숭이는 영문도 모르고 포기한다. 다음날 나머지 고참 원숭이 둘을 빼고 새로운 두 마리 원숭이를 넣었다. 모두 물벼락을 받아본 적 없는 신참 원숭이로만 채워졌다. 새로 들어온 원숭이가 장대 위를 올라가자 먼저 들어온 원숭이가 무슨 일이 벌어질지 모르지만, 결사적으로 막는다. 아무도 물벼락을 받아보지 않았지만, 어떤 원숭이도 오르려 하지 않는다. 영장류가 어떤 방식으로 조직 내에서 사회생활을 하는지를 보여주는 조직 축소판 실험이다. 기성세대가 다음 세대를 억압하는 관행의 한 예다. 여자가 배의 선장이 되면 안 된다거나 여자머리에 히잡을 씌우는 것 등이다. 물론 그 당시 필요에 의해 만들어진 것이지만 리스크가 사라진 후에도 관행처럼 징크스로 남아 내려오고 있다. 놀랍게도 원숭이 실험은 실제로 이루어진 실험이 아니라고 한다. 누군가로부터 시작된 이야기가 뼈와 살이 붙은 허구가 사실로 둔갑해서 관행처럼 이어져 내려오고 있다.

사람은 누구나 징크스나 미신을 가지고 있다. 시험 전에 미역국을 먹지 않는다. 연인에게 손수건이나 신발을 선물하면 헤어진다. 밤에 휘파람을 불면 귀신이 나온다. 빨간색으로 이름을 쓰면 죽는다. 문지방을 밟지 않는다. 빈 가위질을 하지 않는다. 결혼 부케 받고 6개월 내 결혼 못 하면 6년 시집 못 간다는 등등. 어릴 적부터 들은 미신은 일단 알고 나면 늘 그림자처럼 따라 다닌다. 특히, 야구나 시험처럼 성공확률이 낮을수록 징크스가 더 많다. 빨간 양말을 신고 이겼다면 계속 빨간양말만 신는다. 부적을 소지하고 합격했다면 실력보다 부적의 힘이라 믿는다. 받아들이는 순간 우리는 중요한 결정마다 징크스나 미신에 끌려 다닌다. 기업가는 기업의 중요한 운명을 점술가에게 맡기기도 한다. 자칫 회사의 명운이 걸린 치명적인 결과를 초래할 수도 있다. 귀신을 쫓아 마음을 안정시키고 불안감을 해소할 수 있다면 지푸라기라도 잡는 심정으로 굿이라도 한다.

사람들은 심리적 안정과 긴장감을 떨치기 위해 습관적인 행동을 반복한다. 징크스는 부정적인 의미지만, 야구선수가 방망이를 몇 번 땅에 친다든지, 테니스선수 나달이 서비스를 넣을 때 코를 만지고 머리카락을 귀 뒤로 넘기는 행동은 긍정적인 의미의 '루틴'이다. 빨간 펜으로 이름을 쓰면 안 된다는 것은 진시황 때 빨간색이 워낙 귀해 왕만 쓸 수 있어 왕이 되려는 사람으로 의심을 받았기 때문이다. 나는 어릴 적부터 숫자 4에 대한 징크스를 심하게 가지고 살았다. 핸드폰 번호나 차량번호에 4자가 들어가는 것을 싫어했다. 그런데 하필이면 살던 아파트가 104동 404호였다. 극복하려고 애를 썼지만, 마음 한구석이 늘 개운하지 않았다. 단지 발음이 같아서 일뿐인데 중국의 영향으로 한국이나 일본, 베트남도 4는 죽음을 의미한다. 서양의 럭키 세븐(7)은 베트남에서는 '실패'와 발음이 비슷하여 좋아하지 않는다. 돼지꿈을 꾸면 돈이 생긴다? 돈(金)과 돈(豚)은 동음이의어다. 결혼하면 이웃과 국수를 나누어 먹는데, 소바는 '이웃'과 '국수'라는 일본말에서 유래했다. 밤에 손톱을 깎으면 안 된다? 쥐가 손톱을 주워 먹으면 내 영혼을 가져간다는 속설은 튕겨 나간 손톱이 음식물에 들어간다든지 간난 아기가 주워 먹으면 큰일이기 때문이다.

지금까지 혈액형과 성격이 상관 관계있다는 것을 밝힌 연구는 없는데도 혈액형별 성격을 믿는 사람이 아직도 있다. 특히, B형은 잘 맞는다고 했다가 그것도 아니라는 연구결과가 나왔다. 최면으로 전생을 본다? 전생이란 없다. 공개적인 장소에서 최면을 보여주면 불법이다. 손을 쥐는데 손금이 안 생길 수 없다. 손금은 태아가 손을 어떻게 쥐느냐에 따라 결정되는데 그것으로 인생을 좌우한다고 믿는다. 혈액순환에 좋은 미역국을 입시 때만 되면 안 먹는다. 징크스나 미신이 많은 이유는 확신은 없고, 욕망은 강하고, 노력 이상의 행운을 기대하기 때문이다. 우리 삶은 불합리한 요소에 의해 영향을 받는다.

초자연적인 현상을 쉽게 믿는 사람일수록 우연한 자연현상을 신의 메시지라 믿는 오류를 범한다. 자연의 패턴에서 신의 메시지를 찾으면 그것이 바로 미신이 된다. 새들이 하트형으로 날아가는 모습에서 하느님이 오늘 나에게 미소를 짓는다든지, 개를 닮은 구름이 생기면 작년에 죽은 개가 나를 그리워하는 것으로 믿는 일이 벌어진다. 설거지 도중 접시가 깨지면 오늘 일이 안 풀릴 것을 염려하듯이 우리 뇌는 스토리를 만드는 놀라운 능력을 지니고 있다. 우연의 일치에 지나치게 의미를 부여해서는 안 된다. 행복은 예측할 수 없을 때 더 크게 다가오고 불행은 예측할 수 없을 때 감당할 만하다. 월급날에 들어오는 월급보다 길에서 주운 5만 원이 더 큰 기쁨을 주는 것은 기대 차이에서 비롯된다. 오늘의 운세가 사라지는 날을 기대하면서 책상에 앉아 다리를 떨지 말아야 하는 건 책상이 흔들려 남에게 불편을 주기 때문이지 복이 나가는 건 아니다. 연인에게 신발 선물을 준다고 떠나지 않는다. 본래 연인은 다양한 이유로 떠난다. 술을 자작하면 애인이 생기고 옆 사람에게는 재수가 없는 것이 아니라 서로 권하면서 마시라는 뜻이다. 10명에게 전하지 않으면 재앙을 받는다는 행운의 편지를 받으면 찢어서 쓰레기통에 넣는 퍼포먼스를 해 보자. 잘못된 미신과 헛된 금기를 깨는 통쾌함을 맛보고, 불행이 찾아오면 어쩌나 하는 두려움을 줄여

비이성적인 미신에 우리 삶이 휘둘리지 않도록 하자.

　자연에는 신비와 경외의 대상이 아닌 것이 없다. 우주를 있는 그대로 받아들이고 두려워하거나, 존재하지도 않는 거짓 지식에 의존하여 헛된 위안을 얻으려는 하는 것은 세상과 정면 대결을 회피하려는 비겁함이다. 빛을 강조하기 위해 그림자를 외면할 필요도 없고, 그림자를 강조하기 위해 애써 빛을 지울 필요도 없다. 있는 것을 그대로 보는 것이 징크스를 없애는 출발점이다. 유학자가 어떤 위기가 닥쳤을 때 의례를 소홀히 한 탓으로 돌리는 것은 마치 병사들의 군기가 빠지면 군화에 광을 내지 않은 탓으로 돌리는 것과 같다.

3-2화 1마일 4분

1인치는 엄지 손마디 길이 2.54cm

1피트는 사람 발바닥 길이 30.48cm

1야드는 남자 한 팔의 길이 91.4cm

1마일은 로마 병사의 천 걸음 1.6km

1마일을 4분 안에 주파하려면 100m를 15초 내로 주파해야 한다.

1마일을 4분에 주파할 경우 인간의 물리적 한계로 뼈가 부러지고 심장이 파열한다는 연구가 나왔다. 육상경기가 탄생한 이래 수많은 사람의 도전 끝에 1954년 1월 '1마일 4분'은 신이 정한 한계로 4분대 주파는 불가능하다는 포기 선언이 나왔다.

그런데, 그해 5월 최초로 '마의 4분' 벽을 영국의 '로저 베니스터'가 3분 59.4초로 인간의 한계를 무너뜨린 기적이 일어났다. '심리적 장벽'이 무너지자 불과 두 달 뒤에 10명이 4분 이내 기록을 달성하더니 1년 후에는 27명이, 2년 뒤에는 300명으로 늘어났다. 1993년 모로코 히참 선수가 3분 43초로 17초나 단축했다.

경험하나에 지혜하나

왜 이토록 많은 사람이 해냈을까?

뇌는 가능하다고 생각하면 가능 지도를 그린다.

베니스터는 상식을 거슬러 가능 지도를 그렸다.

로저 베니스터 경은 '여러분이 꿈을 이루면 그것은 또 누군가의 꿈이 된다. 결코 외롭지 않는 물결로 만나게 될 것이다.' 아무나 하는 것은 누구나 할 수 있다. 하지만 처음이 어려운 것이다. 그 후에는 아무나 하는 일일 뿐이다. 그는 2018년 3월 88세로 사망했다.

에베레스트산은 1852년에 발견한 이래 100년 동안 수많은 도전에도 난공불락이었지만 '힐러리'의 첫 등정 이후 지금은 한 해 500명이 등반하는 동네 뒷산이 되었다. 힐러리는 '내가 정복한 것은 산이 아니라 -나 자신-이었다'는 명언을 남겼다.

3-3화 책은 밥이다

　누구나 그 중요성을 잘 알면서 실천하지 않는 것이 책을 읽는 것이다. 밥을 먹어야 몸이 건강하듯이 책을 읽어야 정신이 건강해진다. 교장실 앞에서 가꾸는 도움반 텃밭은 끝없는 잡초와의 전쟁이다. 그대로 방치를 하면 상추와 잡초가 구분이 안 된다. 사람의 마음도 한시라도 다듬지 않으면 사악한 마음이 생긴다. 독서는 마음의 양식이라 입에 거품을 물고 강조를 해도 소귀에 경 읽기다. 통계에 의하면 1인당 연평균 330잔의 커피와 120병의 맥주, 90병의 소주, 하루 3~4시간을 스마트폰으로 시간을 보내도 일 년에 책 한 권 안 보는 사람들로 수두룩하다. 우리나라는 독서의 부익부 빈익빈 국가로 연평균 독서량이 1인당 9.7권으로 세계 10위권을 유지하고 있지만, 스마트폰의 영향으로 해마다 줄어들고 있다. 책을 읽어서 잘 사는 것인지, 잘 살아서 책을 보는 것인지 모르나 독서량과 경제 순위는 신기하게도 일치한다. 독서광 세종은 아파도 책을 놓지 않자 태종이 크게 꾸짖고 모조리 압수했지만, 병풍 뒤에 미처 회수하지 못한 책 〈구소서간〉[11]을 1,100번이나 읽

---

11) 송나라 명문장가 구양수와 소동파가 주고받은 편지글 모음

경험하나에 지혜하나

었다는 세종대왕이나, 독서 습관이 하버드 졸업장보다 낫다는 빌게이츠나, 백이전(伯夷傳)을 1만 3,000번이나 읽었다는 백곡 김득신은 별종들인 셈이다. 인생에서 나를 바꾸는 기적으로 독서만 한 것이 없고, 책 한 권에서 발견한 하나의 생각이 나를 송두리째 바꾼다는 데도 말이다. 대한민국 엄친아 하면 27살에 카이스트 교수가 된 정재승 교수를 꼽는다. 인문학은 물론, 음악이면 음악, 영화면 영화 모르는 것이 없다. 사소한 것까지 언제 그렇게 많은 지식을 쌓았을까 궁금하다. 그는 엄친아의 비결을 묻는 질문에 '술, 담배, 골프 안 하면 돼요. 방학 때마다 도서관 책을 몽땅 다 읽으려고 도서관에서 살았죠. 벅찬 경이로움과 깨달음을 주체하지 못해 다른 사람과 나누고 싶어서 책을 쓰는 거죠'라며 웃는다.

대개 독서라고 하면 두꺼운 책이나 장편 소설만 생각하는데 신문의 짧은 칼럼이나 일상적이고 평범한 이야기를 다룬 수필을 읽는 것도 훌륭한 독서다. 더 나아가 사람들과 만나 대화를 나누고 삶의 이야기를 듣는 것 역시 독서의 확장이지 않을까하는 생각이다. 독서는 최상의 지혜를 얻어 시행착오나 실패를 줄이는 지름길이다. 몇 년을 방황하며 괴로워했던 것이 책 한 권, 글 한 줄에 의해 말끔히 해결되기도 한다. 시간이 없어 독서를 못 한다는 사람은 시간이 있어도 책을 안 볼 사람이다. 마치 돈이 없어 남을 돕지 못하는 사람은 돈이 있어도 남을 돕지 않는 사람과 마찬가지다. 꼭 돈이 있어야 봉사활동을 하는 것은 아니다. 가진 것이 없어도 사람을 편안하게 해주는 무외시(無畏施)[12]와 돈이 없어도 베풀 수 있는 무재칠시(無財七施)[13]도 있다.

　나는 책을 읽을 때 마음에 착 안기는 감동적인 글귀가 있으면 밑줄을 쳐두었다가 메모를 하면서 두 번 읽는다. 진정한 독서는 두세 번 읽을 때가 가장 감동적이다. 드라마광인 아내는 재방송을 볼 때가 더 감동적이라고 한다. 특히, '미스터 선샤인'이란 드라마는 봐도 봐도 새로운 사실을 알게 된다고 한다. 볼 때마다 감동을 주기 때문에 명화라고 생각한다. 성경이나 탈무드가 그런 책이 아닐까? 물론 책을 본다고 당장 바뀌지는 않는다. 책을 100권 읽으면 사고방식이 긍정적으로 바뀌고, 300권이면 세상일에 미혹됨이 없으며, 500권이면 어떤 말을 들어도 귀가 순해지고, 책 천 권이면 대학을 졸업한 것과 같고, 만 권을 읽으면 신이 된다고 한다. 타임지 선정 19C 최고의 인물로 평가받는 에디슨은 지진아로 초등학교를 중퇴하고 어머니의 권유로 도서관에서 살았다. 기록상 2만 권을 읽었다니 대학을 스무 곳이나 졸업한 셈이다. 현대그룹의 창업자 정주영도 학력이 초졸 이지만, 그는 늘 '신문대학을 나왔소'라고 입버릇처럼 '대졸'임을 자랑했다. 나는 새벽에 1~2시간 책을 보는 아침형 인간이다. 술로 의미 없는 시간을 보내며, 하기 싫은 말이나 남들 비위를 맞추는 것보다 차라리 앉아서 천 리를 볼 수 있는 책 읽기를 즐기는 편이 훨씬 낫다. 독서의 즐거움을 알기 전과 후는 천양지차다. 어떤 이는 새벽기도를, 요가를, 아침 운동으로 삶의 의미를 찾는

---

12) 남을 해치지 않고 두려워하는 마음이 없게 하여 평안하게 해주는 것
13) 돈이 없어도 베풀 수 있는 7가지. 부드러운 얼굴로 남을 대하고, 말을 하는 것 등이다.

　　　　　　　　　경험하나에 지혜하나

다. 아침에는 책에서, 낮에는 사람에게 배울 수 있어서 행복하다. 인간의 역사는 앞으로 진보만은 하지 않는다. 역사에 공백이 없듯이 이 골목 저 골목을 기웃거리다 발전을 하기도 하지만 제자리를 맴돌다가 후퇴하기도 한다.

시시포스의 형벌

　제우스의 아들 '탄탈로스'는 신의 비밀을 누설한 죄로 노여움을 받아 지옥의 탄타로스 연못에 갇히는 형벌을 받게 되었다. 탄탈로스는 갈증과 배고픔으로 시달렸다. 갈증으로 연못물을 마시려고 고개를 숙이면 물은 말라버리고, 배고픔으로 나무의 과일을 따려고 손을 뻗으면 나뭇가지는 위로 올라가 버린다. 영어의 tantalize(애타게 해서 괴롭히다)의 유래다. 쇠똥구리가 애면글면 헐떡거리며 쇠똥을 밀어 올리다가 쇠똥이 미끄러지지는 바람에 다시 내려가기를 반복하는 시시포스의 형벌처럼 우리는 언제나 원점으로 되돌아오는 덧없는 일을 하면서 살아간다. 돈 벌기 위해 건강을 잃고, 건강 되찾기 위해 돈을 잃고, 미래를 염려하느라 현재도 미래도 놓치는 꼴이다. 고요히 독서를 하면 세상일에 휘둘리지 않아도 된다. 피곤한 사람을 만나 시간을 허비하지 않아도 된다. 무슨 말을 할까 신경 쓰지 않아도 되고, 하고 싶지 않은 말로 시간을 허비하지 않아도 된다. 항상 똑똑하고(?) 주관이 뚜렷한 한 선배가 있다. 골프를 치다가 적성에 맞지 않는다고 수영을 한다는 소문을 들었는데 지난번에 만났을 때는 탁구를 시작했단다. 그리고 한참 뒤에는 사물놀이에 푹 빠졌다고 자랑한다. 의미를 찾으러 이곳저곳을 기웃거리는 모습이 탄탈로스와 다르게 보이지 않았다. 우리는 세계평화를 위해서는 책 몇 권을 쓰고도 남지만, 가족의 평화를 위해서는 글 몇 줄도 쓸 것이 없이 살아간다. 남을 위한 삶도 아니면서, 이 일 저 일로 세월을 낭비하고 있지는 않은지.

독서로 천년을 산다

독서로 오래 사는 방법이 있다. 남들이 10년을 준비해서 쓴 책을 사흘 만에 읽으면 10년을 더 사는 것이다. 백 년의 가치를 지닌 고전을 읽으면 우리는 충분히 천년을 살 수 있다. 인간이 만든 가장 경이롭고 값진 발명품이 바로 책이다. 자기 몸의 200배까지 점프하는 벼룩을 유리병 속에 넣고 마개를 막으면 처음에는 미친 듯이 점프하지만, 시간이 흘러 나중에 병 밖에 내어놓아도 벼룩은 놀랍게도 병 높이만큼만 점프한다고 한다. 사람들은 대부분 자기 능력을 과소평가한다. 마개가 열려 있는데도 유리병 높이까지만 점프하는 벼룩처럼 자기 능력을 잃어버리고 산다. 인문학을 만나면 다시 뛸 수 있다.

사람들이 잘 모르는 노화 치료제가 있다. 그것은 배움이다. 러시아 속담에 '혼자 있을 땐 독서를, 둘이면 토론을, 셋이면 노래를 부르라'는 말이 있다. 나이를 앞서서 미리 사는 방법이 책 속에 있다. 남들이 애써 얻은 지혜를 단돈 2만 원으로 가질 수 있으니 이런 로또가 어디 있나. 공들인 애인은 뒤통수를 칠 수 있지만, 책은 우리를 배신하지 않는

경험하나에 지혜하나

다. 책의 노예는 책 내용대로 사는 사람이다. 책의 주인은 책의 내용을 뛰어넘어 실천하는 사람이다.

기적의 25분 독서법

사람은 대개 1분에 400자 내외의 문자를 읽는다. 하루 25분이면 만 자를 읽을 수 있고 1년이면 365만 자를 읽는다. 책 한 권이 대개 8만 자로 이루어져 있으니까 늘 옆에 책을 두고 사는 습관만 들인다면 1년에 45권의 책을 읽을 수 있다. 인생에서 나를 바꾸는 기적으로 독서만 한 것이 없고, 책에서 발견한 하나의 생각이 나를 통째로 바꾼다는 데도 책을 읽지 않는다. 나는 매일 밤 10시까지 일을 하는 부서에서 근무한 적이 있었다. 밤늦은 귀가로 책을 본다는 것은 생각할 수 없는 일이지만, 독서는 시간의 문제가 아니라 마음의 문제임을 알았다. 50분 거리의 출퇴근 지하철은 아주 훌륭한 독서 시간이자 공간이었다. 하루 25분의 시간을 낼 수 없다는 것은 핑계에 지나지 않는다. 젊어서 나처럼 책 읽기를 싫어한 사람도 없었을 것이다. 책이라고는 교과서의 문학작품이 전부였으니까. 책다운 책은 1993년에 나온 김진명의 '무궁화 꽃이 피었습니다'를 단숨에 읽은 것 외에는 별로 기억이 없다. 굳이 나의 치부를 드러내는 것은 지금은 누구 못지않게 책 읽는 즐거움을 알기 때문이다. 그래서 책 안 보는 사람의 마음을 누구보다 더 잘 알고, 책 보는 사람의 심리를 누구보다 잘 안다. 책에도 '북가즘'이란 것이 있다. 운동을 하면서 나오는 희열과 같은 것이다.

무슨 책을 읽을까

무슨 책을 읽을까 고민하는 사람들이 많다. 한해 신간 도서가 4만 권씩 쏟아져 나온다니 다 읽을 수는 없다. 어떤 책을 읽느냐가 중요하다. 100권의 책을 본다면 70여 권은 재미없는 책이다. 우선 초보라면 남들이 많이 보는 베스트셀러를 추천한다. 실패하지 않는다. 읽다 보면 고구마 줄기처럼 책 속에 책을 소개한다. 그리고 자기가 관심 있는 분야의 책을 선택하면 된다. 부자가 목표라면 경제 관련 서적을, 상식이 부족하면 상식 관련 책을 집중해서 읽으면 된다.

사람마다 취향이 다르지만 흔들리는 마음을 잡아주었던 책 몇 권을 추천하고자 한다. 첫째, 종교문제로 갈등하는 사람은 나카자와 신이치의 〈카이에 소바주〉시리즈 5권을 추천한다. 시간이 없다면 〈신의 발명〉이란 책을 꼭 읽어보길 바란다. 종교문제로 갈등을 겪는 사람에게 길잡이가 될 것이다. 두 번째는 유발하라리의 〈사피엔스〉와 〈호모데우스〉를 추천한다. 우리가 어디서 왔으며 어디로 가야 하는지 방향을 제시해주는 지침서이다. 세 번째는 최진석의 〈생각하는 힘, 노자 인문학〉과 정용선의 〈장자, 마음을 열어주는 위대한 우화〉를 읽으면 한 가지만 고집하지 않고, 나와 남, 시(是)와 비(非)에 대한 구별이 없어지는 도(道)를 만나게 된다. 네 번째는 신영복 선생이 쓴 11권의 책이다. 이 책만 다 읽어도 달리 철학 공부가 필요 없을 정도다. 〈담론〉, 〈강의〉, 〈감옥으로부터의 사색〉, 번역서 〈역사 속에서 걸어 나온 사람들〉 중 '산월기'는(4-8화 요약본 참조) 일본고등학교 교과서에 60년간 실린 내용으로 압권이다. 그리고 〈신영복 평전〉을 읽어보길 바란다. 신영복의 글 덕분에 나의 독서지평이 넓혀졌다고 해도 과언이 아니다. 다섯 번째는 직업이 없어 책만 읽었다는 유시민의 글 솜씨를 흠뻑 느낄 수 있는 〈어떻게 살 것인가〉, 〈청춘의 독서〉로 진보와 보수에 대한 넓은 안목을 넓혀 시류에 휩쓸리지 않는 안목을 기르기 바란다. 여섯 번째는 역사를 모르는 민족은 미래가 없다고 하는 윈스턴 처칠 선생의 말처럼 설민석의 〈조선왕조실록〉과 KBS의 〈그날 2〉을 추천한다. 그 외 문유석의 〈개인주의자 선언〉, 아빈저 연구소의 〈상자 밖에 있는 사람〉을 추천한다. 모두 서른 권이 넘지만, 흔들리는 나를 붙잡아주는 책들이다. 일본 독자 대상 '천 년 동안 가장 인기 있는 문학가' 부동의 1위 자리를 지키며, 일본 1,000엔 화폐에도 등장하는 '나쓰메 소우세끼'의 대표작 〈나는 고양이로소이다〉는 고양이의 시각에서 인간 세상을 신랄하게 비판하는 책이다. '인간이란 시간을 보내기 위해 애써 입을 움직이고, 재미도 있지 않은 일에 웃고, 시답잖은 일에 기뻐하는 재주밖에 없는 존재'라고 풍자한 대목이 마음에 울림을 준다.

3-4화 목계(木鷄)

싸움닭 훈련을 잘 시키기로 소문난 '기성자'란 사람이 왕의 명을 받고 싸움닭을 훈련시키게 되었다.

열흘이 지나 왕이 '잘 되어 가는가?' 물었다.
'아직 멀었습니다. 조급함으로 상대 닭의 울음소리나 그림자에 쉽게 달려들어 태산 같은 진중함이 없습니다.'

다시 열흘이 지나 왕이 '어떻게 되어 가는가?' 물었다.
'아직 멀었습니다. 조급함은 버렸으나 아직 눈매가 공격적이라 상대를 제압할 수 없어 훈련을 더 받아야 합니다.'

또 다시 열흘이 지나 왕이 "다 되어 가는가?" 물었다.
'이제 눈매는 부드러워졌으나 여전히 교만하게 뽐내며 지지 않으려는 태도가 가시지 않았습니다.'

경험하나에 지혜하나

40일이 지난 후 왕이 '다 되었느냐?' 물었다.

'거의 되었습니다. 상대 닭이 아무리 소리 지르고 덤벼도 동요하지 않아 싸움닭으로서 덕을 갖추었습니다. 늠름하게 버티는 모습이 흡사 나무로 조각한 닭처럼 더 이상 반응이 없자 다른 닭들이 놀라 그냥 가 버렸습니다'라고 대답했다.

경지에 오른 사람은 허세를 부리지 않는다. 평정심을 잃지 않고, 하찮은 감정에 휘둘리지 않으며 목계처럼 그 자리에서 가만히 지켜보는 것이 나를 지키는 것이다. 조조의 적벽대전 패인이 자만심이었다. 실력을 드러내는 데만 주력하면 하수다. 자신을 낮추어 적을 교만하게 만드는 비이교지(卑而驕之)로 자만심을 멀리하고 겸손함을 갖춰야 고수의 품격이 빛난다.

3-5화 목우(木偶)

    조나라 도읍 한단 땅에 '기창[14]'이라는 사람이 살았다. 그는 천하에 제일가는 '궁시(弓矢)'의 명인이 될 뜻을 세우고 당대 최고 궁수인 '비위'의 문하에 들어갔다. 비위는 먼저 '눈을 깜박이지 않는 기술'을 익혀 오라고 했다. 기창은 집으로 돌아와 아내의 베틀 밑으로 들어가 눈앞을 빠르게 오가는 베틀을 보기 시작했다. 2년쯤 지나자 분주히 움직이는 베틀이 눈썹을 스쳐도 깜박이지 않게 되었다. 이제는 날카로운 송곳 끝이 눈꺼풀을 찌른다고 해도 눈을 깜박이지 않을 경지에 이르렀다. 잠을 잘 때도 눈은 휘둥그렇게 뜬 채로 자고, 눈썹과 눈썹 사이에 작은 거미가 집을 지어도 눈도 깜박하지 않았다. 그는 자신감을 얻어 스승에게 찾아갔더니 이번에는 '작은 것을 큰 것으로 볼 수 있는 경지'가 되면 다시 찾아오라고 했다. 집에 돌아온 기창은 속옷의 바늘땀에서 이(虱) 한 마리를 잡아 머리카락으로 남쪽 창에 매달아 놓고 뚫어지게 쳐다보기 시작했다. 일주일이 지나도 아무런 변화가 없더니, 열흘이 지나 저녁 무렵이 되자 벼룩만 한 크기로 보이기 시작했다. 이를 매

---

14) 나카지마 아츠시, 〈역사 속에서 걸어 나온 사람들〉

달아 둔 창밖의 풍경도 바뀌어 갔다. 어느덧 3년이라는 세월이 흘렀다. 문득 정신을 차리고 보니 창가의 이가 말처럼 크게 보였다. 기창은 자신의 눈을 의심했다. 사람이 거대한 탑으로, 말은 산처럼 보였다. 신이 난 기창은 멀리서 창가의 이를 향해 화살을 쏘았더니 화살은 기가 막히게 이의 심장을 꿰뚫었다. 기쁜 마음으로 스승을 찾아갔다. 이 소식을 들은 비위는 초연한 모습이었다. '과연 해 냈구나' 그 자리에서 궁술의 진수를 아낌없이 가르치기 시작했다. 비장의 기술을 전수하기 시작한 지 열흘쯤 지나자 기창은 1백 보 떨어져 있는 버드나무 잎을 백발백중으로 맞혔다. 스무날이 지나자 술잔을 팔뚝에 올려놓고 활을 당겨도 물이 미동조차 하지 않았다. 옆에서 지켜보던 스승 비위도 '훌륭하다' 외쳤다. 한 달 후 아내와 옥신각신 다툰 기창은 아내의 눈을 향해 활을 당겼다. 화살은 아내의 눈썹 세 가닥을 자르고 저편으로 날아갔다. 그러나 아내는 전혀 눈치 채지 못하고 잔소리를 계속해댄다. 과연 그의 화살의 속도와 정확도는 놀랄 만한 것이었다. 기창은 곰곰이 생각하기를, 이제 나를 필적할 사람은 스승밖에 없다. 천하제일의 명인이 되려면 어떻게든 스승을 제거해야겠다는 마음이 들었다. 때마침 인적이 드문 들판에 혼자 걸어오는 스승과 마주치자, 스승을 제거하기로 마음을 굳힌 기창은 활을 잡고 겨냥했다. 낌새를 알아챈 스승도 활을 잡고 응수했다. 두 사람이 쏜 화살은 한가운데에서 마주쳐 함께 땅에 떨어졌다. 화살에 먼지도 나지 않고 떨어지는 것은 두 사람의 기예가 신의 경지에 도달했기 때문이다. 스승의 화살이 다 떨어졌을 때 기창에게 아직 화살이 한 개 남아있었다. 이때라고 생각한 기창이 얼른 활을 쏘자, 비위는 순식간에 옆에 있는 찔레나무를 꺾어 그 가시로 활촉을 맞춰 땅에 떨어뜨렸다. 기창은 스승을 이길 수 없음을 알았고, 스승도 더 이상 기창에게 가르칠 것이 없음을 알았다. 이런 위험천만한 제자를 향해 '네가 이 길의 온오(蘊奧)[15]를 더 얻고자 하거든 곽산 정상에 사는 '감승'을 찾아가 보아라. 그는 고금을 통해 아직 본 적이 없는 궁술의 대가이다. 우리의 기(技)는 어린아이의 놀음에 불과하다. 네가 스승으로 삼을 분은 그분밖에 없다'고 말했다. 기창은 자기의 기(技)가 어린아이의 놀음에 불과하다는 말에 자존심이 크게 상해 얼른 감승과 겨루어 보고 싶은 마음에 스승과 인사도 제대로 나누지 않고 길을 떠났다. 절벽과 절벽 사이를 이어주는 잔도(棧道)를 건너 한 달쯤 지나 곽산 정상에 도착했다. 의기충천한 기창을 맞이한 사람은 눈이 양처럼 부드러운 늙은 백발의 노인이었다. 백세도 훨씬 넘어 보였다. 기창은 마침 하늘 높이 날아가는 철새 떼를 보고 활을 쏘니 새 다섯 마리가 푸른 하늘을 가르며 땅에 떨어졌다. '훌륭하구나' 노인은 온화한 미소를 머금고 말했다. '그대는 사지사(射之射)만 알고 불사지사(不射之射)[16]를 모르는 게로구나' 노인은 기창을 데리고 절벽 위로 올라갔다. 발밑은 문자 그대로 병풍처럼 깎아지른 기암절벽이었고, 그 밑으로 실같이 흐르는 시냇물은 보기만 해도 현기증이 났다. 감승은 깎아지른 낭떠러지 허공에

---

15) 학문이나 기술 등의 이치가 지극히 깊은 것
16) 불사지사(不射之射), 활을 쏘지 않고 맞히는 것

경험하나에 지혜하나

반쯤 비죽 튀어나온 기암 위로 저벅저벅 걸어 올라가서는 '어떤가? 여기 와서 조금 전에 보여준 기(技)를 다시 보여주지 않겠나?' 여기까지 와서 기창은 움츠릴 수 없었다. 기창이 기암 위로 한발을 올려놓자 암반이 약하게 흔들리는 것을 느꼈다. 애써 마음을 가라앉히고 시위를 당기려는 순간 절벽 끝에서 작은 돌 하나가 굴러 떨어졌다. 기창은 체면이고 뭐고 암반 위에 그만 납작 엎드리고 말았다. 다리가 후들후들 떨리고 식은땀이 등골을 타고 흘러내렸다. 노인은 웃으며 그를 내려오게 하고 기암 위로 올라가서 '사(射)를 보여주겠네.' 창백한 얼굴로 노인을 보니 맨손이었다. 감승이 웃으며 '활과 화살이 필요한 것은 사지사(射之射)라고 하네. 불사지사는 활과 화살이 필요 없는 것이라네.' 머리 위로 아득히 높은 하늘에 깨알만큼 작게 보이는 매 한 마리가 유유히 원을 그리며 날고 있는 것이 보였다. 이윽고 감승이 보이지 않는 활에 보이지 않는 화살을 메기고 시위를 만월 모양이 되기까지 당겨서 휭 하고 쏘았다. 이게 어찌된 일인가? 매는 날개 짓 하나 없이 공중에서 땅으로 떨어지는 것이 아닌가. 기창은 모골이 송연했다. 그제야 비로소 궁수의 심연을 보는듯한 심정이었다. (원래 중국은 과장이 심하다.^^)

그렇게 9년이란 세월이 흘렀다. 기창이 어떤 수업을 쌓았는지는 아무도 모른다. 하산했을 때 기창의 변한 얼굴을 보고 사람들은 놀랐다. 늘 남에게 지기 싫어하던 예전의 예리한 표정은 자취를 감추고, 표정이 없는 목우(木偶)[17]처럼 어수룩한 모습으로 변해 있었다. 오랜만에

---

17) 목우(木偶), 나무인형

옛 스승을 찾아갔더니 비위는 기창의 이런 모습에 감탄했다.

　한단 땅은 기창이 천하제일의 명인이 되어 돌아온다는 소식에 눈앞에 펼쳐질 신궁(神弓) 묘기에 대한 기대로 들끓었다. 그러나 기창은 기대와는 다른 모습으로 활을 손에 쥐려고도 하지 않았다. 입산할 때 가지고 들어간 활도 버리고 맨손으로 돌아왔다. 그 이유를 묻는 사람에게 기창은 '지위(至爲)는 행하지 않는 것이고, 지언(至言)은 말하지 않는 것이고, 지사(至射)는 쏘지 않는 것이다.'라는 알쏭달쏭한 말만 했다. 기창이 활에 손을 대지 않으면 않을수록 무적이라는 평판은 더 널리 알려졌다. 갖가지 소문이 입에서 입으로 전해졌다. 매일 밤 삼경이면 기창의 집 옥상에서 누군가 활시위 메기는 소리가 들린다는 둥, 명인에 깃든 사도(射道)의 신이 주인이 잠든 사이에 빠져나와 주인을 지키고 있다는 둥, 기창의 집 상공에는 구름을 탄 기창이 옛 명궁인 예[18]와 양유기[19] 두 사람을 상대로 활 솜씨를 겨루는 것을 봤다는 둥 도둑이 기창의 집에 몰래 들어가려고 한 발을 담에 올리자마자 한 줄기 살기가 새어 나와 얼굴을 스치는 바람에 도둑이 뒤로 나동그라졌다는 둥 해괴한 소문이 나돌았다. 도둑들은 기창의 집 사방 1km 이상 멀리 돌아다녔고, 새들도 그의 집 상공은 지나가지 않았다고 한다. 구름처럼 자욱한 명성 속에 명인 기창은 늙어갔다. 나중에는 숨을 쉬고 있는지조차 의심스러웠다. 노인이 된 기창은 만년에 나와 남의 구별, 옳은 것

---

18) 요제 때의 활의 명인
19) 초나라 때의 활의 명인

　　　　　　　경험하나에 지혜하나

과 그른 것에 대한 구별이 없어졌다. 기창은 스승 곁을 떠나온 지 40년
이 지나 연기처럼 조용히 세상을 떠났다. 그 40년 동안 기창은 사(射)
를 한 번도 입 밖에 낸 적이 없었다. 명인으로서의 참다운 면모를 한 번
쯤은 보여주고 싶은 마음이 굴뚝같았을 것이다. 다만 기창이 무위(無
爲)의 화(化)[20]를 했다는 묘한 이야기가 전해진다. 그가 죽기 1, 2년 전
의 일이었다. 어느 날 기창이 지인의 집에 초대받아 갔는데 그 집 주인
이 기창의 마음을 떠보려고 활을 보여주길래 기창은 '어디에 쓰는 물건
이오?' 묻자, 주인은 농담한다고 생각하고 빙그레 웃었다. 기창은 다시
물었다. 그래도 주인은 애매한 웃음을 지으며 그의 심중을 헤아리지
못했다. 기창이 재차 심각한 표정으로 같은 질문을 되풀이하자 비로소
주인의 얼굴에 경악의 그림자가 드리워졌다. 그는 기창의 눈을 뚫어지
게 바라보았다. 농담하는 것도 아니고, 자신이 잘못 들은 것도 아님을
확인하자 그는 거의 공포에 가까운 기색으로 당황해 말을 더듬으며 외
쳤다. '아아 선생님께서… 이럴 수도 있단 말인가?' 그 후 한단 땅에서
는 화가는 붓을 감추고, 악사는 비파의 현을 끊고, 장인은 줄과 자를 손
에 쥐는 것을 부끄러워했다고 전해진다.

---

20) 아무것도 하지 않음으로 사심을 품은 자들을 두려워하게 했다. 스스로의 덕망에
의해 백성을 교화시킨다는 뜻이다.

3-6화 찬물실험

2002년 노벨경제학상 수상자 '대니얼 카너먼'의 유명한 심리실험 '찬물 실험'으로 정점-결말의 법칙(the law of Peak-End)이 주목을 받았다.

실험 A: 14도의 물(약간 차고 불쾌한 자극)에 손을 1분간 담그게 했다.
…(7분 뒤에)…
실험 B: 14도의 물에 손을 1분간 담그게 한 후 물의 온도를 1도 높여 30초 간 더 담그게 했다.

시간을 알리지 않고 154명의 참가자 대상으로 실험이 끝나고 좋은 기억을 선택하라고 했더니 80%가 '실험 B'를 선택했다. 뇌가 기억하 는 것은 중요한 순간(불쾌한 자극)과 최종 결과(그다지 차지 않았다)만 을 기억한다. 끝이 좋으면 중간에 어떤 과정을 겪든지 간에 시간과 관 계없이 좋은 감정을 느낀다는 이야기다. 우리 안에는 경험하는 자아와 기억하는 자아가 있어 중요한 결정을 내릴 때는 기억하는 자아가 결정 한다고 한다.

경험하나에 지혜하나

소아과 의사가 주사 후에 사탕을 주어 아이를 달래는 것도 '정점-결말의 법칙'의 일종이다. 마지막 30초간의 즐거움이 지금까지 지속된 불안과 통증을 없애고 고통의 평균을 확 내렸다.

작년에 첫아기를 출산한 며느리가 블로그에 올린 글이다.

통증이 심해 정신 줄이 반쯤 놓인 상태로 병원에 실려 갔다. 배를 쥐어짜는 고통으로 '악'소리 나게 아팠지만 '옆집 아줌마도 다 겪은 일을 나라고 못 할쏘냐'라는 일념으로 견뎌냈다. 앞으로 다가올 일은 상상도 하지 못하고 수술대 위에서 병원이 떠나가라 소리를 질렀다. 간호사가 '소리 지르지 마세요! 아기한테 호흡이 안 가요!'라며 겁을 준다. 하지만 모성애고 뭐고 내가 죽겠는데 도저히 참을 수 없어 간호사 시선을 피해 고래고래 소리를 질렀다. 결국, 호흡이 딸려 산소호흡기가 착용 되었다. 세상의 엄마들이 존경스러웠다. 아기를 보는 순간 모든 것이 사라졌다. 신기하게도 그 고통이 이틀 뒤에는 다 잊혀졌다. 이제 한 달 되었는데 얼마나 아팠나? 기억도 나지 않는다. 출산과 육아의 고통보다 아기가 주는 행복이 더 크다.

두 달 뒤 블로그에 아기랑 셋이서 찍은 모래사장 사진이 올라왔다. '내년에는 여기 한 명 더 있으면 좋겠다.'라는 글을 보았다. 참으로 고통스러운 육아의 어려움을 견디는 힘은 그만큼 더 큰 기쁨을 주기 때문이다. 실제로 출산 마지막 순간에는 베타-엔돌핀이 분비되어 통증을 줄여주고 안도감을 불러일으켜 긍정적인 기억으로 바뀐다는 것이다.

대부분 여성의 출산 기억은 매우 긍정적이라는 실험 결과가 있다. 우리 속담에 '끝이 좋으면 다 좋다'라는 말이 있다. 우리 선조는 대니얼 카너먼처럼 실험 연구는 못 했지만 이미 알고 있었다. 인간은 뒤로 갈수록 좋은 것을 선호하는 심리가 내포되어 있다. 사람들이 일상의 경험을 영화처럼 기억한다. 인간의 기억은 맥락으로 기억된다는 연구 보고도 있지만, 기억은 시간의 순서에 따라 차곡차곡 쌓이는 게 아니라 스냅사진처럼 절정의 순간과 마무리 할 때의 느낌을 쌓아둔다. 이성과의 만남도 데이트 과정보다는 어떻게 헤어졌느냐에 따라 달리 기억된다. 우리가 느끼는 행복도 총량이 아닌 정점-결말의 기억이 아닐까 싶다.

사람의 뇌는 정보를 있는 그대로 받아들이지 않고 정점과 결말을 토대로 재구성하여 스토리를 만든다. 소풍 가는 날마다 비가 온다든지 대입 수능일 만 되면 춥다는데 실제로는 그렇지 않다. 옆 차선과 똑같은 속도로 가는데도 어쩐지 추월당한다는 느낌이 드는 것은 안 좋은 기억이나 불리한 상황을 선택적으로 기억하기 때문이다. 돈 만 원을 주운 기억은 금방 잊지만, 돈 만 원을 잃어버린 기억은 오래 기억한다. 이것이 정치와 관련되면 무서운 일이 일어날 수 있다. 인간은 미래의 이익보다 현재의 이익을 과대평가하는 현재 편향을 보인다.

3-7화 우공이산

공부에 싫증이 난 이백이 스승 몰래 하산하는 길에 도끼를 갈고 있는 노인을 만났다.

> 뭐 하세요?

> 도끼로 바늘을 만드는 중이오

> 그게 가능해요?

> 중간에 그만두지 않으면 가능하오

馬斧作針 (말 마 馬, 도끼부 斧, 만들 작 作, 바늘 침 針)

순간 이백은 자신의 공부가 부족함을 깨닫고 다시 산으로 발길을 돌려 공부를 계속해 당대 최고의 시인이 되었다. 초심불망 마부작침(初心不忘 磨斧作針)이다. 그는 시선(詩仙)이라 칭송을 받고, 살아서는 천재, 죽어서는 전설이 되었다. 좋은 약은 병에 담겨 있지 않고 좋은 말은 삶 속에 있다.

우공이산

중국의 북산에 우공이란 노인이 살고 있었다. 그가 사는 집이 높은 산으로 가로막혀 매번 돌아다니는 불편함으로 나이 아흔이 되어서 두 산을 옮기기로 마음을 먹었다. 집 앞의 험준한 북산을 깎아 평평하게 만들겠다고 하자, 부인이 '당신은 작은 언덕도 깎아 내지 못했는데 더군다나 흙과 돌은 어디다 버린단 말이오?' 나무라자, 우공은 '걱정 마시오. 발해의 끝으로 보내면 되오.' 우공은 자식을 데리고 흙을 파서 삼태기에 담아 발해의 끝으로 운반하기 시작했다. 그 모습을 지켜보던 마을 사람들이 '둘레가 700리나 되는 큰 산맥의 흙을 퍼 담아 발해까지 왕복하는 데 1년 걸리는데 참 어리석구나.' 망령이 났다고 비웃자, 우공이 탄식하며 '당신 생각이 참 막혀 있구려. 내가 죽으면 내 아들이, 내 아들이 죽으면 손자가 자자손손 대를 이어 산을 깎을 것인데, 산은 더 높아지지 않으니 어찌 가능하지 않겠소.' 이 말을 전해들은 산신령이 깜짝 놀라 산이 없어지면 있을 곳이 없어 옥황상제에게 읍소를 했다. 상제는 우공의 정성에 감동하여 두 산을 업어서 다른 곳으로 옮겨 우공의 집 앞에 있던 두 산은 없어지게 되었다.

인도의 우공이산

인도의 비하르 주 '가홀로우르' 마을은 수드라계 하층민이 사는 곳이다. 이곳에 '다스라트 만지'라는 사람이 아내와 아들과 살고 있었다. 하루는 부부가 산에 오르다 아내가 발을 헛디뎌 머리를 다쳤다. 응급상

경험하나에 지혜하나

황이지만 읍내 병원까지는 바위산이 막혀 80여km나 돌아가야 하므로 이러지도 저러지도 못하고 발만 동동 구르다 끝내 사랑하는 아내가 죽어가는 모습을 옆에서 지켜볼 수밖에 없었다. 그 마음이 얼마나 비통하겠는가? 그는 장례를 치르자마자 두 번 다시 이런 일이 일어나서는 안 된다고 생각하고 망치와 정을 들고 바위산에 올라 바위를 쪼개기 시작했다. 마을 사람들은 아내를 잃고 정신이 나갔다고 생각하여 아무도 도와주지 않았다. 만지는 틈틈이 남의 일을 해주며 밥을 얻어먹어 가면서 매일 바위산을 깨부수었다. 산을 부수기 시작하여 22년이 지난 1982년에 기적이 일어났다. 너비 2.3m에 이르는 터널이 뚫린 것이다. 80km나 돌아가는 길이 1km로 단축되었다. 그 덕분에 마을 사람들이 도회지로 훨씬 빨리 나갈 수 있게 되었다.[21] 인도 정부가 이 사실을 알게 되어 상금과 훈장을 주겠다고 했지만, 그는 '마땅히 해야 할 일을 한 것뿐'이라며 단호히 거절했다. 자신이 당한 내면의 깊은 상처를 사명으로 승화시킨 사람이었다. 기적은 사명에서 나오는 것임을 증명해 보였다. 많이 배운 사람도 아니요, 많이 가진 사람도 아니요, 좋은 신체조건을 가진 사람도 아니고 남 보기에 어리석은 시도로 보이지만 소처럼 느려도 그만두지 않고 끝까지 해냈기에 길 끝까지 닿을 수 있었다.

우리 자신에게도 내부를 짓누르는 높은 산들이 있다. 알을 부수고 나오는 새는 죽지 않는다. 알은 신의 세계이자 사탄의 세계다. 우리가 정상적인 인간이 되었을 때, 신은 우리를 축복해주며 또 다른 곳을 향해

---

21) 1999년 8월26일 한겨레신문

떠난다. 우리는 신을 만들고 신들과 싸운다. 故노무현의 아이디가 '노공이산(盧公移山)'이었다. 산을 보면 한 삽도 뜰 수 없다.

3-8화 말 잘하는 사람

　좌중을 거침없이 쥐락펴락하는 사람을 두고 우리는 '말 잘하는 사람'이라고 부러워하지만, 말의 본질은 상호소통이지 일방통행이 아니다. 청산유수처럼 말 잘하는 국회의원이 소통을 잘 하던가? 말을 잘하기 때문에 만나면 제 잘 났다 싸우기만 한다. 말 잘하는 사람은 자기 생각을 말로 표현을 잘하는 사람이다. 박찬호나 기성용 선수처럼 해외로 진출한 운동선수들은 감독이 질문할 때마다 그저 '죄송합니다. 잘못했습니다.' 만 반복했다. 잘못을 추궁한 것이 아니라 '그렇게 던진 정당한 이유'를 묻는 것임을 한참 후에 알았다고 한다. 자연스럽게 자신의 생각을 피력하고 코치와 팔짱을 낀 채 논쟁하는 선수들의 모습에서 문화적인 충격을 받았다고 한다. 2002년 히딩크 감독이 월드컵 4강 신화를 이루고, 2019년에는 U-20 월드컵에서 준우승했다. 이런 성과가 과연 체벌 문화에서 나올 수 있었겠는가. 이것은 실수에 대한 반성과 동기부여, 과학적인 분석과 소통이 만들어낸 결과이다. 물론 과거에는 체벌을 앞세우는 스파르타식으로 성과를 내기도 했지만, 결코 오래가지 못할 뿐만 아니라 바람직하지도 않다.

한 사람의 입에서 나온 말이 백 사람의 귀에 들어가 다시 만 사람의 입으로 전해진다. 농부는 잡초제거, 병충해 예방 등 몇 가지 책임만 다하고 자연에 맡긴다. 그 이상은 자연이 감당해 준다. 법정 스님은 갈등으로 힘들 때 3일만 입을 닫으면 심심해서 죽는다고 한다. 말 잘하는 방법은 평소에 많이 생각한 부분에 대하여 의견을 말하되 그 외에는 듣고 정리하여 생각이 정리된 부분만 자기 의견을 피력하는 것이다. 남들 앞에서 말하는 것은 참 두려운 일이다. 무슨 말을 어떻게 해야 할지 난감한 경우도 있다. 지금 생각하면 그냥 편하게 말만 전달하면 되는데 멋있게 하려고 하는 것이 두려움의 시작이다. TV 3개 채널에 고정 출연했던 기생충 박사 서민 교수는 말 토시 하나까지 대본에 의한다는 사실에 놀랐다고 한다. 유명강사도 대본과 연습 없이 스피치하지 않는다. 방송에 자주 출연하는 이계호 교수의 강의를 여러 번 직접 들은 적이 있다. 그때마다 느끼는 것은 마치 토시 하나 다르지 않게 녹화 방송을 보는 듯했다. 무대 공포증은 철저한 준비와 연습으로 극복될 수 있다. 중요한 것은 무대에 자주 서보되 콘텐츠가 중요하다.

귀곡자

힘과 승리만이 강조되던 춘추전국시대에 대화와 설득을 체계화한 인물이 〈귀곡자〉[22]이다. 그는 먼저 상대의 심리에 맞추어 신뢰를 얻어 친밀한 관계를 유지한 후 설득을 해야 한다고 했다. 그 원칙이 '패합(稗闔)'이다. 패(稗)는 '쪼개서 여는' 것이고, 합(闔)은 '빗장을 걸어 잠

그는' 것이다. 즉 열 때와 닫을 때, 말할 때와 침묵할 때를 적절하게 가려야 한다는 메시지이다. 아무리 생각이나 아이디어가 좋아도 서둘러 빨리 실행하면 오히려 갑론을박 혼선만 가져온다. 서둘러 발표하지 말고 물이 차오르면 저절로 배가 떠오르듯이 분위기가 무르익을 때까지 기다려야 한다. 자신이 가진 정보나 마음을 언제 열고 언제 닫을까 하는 것이 대화의 대원칙이다. 지혜로운 사람에게는 박학다식함을 드러내어 주고, 돈 많은 사람에게는 자신의 고상함을, 가난한 사람에게는 이득을 근거해 설명하고, 신분이 낮은 사람에게는 겸손한 태도로 설득하는 것이 원칙인데 사람들은 흔히 그 반대로 한다. 대화는 이기는 것보다 갖고 싶은 것을 얻는 것이 목적이다. 전략적 허세로 상대를 속이려는 허풍이나 벼랑 끝 전술로 목청을 높일 때는 슬쩍 가려운 부분을 긁어주고 제3의 대안을 제시하고 한번 말하고 두 번 듣고 세 번 맞장구치는 1-2-3의 법칙이 필요하다.

인디언의 침묵

   인디언은 서둘러 대화를 시작하는 것은 금물이라 생각한다. 만나면 침묵의 시간을 갖는 것을 예의로 안다. 말 이전에 생각이 먼저이기 때문이다. 아무리 중요한 질문도 성급하게 하는 법이 없다. 인디언들은

---

22) 귀곡자(鬼谷子)는 기원전 4세기 전국시대의 종횡가(縱橫家)의 사상가. 그의 사상을 담은 책을 《귀곡자》라 한다. 상대의 심리에 맞추어 그의 신임을 얻고 친밀한 관계를 유지해야 한다는 가르침과, 기회를 틈타 상대의 약점을 장악해서 그가 빠져나가지 못하도록 붙잡아 둬야 한다는 술수와 상대의 진심을 확인함으로써 책략을 세워야 한다는 내용이다. 대화와 설득을 종합적, 체계적으로 이론화한 책이라 할 수 있다.

바위, 나뭇잎, 풀, 실개천, 새와 짐승들처럼 침묵을 스승이라 여겼다. 법정 스님이 한번은 서울 부산 간 열차를 탔는데 열차는 연료의 힘이 아닌 뒷자리에 탄 여자의 '입심'으로 달리는 것 같다고 실토한 적이 있었다. 도착할 때까지 기차 연기처럼 한 번도 쉬지 않아 차라리 담배 연기가 낫다고 생각하여 그 뒤로는 금연석을 타지 않았다고 한다. 옆 사람을 배려하지 않고 쏟아내는 배설 같은 말은 사람을 피곤하게 만든다.

수사학

아리스토텔레스는 〈수사학〉에서 사람을 설득하는 데 신뢰나 호감의 '에토스'가 설득의 60%를 차지하고, 인간의 감정인 '파토스'는 설득의 30%를, 인간의 이성적인 논리인 '로고스'는 설득의 10%밖에 되지 않는다고 한다. 신뢰와 인격적인 호감을 얻은 후 감정에 호소하는 것이 설득의 90%를 차지한다. 아무리 논리적 근거를 가진 말이라도 도덕적으로 의심받으면 마음을 움직일 수 없다. 교묘한 말솜씨로 사람을 움직이는 기술을 '속임수'라 일갈한다.

3-9화 편리함의 댓가

경제학자 케인스는 1931년에 발표한 논문에서 '100년 후 우리 손자 세대의 생활수준은 8배로 높아질 것이며, 주당 근무 시간은 15시간으로 줄어들어 남아도는 여가를 어떻게 활용할지를 걱정하는 시대가 올 것이다.'라고 예상했지만, 거의 100년이 되어가는 지금, 생활수준은 8배로 향상되어 가지만, 여전히 주당 40시간 이상 일하면서 다음 달에 날아올 카드 대금 명세서를 걱정하며 밤잠을 설친다. 뼈 빠지게 일을 하고 별로 허투루 쓰지도 않았는데 늘 통장 잔고는 비어있고 빚만 산더미처럼 늘어난다. 가계부채는 통계를 내기 시작한 2009년 700조였던 가계부채가 10년 만에 1700조를 넘었다. 심각한 사회문제를 일으키는 주범으로 매년 신기록을 세운다. 끝이 어딘지 알 수 없다.

첫째 편리함의 댓가를 과대 지불하며 살아간다.

눈만 뜨면 쏟아져 나오는 물건들의 편리함에 소름이 끼친다. 우리는 손 한번 덜 뻗고, 클릭 한번 덜 하고, 발 한 발 덜 내딛는 댓가를 과대 지불한다. 편안하고 남부러운 시선을 받는 댓가를 얼마나 지불하는지 모른다. 비단 물질적인 것만 아니다. 정신적인 안정을 얻는 댓가도 매달 과대 지불하며 살아간다. 시골에 독신의 고모 한 분이 계신다. 독실한 기독교인으로 부양가족이 없어 조카인 내가 뒷바라지를 하고 있다. 매달 받는 70만 원의 연금도 그나마 절반 넘게 교회 헌금으로 바친다. 심리적 불안으로 삶이 흔들리는 것보다 깊은 신앙심으로 사는 모습이 고마울 따름이지만.

탈무드에 '아이에게 육체적 노동을 가르치지 않는다면 약탈을 가르치는 것과 같다'라는 말이 있다. 버릇이란 고약해서 남이 다 해주다 보면 자신의 능력을 접어둔 채 의존하려는 타성이 생긴다. 이러한 의식이 오늘날 세계 경제를 장악하는 유대인의 힘이다. '텃밭에 가면 염불이 필요 없다'는 말이 있다. 편한 것만이 능사가 아니며, 혼미한 정신을 우리 정신을 일깨우는 무소유의 한 구절만 잘 실행해도 카드 대금으로 밤잠을 설치지 않아도 된다. 삶의 고단함을 내적 성숙이 아닌 물질로 풀려고 하는 한 만족이란 없다. 나는 BMW족[23]이다. 걷는 것이 건강 유지의 최고 비결이다. 건강은 물론, 교통비 절약에, 땀이 살짝 나 기분까지 좋아지며, 당 수치를 낮추어주고, 거리의 나무와 사람 표정, 푸른 하늘도 올려다볼 수 있고, 걸으면서 쫓아버리지 못할 만큼의 무거운 고민도 없다. 게다가 책까지 볼 수 있다. 내 한 몸 편하게 하려고 그 무거운 차를 끌고 다니며 배기가스를 내뿜지 않아 자연환경도 지키고, 그 비용의 일부를 좋은 곳에 사용하니 아홉 마리의 토끼를 한꺼번에 잡는 셈이다. 아인슈타인은 '균형을 잡으려면 계속 움직여야 한다.'고

---

23) 버스(Bus)나 지하철(Metro) 그리고 걷기(Warking)라는 뜻

자전거를 타다가 상대성이론을 생각했다는 일화도 있다. 요즘의 카카오맵, 카카오택시는 친절하고 훌륭한 개인비서다. 2천CC급 이상의 자가용을 타는 사람은 믿기지 않지만 매달 차량 값을 포함하여 100만 원 이상의 교통비를 지불하고 있다는 통계도 있다.

둘째, 자본주의 기업의 '피싱' 때문이다.

세계인구의 2배를 먹여 살릴 수 있는 곡물 생산량에도, 한 해 8억 명이 영양실조나 기아로 사망하고, 버려지는 음식이 16억 톤이라고 한다. 대형마트 안에서는 살코기가 썩어가는 데도 그 콘크리트 벽 바로 옆에서는 하루 수백 명의 아이가 굶어 죽어가고 있다. '화폐' 없이는 어떤 물건도 가질 수 없고, 상품으로만 가치를 구현하는 자본주의의 구조적 한계 때문이다. 금은 세공사의 손을 거쳐 여자의 목에 미적인 기능을 다 할 때 비로소 가치를 지닌다. 소비를 통해 자금 순환이 되지 않으면 기업은 주저앉고, 기업이 도산하면 가정이 깨지고, 가정이 깨지면 도시나 나라가 도산한다. 물러설 대안이 없다. '절약이 미덕'이란 말이 자취를 감춘 지 오래다. 자급자족의 농경시대에나 걸맞은 캐치프레이즈다. 농경사회는 쌀 한 톨이라도 아껴야 하지만, 산업사회는 소비를 통해서 유지되는 사회다. 회초리의 힘으로 돌아가는 팽이처럼 우리 사회는 소비의 힘으로 지탱한다. 기업은 끝없이 신제품을 쏟아내고 소비자는 주머니가 텅텅 비는 줄도 모르고 따라다닌다. 만약 조선 시대 사람들이 살아 돌아온다면 인간이 신이 되었다고 감탄할 정도로 발전된 사회이지만 현대인의 삶은 늘 피곤하고 궁핍하기만 하다. 신발회사가 우리 삶을 편리하게 신제품을 개발한다고 생각한다면 큰 착각이다. 그들의 '돈벌이' 때문이다. 맛있는 먹을거리를 제공하는 빵집이나 푸줏간 주인은 자비심을 가진 고마운 사람이 아니라 그들의 '이익'을 위해 일하는 사람이다. 시장은 가만히 내버려 두면 약자에게 불리한 '기울어진 운동장'이 될 수밖에 없다. 개인의 비합리적이고 낭비적인 소비구조로 주머니가 텅텅 비어야 우리 사회가 유지된다. 데이터 사용 초과 시 요금폭탄을 맞는다든지, 탈모 치료가 늦어지면 대머리가 된다는 불안 마케팅에 현혹되어 많은 사람이 호갱(호구 고객)으로 전락한다.

셋째, 불편함이 금고를 가득 채운다.

남과 똑같이 쓰면서 내 지갑을 채울 수는 없다. 자동차와 핸드폰은 늘 남보다 늦게 구매하고, 심지어 축의금도 남들보다 적게 지출하다 보니 찌질이란 소리를 들으며 살았다. 경제에 관한 한 중요한 생활수칙은 수입범위 안에서 생활하는 것이다. 한 달에 200만 원을 벌면서 300만 원을 쓰면 곧 재앙이 닥치는 것은 불을 보듯 뻔하다. 불편하게 살수록 통장 잔고는 쌓인다. 나의 검소함에 늘 불만이던 아내가 친구 모임에서 '남편이 자랑스럽다.'라는 말에 보람을 느낀다. 수입범위 내에서 살아온 덕분이다. 단 한 번뿐인 '욜로 인생'이니 하면서 과소비를 부추기는 말에 편승하지 마라. 달리기 잘하는 사람은 다 아는 '두 배의 법칙'이 있다. 한 바퀴, 두 바퀴 일정한 궤도에 오르면 거리를 두 배로 확 늘릴 수 있다고 한다. 티슈도 한 장이면 족한데 2장을 습관적으로 뽑는다. 오히려 반만 해도 충분한 경우가 많다. 검소하게 살다 보면 두

배의 법칙이 생활 속에 늘 존재함을 발견하게 된다. 사물의 이치를 모르고 큰 부자가 될 수 있겠는가. 70년대 대전 만수원(현 건양대 의대) 땅을 사러 온 삼성의 이병철이 땅 주인에게 쫓겨났다는 일화는 유명하다. 그 당시는 배가 나오고 얼굴에 기름기가 자르르 흘러야 사장 축에 들었는데, 얼굴에 기름기도 없는 구부정한 노인이 운전기사도 없이 혼자 누추한 형색으로 왔으니 '이런 비싼 땅을 당신이 살 수 있겠느냐?' 문지기에게 문전박대를 당했다니 몸에 밴 그의 검소한 생활습관이 귀감이 되고 남는다.

3-10화 검소한 생활

    부자가 되는 방법은 남보다 돈을 많이 벌거나, 아니면 남들보다 적게 쓰거나 둘 중 하나지만 이도 저도 아니면 가진 것에 만족해야 한다. 남이 가진 것을 부러워하는 한 만족은 없다.

    우리나라는 물 부족국가로 분류되어 있지만, 물에 관한 한 물 쓰듯 함부로 쓴다. 사람의 생존에 필요한 물의 최저량이 하루 15L이라는데, 아프리카 평균이 15L이다. 그중 에티오피아는 5L이라니 얼마나 심각한지 짐작이 간다. 우리는 양치를 할 때 수도꼭지를 틀어놓고 10L의 물을 사용하고, 샤워하는 데 50L의 물을 쓴다고 한다. 통계에 의하면 우리나라 1인당 평균 물 사용량이 300L(2012년)에서 180L(2019년)로 중국 125L, 영국 150L, 독일 110L 등 아직도 선진국보다 많은 편이지만 물 소비에 대한 인식 변화로 많이 개선되고 있다. 빌게이츠 부인은 하루에 4시간씩 걸어서 물 긷는 아프리카 여인의 고통을 보고 남편의 동의를 얻어 전 재산의 71%인 203억 달러를 기부해서 '빌 앤 멜린다 게이츠재단'을 설립하여 에이즈, 후진국 경제개발, 기후변화에 헌신하고 있다. 부인의 아픔이 얼마나 컸는지 짐작이 간다. 환경운동가들은 샤워

경험하나에 지혜하나

도 자주 않는다고 한다. 사실 우리는 물만 물 쓰듯 하는 게 아니라 열정
도 물 쓰듯 허비한다. 힘든 경쟁을 뚫기 위해 해외 유학이나 높은 학벌
경쟁이 과열되면 파멸의 길에 이르게 한다.

근검

다산 정약용 선생은 18년 유배 생활로 물려줄 재산이 없어 결혼하는
아들에게 '내가 너희에게 유산으로 남겨 줄 재산이 없다. 다만 부지런
하고 검소하게 사는 근검〈勤儉〉이란 두 글자를 유산으로 남긴다. 이
것만 잘 실천하면, 논 200마지기보다 낫다'라고 하피첩[24]에 적어서 보
냈다고 한다. 비록 200년 전의 이야기지만 오늘날에도 변치 않는 진리
이다.

석유가 가장 많은 사우디 속담에 '아버지는 낙타를, 나는 자동차를,
아들은 비행기를 타고 다니지만, 손자는 다시 낙타를 타고 다닐 것이
다.'라는 말이 있다. 부지런함과 검소함은 값으로 매길 수 없는 보배다.

무일 사상

나는 '무일(無逸)'을 아호로 사용한다. 아내가 무일은 '일이 없다는 뜻
같은데 뭐가 좋으냐'고 핀잔을 주다가 TV에 문무일 전검찰총장의 이름
이 나오자 머쓱해진 경험도 있다. 나는 무일이란 아호를 쓰면서 부지

---

24) 하피(霞帔)란 신부가 입던 예복이지만, 직역하면 '노을빛 치마'란 뜻이다. 정약용
부인 홍씨의 치마를 비유한 말이다.

런해졌다. 이름이 중요한 역할을 한다. 〈서경〉에 나오는 무일 사상은 공자가 이상향으로 여기는 주나라의 역사 경험을 총괄한 것이라 그 함의를 여기서 다 설명할 수는 없지만, 노동의 어려움을 먼저 알아야 한다는 말이다. 생산 노동과 일하는 사람의 고통을 체험하고 그 어려움을 깨달아야 한다. '때론 먼 길을 돌아가며, 안일하게 살지 말고, 불편함으로 우리 정신을 깨어있게 하는 깨달음'이라 할 수 있다. 살아가는 것은 곧 상처를 받는 것이고 불편하게 사는 것이 성찰이다. 편안함을 포기하는 크기만큼 성공의 크기도 달라진다. 쾌락적인 생활은 사람의 마음을 둔하게 만든다. 살면서 두 가지만 싫어한다면 이 세상으로부터 자유로울 수 있다. 안락과 허영심이다. 노동은 세 가지의 큰 악을 제거한다. 지루함, 부도덕, 그리고 가난이다. 이 무일 사상은 주나라 시대의 정서에 그치는 것이 아니라 중국 문화와 중국 사상의의 저변에 두터운 지층으로 자리잡고 있는 정서이기도 하다. 1950년대와 70년대의 하방운동(下放運動)의 사상적 근거도 무일 사상에 기원을 두고 있다.

자공과 물 긷는 노인

자공이 초나라에서 한 노인을 만났다. 우물물로 밭에 물을 주는 노인을 딱하게 여긴 자공이 지금의 펌프와 같은 '용두레'라는 기계를 소개하며, 적은 노력으로 큰 효과를 볼 수 있다고 설명을 덧붙인다. 이 말을 들은 노인은 '기계라는 것은 반드시 기계로서 기능이 있게 마련이네. 기계의 기능이 있는 한 반드시 효율을 생각하게 되고(機心), 효율을 생

경험하나에 지혜하나

각하는 마음이 자리 잡으면 본성을 보전할 수 없다(純白不備). 본성을 보전하지 못하면 생명이 자리를 잃고(神生不定), 생명이 자리를 잃으면 도(道)가 깃들지 못하는 법이다. 내가 기계를 알지 못해서가 아니라 부끄러워 기계를 사용하지 않을 뿐이네'라고 말했다.

3-11화 세살 먹은 아이도 다 알지만

백낙천[25]이 당대 유명한 스님 조각선사에게 물었다.

> 수행을 잘하려면
> 어떻게 해야 하나요?

> 나쁜 일을 하지 말고
> 착한 일만 하여라

> (실망하여)아니 그것은 세 살 먹
> 은 아이도 다 아는 말 아닙니까?

> 세 살 먹은 아이도 다 알지만
> 백 살 먹은 노인도 실천하기
> 어려운 일이니라.

참 지식은 실천이다.

---

25) 백거이(772~846), 자는 낙천(樂天), 취음(醉吟)이라고도 한다. 당 현종과 양귀비의
사랑을 노래한 장한가(長恨歌)가 있다.

경험하나에 지혜하나

3-12화 바다는 메울 수 있어도

원나라를 물리치고 명나라를 창건한 주원장이 그의 부인 마황후와 개국공신 상우춘을 불러 축하연을 베푸는 자리에서 '우리 셋은 인생의 뜻하는 바를 모두 이루었소, 또 무슨 욕망이 있겠소? 있다면 말해보시오. 만약 그것이 사실이라면 뜰 앞에 서 있는 저 뽕나무가 흔들릴 것이요'라고 말하자,

정승 상우춘이 머뭇거리며 '제가 정승의 자리에 오르긴 했어도 실은 저도 황제의 자리에 오르고 싶다'라고 하자 뽕나무가 흔들렸다.

이어 부인 마황후도 '저도 문무백관 중에서 미남자의 품에 안겨보고 싶다'라고 하자 뽕나무가 역시 흔들렸다.

주원장은 고개를 끄덕이며 '실은 나도 재물을 가져다주는 신하가 제일 좋소'라고 하자, 뽕나무가 세 번 흔들렸다.[26] 인간은 누구나 권력욕, 성욕, 재물욕으로부터 자유롭지 못하다. 하지만, 이 세 사람은 '당대의 충신', '현숙한 황후', '검소한 황제'으로 소문난 사람이다. 모든 일은 욕

---

26) 명나라를 창건한 주원장의 고사 '모든 일은 욕망을 절제하지 못한 결과로 일어난다'는 '상삼요'(桑三搖)에서 유래.

망을 절제하지 못한 결과로 일어난다. 채워지지 않는 인간의 욕심을 경계하고 '욕망의 포로'가 되지 않도록 성찰의 필요성을 강조한 것이다. 생물학적 본능인 성욕을 용인하는 쪽이 아니라 그 위험성을 통제하기 위한 정교한 장치들을 마련하는 방향으로 나아가야 한다. 보편적 가치와 개인의 욕망이 서로 충돌할 경우 누구나 개인의 욕망을 따른다.

인생의 비극 중 하나가 중년 망신이다. 대통령 후보 1순위에서 나락으로 추락한 충남도지사의 교훈에도 불구하고 불과 1년 뒤, 서울대를 졸업하고 행정고시로 요직을 두루 거쳐 장관, 대학 총장, 정무부시장을 지내고 4수 끝에 시장에 당선되어 평생 힘들게 키워온 명예나 재산을 단 5분 만에 물거품으로 만든 부산시장의 사례를 보면 인간의 우둔함은 지금도 끝이 없다. 그리고 불과 3개월 뒤에 대한민국 선출직 넘버 2인 박원순 서울시장도 성추행 의혹을 남기고 떠났다. 그는 '서울대 우조교 성희롱 사건'을 변호하여 한국 최초 성희롱 소송판결을 이끈 여성권익 신장 공로로 98년 '올해의 여성 운동상'을 받았지만 결국 그 청렴한 이미지가 되레 올가미가 되어 자기 발목을 잡는 과유자승(過猶自繩)[27]이 되었다. 미투 운동이 한창이던 시절 작가 이외수는 〈단풍〉이란 글을 발표해 비난과 주목을 동시에 받았다. '단풍 저년이 아무리 예쁘게 단장을 하고, 치맛자락을 살랑거리며, 화냥기를 드러내 보여도 절대로 거들떠도 보지마라. 저년이 떠난 뒤에는 너만 외로움에 절어 술독에 빠진 몰골로 살아가게 될 것이다.' 그리스인 조르바는 '여자를

---

27) 지나친 말이 자신의 목에 올가미를 건다는 의미이다.

경험하나에 지혜하나

조심하라. 여자의 어디를 만지든 그건 악마의 뿔'이라 했다.

얼마나 많은 땅이 필요 한가?

평생소원이 남처럼 내 땅을 갖고 마음껏 농사를 지어보고 싶어 하는 '파흄[28]'이란 농부에게 한 귀족이 물었다.

'네 소원이 무엇이냐?'

'남들처럼 내 땅에서 마음껏 농사를 지어보는 것이 평생소원입니다'

'그래, 얼마나 많은 땅을 원하느냐?'

'아침에 해가 뜰 때 출발해서 해지기 전까지 밟고 돌아올 수 있는 땅이면 원이 없겠습니다.'

'그럼, 내일 아침에 저 언덕 위에서 만나자. 네 소원을 들어주마.'

농부는 무척 흥분했다. 내일이면 지주가 된다는 생각에 밤을 지새웠다. 드디어 해가 밝아 언덕에서 기다리는 귀족을 만났다. '해지기 전에 돌아와야 하네.' 말이 끝나기가 무섭게 농부는 뛰고 또 뛰었다. '어차피 내일이면 이 좋은 땅이 내 땅이 될 텐데, 점심 먹을 시간이 어디 있어?, 한 발자국이라도 더 달려야지' 하면서 도시락도 내던졌다. 그날따라 해가 빨리 진다고 느꼈다. 태양이 벌써 서쪽으로 기울어져 가자 농부는 죽을힘을 다해 언덕에 기어오르면서 '아직 해가 조금 남았다'라고 말하고는 그 자리에 털썩 쓰러졌다. 그것을 본 귀족은 '그래, 모두 자네의 땅이 되었네.' 그러나 한참을 기다려도 농부는 일어나지 않았다. '여보

---

28) 톨스토이 우화 〈가난한 사람들〉

게! 빨리 일어나야지' 어깨를 쳤더니 농부는 이미 숨을 거둔 뒤였다. 귀족은 사람을 불러 땅에 묻어 주라고 하면서 '이 사람아. 사람은 여섯 자 땅에 묻히면 그만일세, 공연히 애만 태우다가 죽었구나.' 개미구멍 하나에 쌀 한 가마니가 나온다는 말이 있다. 바다는 메울 수 있어도 사람의 욕심은 메울 수 없다. 인간은 살기 위해 죽도록 고생하고 죽음 때문에 삶을 망치며 삶 때문에 죽음을 망친다.

왕사성 가는 길

사위성에 사는 사람이 부처에게 물었다.

'모든 사람이 수행을 하면 괴로움에서 벗어날 수 있소?'

'모든 사람이 수행을 하면 다 되는 것은 별개의 문제이다'

'무슨 뜻이신지요?'

'자네는 사위성에 살기 전에 어디에서 살았나?'

'왕사성에서 살았소'

'그럼 사위성에서 왕사성 가는 길을 잘 알겠네?'

'잘 알다마다요, 눈감고도 오가는 길인데요'

'그럼 왕사성 가는 길도 설명을 잘할 수 있겠네?'

'설명할 수 있다마다요'

'그럼, 자네가 설명하면 모두 왕사성에 도착할 수 있겠네'

'물론 그렇지는 않아요'

'왜 그렇지?'

경험하나에 지혜하나

'제가 알려준 대로 가는 사람은 잘 도착하겠지만, 알려준 대로 가지 않고 엉뚱한 곳으로 가는 사람은 도착하지 못하지요'

부처는 조용히 '나의 가르침도 그와 같으니라.'

3-13화 양심적인 사람이 가장 강하다

스스로 양심 없다는 사람을 본 적이 없으니 세상에서 가장 공정하게 나누어진 것이 양심이란 생각이다. 도둑놈조차 훔쳐 온 물건이 없어지면 '우리 중에 양심 없는 놈이 있다'라고 할 정도이다. 양심으로 움직이는 사회가 바람직하다. 형(刑)으로 다스리면 벌을 면하려고만 할 뿐 부끄러움이 없다. 타인의 부정이 자신의 부정을 합리화하는 계기가 되고, '추락'에 대한 연민보다 '쌤통'이다. 양심은 우리 사회를 지탱하는 센서와 같은 역할을 한다. 양심은 부끄러움에서 온다. 윤동주 시인이 잎새에 이는 바람에도 괴로워한 것이 바로 양심 때문이었다. 우리를 버티게 하는 힘은 양심에서 나온다. 가장 강한 사람은 양심적인 사람이고, 가장 행복은 사람은 가진 것에 만족하는 사람이며, 가장 평온한 사람은 자신의 유능함을 적게 드러내려는 사람이다.

고염무[29]는 '천하흥망 필부유책(天下興亡 匹夫有責)'이라 했다. 개인과 사회가 양심을 잃어버리면 곧 천하가 망하게 된다. 나라가 망하는 것은 임금과 신하의 잘못이지만, 천하가 망하는 것은 신분이 낮고 미천한 필부에게도 그 책임이 있다고 했다.

---

29) 명나라 유학자. 정통 주자학자로 실증과 실용을 중시하는 고증학의 시조.

3-14화 그 순간 핑계를

  어려운 일을 만났을 때는 좀 치사하지만, 비교법이 좋은 방법이다. 옆집 할머니도 운전하는데 대학 나온 내가 못하겠나? 그러다 안 되면 '여우와 신포도' 비법을 사용한다. 높이 달린 포도는 신포도일 것이라는 자기 합리화하는 여우가 꼭 내 모습이지만, 마음의 상처를 입지 않는 지혜이기도 하다. 나보다 더 나은 사람에 대한 원한이나 적대감은 왜곡될 가능성이 높다. 가치 기준을 바꿔 원한을 해소하려 한다. 부자를 욕하는 사람을 믿지 않는 것이 좋다. 그런 사람이 부자가 되면 그만큼 곤란한 사람도 없기 때문이다. 성경에도 부자는 신의 미움을 받아 천국에 들어가기가 낙타가 바늘귀에 들어가기보다 어렵다고 한다. 페라리나 리차드밀 같은 고급 명품에 대한 반응에서도 같은 현상이 일어난다. 약자는 강자를 반전시키는 심리적인 복수를 꾀한다. '강한 상대'를 부정하는 가치관으로 자신의 열등감을 만회하려 한다. 열등감과 우월감은 동전의 양면이다. 잘났다는 환상에 사로잡힌 사람일수록 좀 더 잘난 사람 앞에서는 쉽게 열등감의 늪에 빠진다. 미워하는 내 감정을 정당화하기 위해 상대를 헐뜯고 나쁜 여론조성을 통해 나는 정당한 사람이 된다. 생각과 행동에 인지적 부조화가 생기면 생각을 바꾸지 않고, 그때마다 행동을 바꾸며 살아간다.

…

할 일을 인정하지 못하면
상대방에 대한 서운함이 생긴다.
그 순간 관점에 대한 왜곡이 생긴다.
비난함으로 나는 정당한 사람이 되고
상대방은 결점을 가진 사람으로 둔갑한다.

높이 달린 포도는
따 먹을 수 없다.
그 순간 불평을 한다.
(실망감을 감추고)
'저건 못 먹는 신포도야'

아기가 심하게 울던 날 밤
나는 그냥 누워 듣기만 한다.
그 순간 나는 불평을 한다.
'나는 내일 출근하는데'
이 여자는 뭐야!

경험하나에 지혜하나

생일 선물 때문에
아내가 불만이 가득하다.
그 순간 나는 불평을 한다.
이 여자는 나를 무슨
쓸개도 없는 머슴으로 안다.

누가 뛰어오는데 닫히는
E/L를 그냥 내버려 둔다.
그 순간 나는 핑계를 댄다.
'아! 난 지금 너보다 더 바빠'
내가 먼저 가야 해!

연인과 헤어지려 하는데
애인이 생겼다는 소문에
그 순간 애인이 좋아졌다.
잘된 일인데 잠이 안 온다.

은식기를 훔쳐 나가다
다시 붙잡혀 온 장발장에게
'은촛대는 왜 안 가져갔소?'
그 순간 다시 태어나기로 결심했다.

은식기를 사업 밑천으로
파리시장이 되어 큰 선행을 베푼다.

불러도 대답이 없어
더 큰 소리로 불렀다.
그 순간 알았다. 내가 못 듣는 것을
남에게 방해를 받고 있다고 생각하지만
그 반대인 경우가 많다.

경험하나에 지혜하나

3-15화 행복은 감사의 분량

　수많은 철학자들이 오랫동안 행복을 찾으려고 노력해 왔으나 결과는 늘 보잘 것 없었다. 예나 지금이나 행복이 무엇인지 모르고 살아간다. 어떤 철학자는 '행복은 감사의 분량'이라는 인문학적 측면과 '행복은 생존을 위한 도구'라는 생물학적 측면으로 나누었다. 우리는 행복하게 살기 위해 평생을 불행하게 살거나 죽도록 노력해서 평범하게 살아간다.

행복의 인문학적 측면

- 행복은 감사의 분량이다. (아리스토텔레스)
- 행복은 소유가 아니라 만족이다. (불경)
- 행복은 강도가 아니라 빈도다. (법륜)
- 용서하라. 진정으로 행복해진다. (달라이 라마)
- 산소호흡기 달고 나서야 공기의 소중함을 알게 된다. (김홍신)
- 매일 행복하지 않지만, 행복한 일은 매일 있다. (곰돌이 푸)
- 행복은 내 눈에는 없고, 늘 남의 눈에만 보인다. (홍인혜)

- 행복은 남이 가진 양에 반비례한다. (베블런)
- 행복은 비교하지 않는 것이다. (꾸뻬)
- 행복은 조건이 아니라 선택이다. (법정)
- 우리는 경이가 부족한 것이 아니라 또 다른 경이를 원하기 때문이다. (길버트)

　정신과 의사이며 작가인 프랑수와는 수천 명의 환자와의 상담과 여러 나라를 여행하면서 쓴 23개의 행복조건을 분석한 책 〈꾸뻬씨의 행복여행〉에서 가장 중요한 행복의 비결을 '자신을 다른 사람과 비교하지 않는 것'이라 했다. 강 이편에서 강 저편을 동경하고, 장미꽃을 가지고 있으면서 호박꽃을 쳐다본다. 가난한 사람은 돈 많은 사람을 부러워하고, 돈 많은 사람은 자식 있는 사람을, 자식 있는 사람은 무자식이 상팔자라 한다. 20억짜리 건물을 가지고 늘 허덕이는 친구가 있다. 나는 집 한 채로 만족하며 잘살고 있다. 우물의 한계는 바닥까지이고, 부의 한계는 만족할 때까지이다. 남들이 실제보다 훨씬 더 행복해 보인다. 아무리 험한 산도 멀리서 보면 아름답다. 실제와 기대가 일치해야 하는데, 조건이 나아질수록 기대가 부풀어 오른다. 항상 유쾌한 감정도 좋지만, 기분 나쁜 불쾌감을 잘 극복하면 성장과 행복의 원동력이 된다. 사소한 순간에서 행복의 가치를 발견하라. 1년 뒤에 행복하게 사는지는 지금 모습을 보면 안다. 불평불만이 많은 사람은 늘 평생을 불평으로 살아간다. 플라톤의 행복 철학은 조금은 모자라고 아쉬운 상태라 한다. 칭찬하기에는 약간 부족한 용모, 청중에게 박수 받을 언변은 아니지만, 자기주장을 할 수 있고, 부족한 재산이지만 인정받을 만한 명예만 있으면 된다고 했다. 부족(不足)이 아니라 자족(自足)이다. 모든 사람이 소원성취를 바라지만 수십만 명이 동시에 복권 1등에 당첨된다면 고작 17달러에 불과해 폭동이 일어난다. 설령 복권에 당첨되더라도 몇 년 내 오히려 바닥을 친다. 히말라야의 작은 왕국 부탄이 행복 지수가 가장 높다고 한다. 부탄에서는 '원하다'와 '필요하다'라는 단어가 같아서 필요하지도 않은데 더 많이 갖는 것을 죄악으로 여긴단다. 북유럽 국가들의 행복 원동력은 넘치는 자유, 타인에 대한 신뢰, 다양한 재능과 관심에 대한 존중이다. 각자 제 잘난 맛에 살지만, 그것을 존중해주는 문화 개인주의다. 우리는 높은 소득에도 불구하고 수평적 가치관이 부족하므로 행복을 느끼지 못한다. 다양한 인간관계 속에서 느끼는 만족감이 행복의 핵심이다. 혼자 방에서 임명장을 걸어놓고, 무인도에서 돈다발을 쳐다본다고 해서 행복감이 넘치는 별종 인간은 없을 것이다. 아무리 맛있는 음식도 원치 않을 때는 배탈이 나듯, 타인과의 관계도 나의 선호에 따라 자유롭게 선택하는 수평적인 가치관이 정착할 때 소통이 가능하다. 의무와 복종의 수직적인 위계로 얽힌다면 행복을 얻기란 어렵다.

행복의 생물학적 측면

미국에서 오랫동안 행복에 관한 연구를 한 서은국 교수는 〈행복의 기원〉에서 모든 생명체는 행복이라는 중간 매체를 사용하여 '생존과 번식'을 위한 지상 과제를 수행한다고 한다. 즉, 행복은 유전자를 남기는 데 필요한 도구라는 생물학적 해석이다. 동물이든 식물이든 자식 사랑은 생명의 지독한 '본능'이다. 할머니의 손자 사랑은 끔찍하다. 개가 서핑을 하고, 피아노를 치고, 심지어 비둘기에게 탁구를 치게 하는 강화물로 새우깡을 이용한다. 이런 서핑의 묘기는 새우깡의 힘이다. 개는 새우깡을 먹을 때 뇌에서 유발하는 쾌감을 느낀다. 인간에게 있어서 새우깡과 같은 강화물은 만족감이다. 행복의 동의어로 사용된다. 개가 새우깡을 얻기 위해 서핑을 하듯 인간도 행복하기 위해 생존을 위한 매개체로 한 행복 물질이 필요하다.

구분	강화물	결과, 목표
개	새우깡	서핑을 한다
돌고래	꽁치	돌고래 쇼를 한다
인간	행복	생존(번식)을 한다

정치인 낙마 원인이 대개 자식에게 있다. 박정희 대통령 아들 박지만의 나이에 따라 교육제도가 바뀐 58년 개띠들의 애환이나, 따 놓은 당상임에도 아들 군 문제로 낙마한 이회창 대통령 후보의 심정이나, 교무부장 쌍둥이 딸 내신 조작 의혹, 김성태 국회의원 딸 KT 정규직 채용 의혹, 박근혜 대통령 탄핵을 가져온 최순실의 딸 정유라 이화여대 부정입학, 조국 딸 표창장 및 논문 1저자, 장제원 국회의원 아들 음주운전 무마 등 모두 자식 앞에서는 분간이 흐려진다. 생존과 번식이 최대의 지상 과제이기 때문이다.

세상에서 제일 기쁜 일이 손자의 탄생이다. 꿀벌에게 '인생(蜜生)의 목적이 무엇이냐' 물으면, 꿀벌은 '꿀을 모으기 위해 산다.'라고 답하지만 그건 착각이다. 번식의 과제를 해결하기 위해 사는 것이다. 인간에게 '인생(人生)의 목적이 무엇이냐' 물으면 많은 사람은 '행복하기 위해 산다.'라고 하지만 그것 또한 착시현상이다. 행복도 꿀벌처럼 생존을 위한 '도구'의 일종이다. 인간은 언제 행복할까? 번식을 위한 일이 순조롭게 진행될 때 행복을 느낀다. 생존을 위해 불편함을 해소해 나가는 과정이 행복이다. 맛있는 음식을 먹고, 아픈 병이 낫고, 좋은 대학 좋은 직장에 들어가면 행복을 느낀다. 생존과 번식의 과제를 해결할 때의 방향과 일치한다. 성욕과 식욕의 쾌감(행복)을 느끼는 덕분에 인류는 영원히 존속한다. 사랑하는 연인과 맛있는 음식을 먹는 모습이 행복의 최고 장면이지만, 헤어진 연인을 찾아가 흉기 난동을 부린 사건도 끊이지 않는다. 꽃이 아름다운 것은 자신을 뽐내는 것이 아니며 사람에게 칭찬받기 위함도 아니다. 열매를 위한 모정의 몸부림이다. 과일이 떫은 것은 씨앗을 보호하기 위한 본능이며, 달콤한 것도 자손(씨앗)을 멀리 보내기 위한 유전자의 명령이지 인간에게 먹을거리를 제공한다고 생각하면 착각이다. 인간은 태어나 죽을 때까지 계단을 오르듯 단계를 거치는데 각각의 단계마다 해결해야 할 중요한 과제들이 있고, 이를 뛰어넘을 때마다 삶에 필요한 능력이 하나씩 생긴다. 한 계단에서 얻은 만족감은 다음 단계에서는 사라진다. 각각의 단계마다 생존을 위한 욕구를 해결해야 한다. 죽을 때까지 늘 새로운 쾌감을 찾아다닌다. 어쩌면 인간은 서로 공존할 수 없지만 서로 간의 필요에 따라 공존한다.

언젠가 TV '동물의 세계'에서 본 내용이다. 갓 태어난 얼룩말 우리를 배고픈 사자가 덮쳤다. 어미 얼룩말은 안절부절못하고 도망을 가지만, 아무것도 보이지 않는 새끼 얼룩말은 비틀거리며 일어서 사자를 어미로 알고 사자에게 몸을 부비다 넘어지기를 계속하자 사자가 먼 산을 쳐다보면서 어슬렁어슬렁 다른 사냥감을 찾으러 떠나는 장면을 보고 나도 모르게 눈물이 핑 돌았다. 아직도 그 장면이 믿기지 않는다. 때로는 현실이 꿈보다 더 믿기지 않을 때가 있다.

행복은 감사의 분량이라는 인문학적 측면과 생존을 위한 도구라는 생물학적인 측면은 마치 아프리카 서해안과 남미의 동해안을 서로 끼워 맞추면 딱 들어맞는 것처럼 우연이 아니다. 하나의 땅덩어리에서 두 대륙이 갈라져 나왔기 때문이다. 행복에 대한 인문학적 관점과 생물학적 관점에서의 시각은 마치 두 대륙과 같다. 행복은 '생존에 불편함을 해소하고 살아있음을 느끼게 하는 물질'이 아닐까.

경험하나에 지혜하나

3-16화 보호색, 거짓말

 사람은 '안녕하세요', '감사합니다' 등 상투적으로 내뱉는 인사말을 포함해서 보통 하루 200번의 거짓말을 하며 10분에 3번씩 거짓말을 한다는 통계도 있다. 친구가 바람피운 사실을 발설하거나, 사기 친 일을 숨김없이 솔직하게 발설한다면 가정이나 직장에서 쫓겨나는 일들이 많이 생겨 이 사회가 유지되기 힘들 것이다. 거짓말은 인간과 떼려야 뗄 수 없다. 증권사 직원이 '이제 바닥을 쳤다'라거나, 강 없는 곳에 다리를 만들어 준다는 정치인은 '돈 한 푼 받은 적이 없다'고 오리발을 내민다. 인간은 이득 앞에서 서슴없이 거짓말을 한다. 손해를 보면서까지 정직하기란 참 힘들다. 나비처럼 연약한 곤충은 맛없는 곤충의 흉내로 몸을 지키고, 아귀는 지렁이처럼 생긴 미끼로 물고기를 유인한다. 아프리카에서 소의 엉덩이에 눈(目)을 그려 넣었더니 4년간 사자의 공격이 없었다는 실험 결과도 있다. 개똥벌레는 빛을 깜박거려 교미 상대를 유인하고, 애벌레는 맹금류 포식자의 눈을 연상시키는 안상문(眼狀紋)을 등에 그려놓거나, 포식자가 입을 벌릴 때를 연상시키는 '경악색'으로 위장하여 몸을 보호한다. 마치 인간이 몸에 문신을 새기는 것도 상대에게 강하게 보이려는 안상문에서 출발한다. 위선이 강자의 의상이라면 위악은 약자의 생존 방법이다. 문신이 자신의 알몸을 지켜줄 것이라 여기는 사람들의 속임수이자 거짓말이다. 위악은 잘 보이지만, 위선은 잘 보이지 않는다. 침팬지도 '저기 사자야!'하고 소리쳐 도망갈 때 먹이를 가로채 뺏어 먹는 것을 보면 모든 동물의 의사소통에도 사기 요소가 포함되어 있다. 거짓말의 주된 동기는 나를 지키기 위한 일종의 동물 보호색이다. '공감'도 도덕적으로 옳다기보다 나에게 유리한 방향일 때 타인을 공감한다고 한다. 불리한 상황에서는 아무리 공정하더라도 공감하지 않는다. 생명체의 생김새와 습성은 우연의 산물이 아니라, 생존이라는 목적을 달성하기 위한 도구이다. 소나무의 암꽃은 바람을 타고 날아오르는 꽃가루를 받기 쉬운 곳에 있고, 옥수수의 수염 역시 꽃가루를 잡기 좋은 곳에서 위치를 차지하고 있다. 공작새 꼬리의 문양 개수가 짝짓기 경쟁에서 결정적인 요인이 된다. 만약 문양을 가위로 오려내면 짝짓기 능력이 떨어진다고 한다. 공작새의 문양은 마치 멋진 매력을 가진 인간과도 같다. 당연히 짝짓기 경쟁에서 우위를 점한다. 공작새가 꼬리를 펼치듯 인간이 매력을 풍기는 것은 좋은 짝을 찾아 좋은 유전자를 남기기 위함이다. 천재 화가 피카소도 그림에 대한 광적인 집착의 시기는 그의 삶에 새로운 여인이 등장하는 시점과 늘 일치했다고 한다. 큰 상금보다 멋진 연인과 데이트 약속에 더 기발한 착상과 생각들이 나온다는 연구도 있다. 존재는 거짓말을 통해 가능하다.

경험하나에 지혜하나

탈무드가 허용하는 거짓말 세 가지

탈무드에 거짓말이 허용되는 세 가지 경우가 나온다.

첫째, 지식이나 재산 과시를 위해서는 모른다고 하라. 비싸게 구입한 핸드백이지만 고가품이 아니라고 하고, 강연을 들을 때 모르는 척해야 강사가 신이 나기 마련이다. 자랑과 재채기는 숨길 수 없다. 시험문제 한 개 틀렸다고 호들갑 떠는 학생이나, 가난한 사람 앞에 돈 자랑하는 사람이나, 누구나 다 겪는 일로 혼자 유난을 떠는 사람에게 상처받지 말라. 누구나 겪는 고통의 인생사는 그냥 평범한 인생이다. 정작 큰 고통은 남에게 말할 수 없는 고통이다.

둘째, 이미 지나간 일에 대하여 남에게 피해를 주지 않는다면 좋은 평가를 하여라. 지나간 일을 들추어 본들 아무에게도 득이 되지 않는다. 한번 사막에 발을 들여놓은 사람은 다시 돌아갈 수 없다. 되돌아가지 못할 바엔 계속 나아가는 것이 최선이다. 이미 산 물건이라면 다소 만족하지 않더라도 좋다고 평가하고, 초대받은 집의 접대에는 '환대를 받았다'라고 칭찬하고, 분쟁 시에 서로의 화해를 위한 것이라면 좋은 말을 하라. '방금 자네와 싸운 친구를 만나고 왔네, 자네는 몹시 화를 내지만, 그 친구는 사려 깊지 못한 말에 대해 뉘우치고 있다네. 그 친구의 기분이 어떨까?' 이간질이 아닌 동간질을 하라. 이 말 한마디에 두 사람은 예전처럼 친한 사이가 될 수 있다.

셋째, 부부생활 같은 내밀한 사안에 대해서는 거짓말을 해도 좋다.

유대 사회는 아들이 태어나면 삼나무를, 딸이 태어나면 소나무를 심는 풍습이 있다. 두 사람이 결혼할 때 소나무와 삼나무로 하늘 지붕을 만들어 덮어 둔다. 그 지붕 아래에서 어떤 일이 일어나도 발설하지 마라. 친구 부인에 대한 이야기는 '정말 미인이시더라' 칭찬하라. 위 세 가지만 잘 실천해도 편안하게 몸을 보전할 수 있다.

지각대장 존

지각대장 존[30]이 학교에 가려고 집을 나섰다. 갑자기 하수구에서 악어가 불쑥 튀어나와 책가방을 덥석 물었다. 가방을 잡아당겼지만, 악어는 놓아 주지 않았다. 하는 수 없이 장갑 하나를 던졌더니 악어는 책가방을 놓고 장갑을 물었다. 존은 허겁지겁 학교로 달려갔다.

선생님은 '존! 지각이로구나, 장갑 하나는 어디 두고 왔어?'

'악어가 장갑을 먹어버렸어요.'

'하하하. 우리 동네 하수구에는 악어가 살지 않아. 다시는 악어가 나온다는 거짓말을 하지 않겠다고 100번을 쓰고 집에 가야 한다. 알겠지?'

존은 혼자 남아서 100번 썼다.

다시는 악어가 나온다는 거짓말을 하지 않겠습니다.

다시는 악어가 나온다는 거짓말을 하지 않겠습니다.

다시는 악어가 나온다는 거짓말을 하지 않겠습니다.

·

---

30) 존 버닝햄의 권위적인 교사상을 비판하고 선생님의 이해와 관심이 무엇보다 소중함을 깨닫게 해주는 동화.

경험하나에 지혜하나

．
．

다음 날도 존은 서둘러 학교에 갔다.

이번에는 사자가 숲에서 나타나 바지를 물었다. 나무 위로 올라가서 사자가 갈 때까지 기다리다가 지각을 했다.

'뭐라고? 하하하 이 동네 덤불에 사자가 산다고?'

'거짓말을 하지 않겠다고 200번 쓰고 집에 가야 한다.'

며칠 후 존은 서둘러 학교에 갔다.

이번에는 파도가 존을 덮쳤다. 난간을 붙잡고 파도가 빠질 때까지 기다리느라 학교에 늦었다. 선생님은 '살다 살다 별소리를 다 듣겠다. 파도라니? 거짓말 않겠다고 300번 쓰고 집에 가거라'

그리고 며칠 후 존은 또 서둘러 학교에 갔다.

그날은 아무 일도 일어나지 않았다.

교실에 들어서자 선생님이 고릴라에게 붙들려 천장에 매달려 있었다.

'존! 빨리 날 좀 내려다오'

'선생님! 우리 동네에는 고릴라가 살지 않아요'

때로는 현실이 꿈보다 믿기지 않을 때가 있다.

나는 2007년도 대전 TJB배 테니스대회의 우승으로 TV에 녹화 방송된 적이 있었다. 3팀이 겨루는 단체전이라 우리 조는 졌지만 우리 팀은

2승 1패로 우승했다. 나는 패한 게임을 편집해 우승했다고 오랫동안 학생들에게 자랑한 적이 있었다. 내가 잘 쳐서 이긴 것으로 자랑을 해 왔다. 지금 생각하면 참 부끄럽다. 경상도에 살면 전라도 사람은 나쁘고, 한국에 살면 당연히 일본 사람은 나쁜 놈이다.

경험하나에 지혜하나

3-17화 고요함이 천하를 다스린다

'한승열 정승조(寒勝熱 靜勝燥)'란 말이 있다. '추위는 더위를 이기고, 고요함은 조급함을 이긴다'는 뜻이다. 맑고 고요함이 천하를 다스리는 것이다. '얕음'은 '조급함'을 낳는다. 내면이 얕으면 조급해지고 조급하면 본질을 놓친다. 거북은 조급함을 모른다. 소나기가 쏟아지면 머리를 몸 안으로 집어넣고 기다리고, 날씨가 더우면 그늘에서 잠시 쉬어간다. 유순하고 한가로운 동물은 장수하고, 맹수처럼 화를 잘 내고 성급한 사람일수록 단명한다. 독일의 한 탄광에서 갱도가 무너져 1주일 만에 구조되었는데 사망자는 단 한 사람, 시계를 찬 광부였다고 한다. 시간이 흐름에 대한 불안과 초조가 그를 숨지게 한 것이다. 침착하고 흔들리지 않고 사는 것은 쉬운 내공이 아니다. 세월이 가져다주는 훈장만은 아닐 것이다. 내면의 평화를 지킬 줄 알고 침착하게 행동하는 사람의 모습은 훨씬 더 평화롭고 아름답다.

3-18화 호저의 딜레마

북극에는 고슴도치처럼 생긴 '호저'란 동물이 산다. 날씨가 추워지면 체온을 나누기 위해 서로 붙어서 생존을 이어간다. 하지만 몸에 난 가시털 때문에 서로 가까우면 고통을 받아 일정한 거리 이상으로 가까워 질 수가 없다. 그렇다고 멀리 떨어지면 얼어 죽는다. 서로 붙었다 떨어 졌다 반복하며 추운 밤을 지낸다. 이런 생존의 지혜를 '호저의 딜레마' 라 한다. 사람도 가까우면 상처를 받아 힘들어하고, 멀어지면 외로워 못 산다. 세월이 지나고 나면 수많은 관계 속에서 우리가 얼마나 헛된 에너지를 낭비하고 살았는지 뒤늦게 깨닫는다. 타인은 내가 생각하는 만큼 나의 감정 따위엔 관심이 없다. 그런데도 남의 말 한마디에 파르 르 떨며 왜 그렇게 반응하며 살아가는지. 우리는 가까운 사람이 없으 면 살 수 없지만, 가장 가까운 사람으로부터 상처를 많이 주고받는다. 가까운 사람의 관심이 서로에게 짐이 될 수도 된다. 가까이 간다는 것 은 적정한 거리를 알고, 건강한 관계는 경계선이 살아 있는 관계다. '너 를 위한 거야' 바닥까지 퍼주고 상처를 받지 마라. 혼자 실망하고 너무 빨리 지쳐버린다. 마음은 불편한데 원치 않는 사람과 무의미하게 보

경험하나에 지혜하나

낸다면 불편함이 더 깊어진다. 사람은 외로울 때 자신감을 잃는다. 저속하고 지루한 친구보다 충실한 고독이 나를 더 잘 지켜준다. 항상 유쾌한 감정도 좋지만, 불쾌감을 잘 극복하면 성장의 원동력이 된다. 모든 문제는 외로움을 피해 보려는 어설픈 인간관계에서 시작된다. 나의 모든 신상을 털어놓는 순간 특별한 관계가 되리라는 착각을 한다. 사람들은 거리라는 것이 얼마나 위대한 의미를 갖는지 잘 모른다. 떨어져 있을 때 우리는 상처받지 않는다. 이것은 엄청난 마법이며 동시에 훌륭한 해결책이다. 거리를 두고 떨어져 있으면 세월과 더불어 그에게 품었던 나쁜 생각들이 사라지고 오히려 그에 대한 궁금함이 그리움 되어 밀려온다.

이카루스의 날개

신의 미움을 받은 이카루스는 아버지와 크레타섬 미궁의 꼭대기에 감금되었다. 아버지는 탈출을 결심하고 새의 깃털을 모아 밀랍을 발라 날개를 만들었다. 드디어 탈출하는 날, 하늘을 나는 아들에게 '너무 높이 날면 밀랍이 태양열에 녹아 추락하게 되고, 너무 낮게 날면 바다의 습기에 의해 날개가 무거워 날 수 없으니 하늘과 바다의 중간으로만 날아야한다'라고 신신당부를 했지만, 이카루스는 너무 기쁜 나머지 너무 높이 날고 말았다. 태양의 뜨거운 열에 밀랍이 녹아 그는 날개를 잃고 바다에 떨어져 죽고 말았다. 이카로스가 떨어져 죽은 바다를 '이카리아해'라고 한다.

3-19화 참고 견디는 인내

동화 속 도깨비 방망이 같은 요술봉이 하나 있으면 얼마나 좋을까 소망하는 것은 그만큼 삶이 만만치 않기 때문이다. 인욕제일도(忍辱 第一道)란 말이 있다. 돈으로 얻을 수 없는 성공의 열쇠가 인내라 생각한다. 참고 견디는 것이 으뜸이며 작은 것을 참지 못하면 큰일을 도모할 수 없다는 말이다. 저것은 넘을 수 없는 벽이라 모두 고개를 떨구고 있을 때 담쟁이는 말없이 그 벽을 타고 오른다는 도종환님의 글이나, 어떤 포유류도 넘보지 못하는 뜨거운 모래바람이 불어오는 사막 위를 말없이 걸어가는 낙타처럼 살고 싶다는 정호승님의 말이나, 대추 저것이 저절로 붉어질 리 없다. 저 안에 태풍 몇 개, 천둥 몇 개, 벼락 몇 개라고 한 장석주님의 말처럼 우리는 저마다의 강물 같은 사연과 뜨거운 용광로를 안고 세상을 살아간다.

나는 밀림의 왕이다

윤홍균의 〈자존감 수업〉에 나오는 이야기이다. 나는 밀림의 왕이다. 밀림의 왕 사자도 코끼리, 하마, 악어에게 어이없는 공격을 당한다. 심지어 얼룩말에게도 걷어차여 턱뼈가 으스러질 정도로 맞고 비틀거리는 슬픈 사자의 모습으로 생활 전선에서 지쳐가지만 우리는 사자보다 멋지고 뛰어난 왕이다. 가끔 우리는 예기치 못한 공격에 중심을 잃고 슬픔과 절망에 울부짖기도 하지만, 왕이라는 사실에는 변함이 없다. 우리는 세상의 중심이다. 단 하나뿐인 소중한 존재다.

두 번째 화살에 맞지 마라

  불교에 '두 번째 화살에 맞지 마라'는 말은 다른 사람이 준 상처에 죄책감과 분노를 얹어 더 큰 상처를 받지 말라는 뜻이다. 첫 번째 화살은 피할 수 없다. 다만 어떻게 반응하느냐에 달렸다. 원뿔에 힘을 가하면 빙그르르 제자리를 돌지만, 원기둥은 땅으로 굴러 떨어져 깨지고 만다. 같은 충격에 다른 궤적을 그린다. 운명은 벗어날 수 없지만, 운명에 대처하는 방식은 내 뜻대로 선택할 수 있지 않은가. 삶은 극복하는 것이 아니라, 인정하고 받아들이는 것이다. 희망의 빛은 상처 난 곳을 통해 들어온다. 바람 불면 풀은 제일 먼저 눕지만, 제일 먼저 일어나는 초상지풍 초필언(草上之風 草必偃)이다. 성숙한 대중은 모욕에 능란하다.

신문지만 한 크기의 햇살

  신영복 선생은 20년 수감 생활을 어떻게 극복했느냐? 라는 질문에 놀랍게도 겨울 독방에서 만나는 '따뜻한 햇볕 한 줌' 때문이라 했다. 추운 겨울 창살을 통해 벽을 타고 비스듬히 내려오는 햇빛은 처음에는 점 하나 크기지만 점점 커진다. 마룻바닥에 최대 크기가 되었다가 맞은편 벽을 타고 나가는데, 길어야 고작 두어 시간, 겨우 신문지만 한 크기의 햇볕을 무릎 위에 받는 그 따스함이 살아 있음의 절정이라 했다. 그 햇볕만으로도, 그 햇살을 기다리는 것만으로도 죽지 않고 20년 어두운 수감 생활을 버텨낼 수 있었던 힘이었고 '신문지만 한 크기의 햇살'이 삶을 견뎌내는 원동력이었다고 한다. '20년 20일의 옥살이가 분하지 않느냐?'는 질문에 '20년을 견디는 힘은 하루하루 찾아오는 깨달음이다. 뭔가 깨닫는 삶은 견디기가 쉽다. 감옥에서 나가는 날만 기다리는 단기수들이 더 괴롭다. 나 같은 무기수는 시간이 지난다고 나가는 게 아니니까 오히려 하루하루가 더 의미 있었다'라고 고백했다.

하늘 높이 나는 연

하늘을 높이 나는 연은 누군가가 줄을 잡고 있기 때문에 하늘 높이 날 수 있다. 그 줄만 없으면 자유롭게 하늘 높이 날 수 있다고 생각하지만, 줄이 끊어지는 순간 추락하고 만다. 그 밧줄 때문에 푸른 하늘 거센 바람 속에서 마음껏 춤출 수 있다. 밧줄은 부모나 선생님의 간섭이기도 하고 실패나 고통을 참아내는 인내이기도 하다.

의미 없는 고통은 없다

나치 수용소에서 기적적으로 살아나온 빅터 프랭클은 '의미 없는 고통은 없다'고 말했다. 고통은 극복하기보다 참고 견디는 것이다. 사람은 누구나 자기만의 십자가를 지고 살아가지만, 십자가의 고통만 생각하지 고통의 가치와 의미는 외면한다. '수용소 안에서 씻었던 사람, 면도라도 했던 사람은 살아남았고 포기한 사람은 죽었다. 누군가 한 달 뒤에 전쟁이 끝난대! 라고 말했다. 그날이 다가와도 아무 변화가 없자, 그는 그날이 지나고 죽었다'

아우슈비츠의 생존 작가 '프리모 레비'는 그 모진 수용소 생활은 견디어냈지만, 자기 집에서 자살을 했다. 사람들이 수용소 경험담을 아무 반응 없이 듣는 모습에서 무력감, 실망감, 절망감이 너무 컸다고 토로했다. 현실의 고통보다 남들에게 자신의 고통을 이해받지 못했을 때의 고통이 더 견디기 어려웠던 것이다. 고통은 피할 수 없는 존재다. 어릴 적 할머니가 매일 출근하듯이 아침마다 머리를 감고 빗으로 단장하고, 방과 마당을 쓸고 닦고 바느질하던 부지런한 모습이 생각난다. 그 옛날 98세를 사신 분이다. 결국 미래에 희망을 가진 사람이 살더라는 것이다. 나를 죽이지 못하는 것은 나를 더욱 강하게 만든다.

천길 벼랑 끝

천길 벼랑 끝 100m 전까지 하느님이 날 밀어내신다.

'날 긴장시키려고 그러시나?'

천길 벼랑 끝 10m 전까지 계속 밀어내신다.

'이제 곧 그만두시겠지'

천길 벼랑 끝 1m 전,

'더 나아갈 데가 없는데?'

벼랑 끝

'아니야, 설마 미시겠어?

내가 어떤 노력을 해왔는지 잘 아시니까'

그러나 벼랑 끝에 간신히 서 있는 나를 밀어내셨다.

그제야 알았다. 나에게 날개가 있다는 것을.

날개는 인내다.

진정한 수행자

양관 스님이 큰 절에서 대 스승을 모시고 수행 중에 묵묵히 30년을
일만 하는 스님을 보고 큰 감화를 받았다. 그는 참선도 하지 않고, 경전
도 읽지 않으면서 오로지 밥 짓고 밭일만 할 뿐이다. 묻는 말에 마지못
해 답하고 구석구석 깨끗이 청소를 하고 텃밭을 일구는 스님이다. 잠
시 틈나면 모퉁이에 앉아서 꾸벅꾸벅 졸 뿐 바닥에 대고 눕지도 않았
다. 모두가 바보처럼 여겼지만 양관 스님은 그가 진정한 수행자임을
알았다.

3-20화 겸손으로 못 막을 일은 없다

헬렌 켈러는 오랫동안 숲속을 산책하고 돌아온 친구에게 '무엇을 보았느냐?' 물었더니 '별로 본 것 없다'라는 친구의 말에 매우 놀랐다. 눈이란 선물이 삶을 풍성하게 하는 수단이 아닌, 단지 편리한 도구로만 사용하고 있다는 것이 너무 유감스럽다고 했다. 우리는 젊을 땐 젊음을 모르고 사랑할 땐 사랑인 줄 모른다. '네 나이가 부럽다'라고 하지만 막상 젊은이는 고개를 갸우뚱거린다. 세월이 흐른 연후에 '아, 그때가 젊은 날이었구나.' 회한에 사로잡히는 게 인간이다. 우린 젊고 사랑했었다. 노인은 젊을 때가 좋았고, 은퇴한 중년은 일할 때가 좋았고, 직장인은 학생 때가 좋았다라고 한다. 결국 시간이 지날수록 인생은 힘들어진다는 것이다. 모든 물이 바다로 모이는 것은 바다가 낮은 곳에 있어 모두 '받아'들이기 때문이란다. 인생이란 겸손을 배우는 긴 여정이다. 나이를 먹지 않으면 몰랐을 발견이다. 겸손은 자신을 낮추는 것이 아니라 자신을 배우는 것이다. 인간의 어리석음을 치유하는 유일한 해법은 '겸허함'이다. 겸손은 화를 누그러뜨리는 무기다. 겸손으로 못 막을 큰일은 없다.

연후(然後)

　인공호흡기를 단 연후에 숨을 쉬고 있다는 것을 알게 된다면 이미 건강을 놓친 사람이다. 어떤 정치인은 아내가 떠나기 전까지 그동안 걸어찬 이불을 덮어준 줄 몰랐다고 한다. 페르시아 속담에 '발 없는 사람을 보기 전까지 나는 신발이 없음을 슬퍼했다'라는 말이 있다. 발이 없는 사람 앞에서 어찌 신발 타령을 할 수 있겠는가? 우리가 발을 잊고 사는 것은 꼭 맞는 신발이 있기 때문이다. 신발이 없어진 연후에 신발의 고마움을 알게 된다. 우리는 가진 것보다 갖지 못한 것에 마음을 쓰는 덫에 쉽게 빠진다. 거센 바람이 분 연후에 억새풀의 강함을 알고, 추워진 연후에 소나무와 잣나무가 시들지 않음을 알게 된다. 아프기 전까지 서서 걸어 다니는 것이 기적임을 깨닫고 직장을 잃고 난 연후에 일의 소중함을 알게 된다면 늦어도 한참 늦은 것이다.

안영의 마부

　가마와 말을 관리하는 종을 '거덜'이라 한다. 지위 높은 분의 행차 시 '어이, 물렀거라, 높은 분 행차시다' 위세를 떨며 백성의 통행을 통제하면서 종의 주제를 망각하고 허세를 부린다. 특히, 임금의 행차 시에는 길에서 멀리 떨어져 엎드리게 하여 감히 고개도 들지 못하게 하였다. 이른바 권마성(權馬聲)[31]을 외치는 권력을 누렸다. 폼만 잡았지 실속이 없다거나 재산을 탕진하여 곤궁해진 살림을 '거덜나다'라고 쓰인다. 사마천은 〈사기열전〉에서 '안영이 지금 살아 있다면 나는 기꺼이 그의

---

31) 고관의 행차 시 목청을 높여 내는 소리

　　　　　　　　　　경험하나에 지혜하나

마부가 되어도 좋다'라고 극찬했다. 안영은 아랫사람을 인정하고 자기 잘못을 돌이킬 줄 알았으며, 평소에는 자신을 낮추고 검소하게 살았지만 직언할 때는 왕의 얼굴빛에 개의치 않았다. 겸손하면서 당당한 인물이었다. 안영의 마부가 어느 날 부인으로부터 느닷없이 이혼 통보를 받았다. '안영은 6척도 안 되는 왜소한 체구지만 제나라 정승으로 여러 제후와 온 천하에 명성을 날리면서도 늘 겸손한데, 당신은 8척이나 되는 거구인데 기껏 남의 마차나 끄는 마부 주제에 잘난 체는 혼자 다하고 있으니 당신이 참 부끄럽소'라고 말했다. 마부의 잘난 체는 화려한 재상의 마차를 모는 외적 요건 때문이었다. 직함에서 나온 거만함이었다. 부인의 충고에 충격을 받은 마부는 그 뒤로 책을 놓지 않는 수불석권으로 겸손해졌다. 몰라보게 달라진 마부로부터 자초지종을 듣게 된 안영은 자기 잘못을 반성한 마부를 높이 평가해 군주에게 추천했다. 마부는 대부의 벼슬까지 오르게 되었다. 사마천은 춘추전국시대를 통틀어 가장 훌륭한 재상으로 관중과 안영을 꼽았으며 그중 마부의 인품까지 헤아리는 안영을 더 존경했다.

치부를 직시할 수 있는 시각

어릴 적 막내 고모는 집에 온 손님에게 쓸개라도 내어줄 것처럼 친절을 베풀다가도 손님이 떠난 뒤에는 온갖 흉을 보는 모습이 나의 어린 시절을 가장 혼란하게 만들었다. 어린 조카의 눈치는 아랑곳하지 않은 것이다. 신경 쓰지 않아도 되는 하찮은 존재쯤으로 여겼기 때문이다. 낮은 자리에 있는 사람은 인간의 치부를 적나라하게 들여다 볼 수 있는 의외의 시각이 주어진다. 주류에게는 보이지 않는 기득권층의 결점이나 모순을 여과 없이 볼 수 있다. 옛날 귀부인은 노예를 강아지쯤으로 생각하여 그 앞에서 서슴없이 옷을 갈아입는다. 물론 노예도 쳐다보지도 않지만. 직장에서 높은 위치에 있는 사장이나 상사는 아랫사람이 모두 친절하고 좋은 점만 보여 주려고만하기 때문에 아랫사람들의 치부를 볼 기회가 없다. 하지만 아랫사람은 사람의 치부를 볼 수 있는 의외의 시각을 가지고 있다. 젊은 시절 불합리한 결정을 하는 교장선생님이 도무지 이해가 되지 않았지만, 막상 교장이 되고나니 누가 좋은 사람이고 아닌지 옥석을 구별할 수가 없게 된 것이다.

편작이야기

  편작이 채나라를 지나다가 피부질환을 앓고 있는 왕을 만났다. 왕에게 지금 치료하지 않으면 심해진다고 하자, 왕은 '의사는 이득을 좋아하는 무리라 질병이 없는데도 치료해서 공을 세우려 한다'라고 편작에게 핀잔을 주었다. 열흘이 지난 후 다시 왕을 만났다. 왕의 질병이 살 속으로 파고 들어가고 있으니 더 심해질 것이라고 하자 왕은 또 불쾌하게 생각했다. 또 열흘이 지난 후 편작이 다시 왕을 만나 말했다. 왕의 질병이 살 속에서 장과 위로 들어갔으니 빨리 치료하지 않아 더 악화하면 손을 쓸 수 없다고 해도, 왕이 듣지 않자 다시 발길을 돌렸다. 멀리 가는 편작에게 왕은 사람을 시켜 그 까닭을 물었더니 '질병이 피부에 있을 때는 찜질로 치료하면 되고, 살 속에 있을 때는 침으로 치료하면 되고, 장과 위에 있을 때는 약을 달여 복용하면 되지만, 병이 골수

　　　　　　　경험하나에 지혜하나

에 들어가면 운명을 관장하는 신이 관여하는 것이라 어찌할 방법이 없다'라고 전했다. 편작은 멀리서 왕을 있는 곳을 한동안 쳐다보다가 먼 길을 떠났다. 마침내 30일째에 왕이 중병이 들었다. 사람을 시켜 편작을 찾았지만 이미 편작은 떠나고 난 뒤였다. 결국 왕은 죽었다. 병을 치료하려면 겸손하게 자신을 낮추는 것이 상책이다. 조그만 개미구멍을 막지 못해 공든 탑이 무너진다. 작은 것을 삼가 해서 큰 재앙을 막아야 한다.

이 소문을 들은 위나라 왕이 편작을 불러 '그대 삼 형제 중 누가 병을 더 잘 고치나?' '큰 형님입니다. 큰 형님은 환자가 병이 나기 전에 얼굴빛을 보고 원인을 제거해주고, 저는 환자의 병세가 커져 고통 속에 신음할 때 치료를 해서 더 유명해졌습니다.'라고 겸손하게 답했다.

사마천의 〈편작열전〉에 명의도 고칠 수 없는 육불치(六不治)병이 나온다.

　─ 불치는 교만하여 내 병은 내가 안다고 주장하는 환자다.

　二 불치는 돈과 명예를 중시하여 몸을 가벼이 여기는 환자다.

　三 불치는 옷과 음식을 탐하고 편안함만 추구하는 환자다.

　四 불치는 음양의 기가 안정되지 못한 환자다.

　五 불치는 어떤 명약을 써도 몸이 극도로 쇠한 환자다.

　六 불치는 무당의 말만 믿고 의사를 믿지 않는 환자다.

IV.
고전이야기

4-1화 이릉의 화

　'이릉[32]'은 사격의 명수로 흉노에게 비장군(飛將軍)으로 명성을 날리던 명장 '이광'의 손자다. 이릉은 한나라 무제에게 '북쪽에서 한나라를 괴롭히는 흉노를 물리쳐 어지러운 나라를 지키기 위해 이 몸을 바치겠다'라고 하자, 무제가 이릉의 탄원에 '곳곳에 파병하느라 자네에게 지원할 기마부대가 없다.'고 해도 이릉은 오히려 목숨을 아끼지 않는 5천 명의 부하와 생사를 같이하여 흉노를 물리치고 싶다고 간청하자, 무제는 그를 기특하게 여기고 크게 기뻐하여 배웅까지 해주며 '노박덕'으로 하여금 군대 후방을 지원하도록 하였다. 그런데 노박덕은 아들 뻘인 이릉 같은 젊은 지휘관을 따라야 한다는 것이 불쾌했다. 출정한 후 노박덕은 이릉과 한 마디 상의 없이 무제에게 '때는 가을이라 흉노의 말이 살이 쪄, 기마전이 특기인 그들의 예봉을 당하기 어려우니 이곳에서 월동하고 봄이 되면 기병 각 5천과 함께 출격하는 것이 득책이라 생각하오' 상소를 올렸다. 상소를 본 무제는 몹시 화를 내며 '이놈이 내 앞에서 그처럼 호언장담하더니 갑자기 겁을 내다니 이놈이 나를

---

32) 나카지마 아츠시, 〈역사 속에서 걸어 나온 사람들〉

희롱하는구나' 괘씸하게 생각하고 칙서를 내렸다. '지금 흉노가 서하를 침입했다. 노박덕은 빨리 서하로 달려가 적의 길을 차단하라. 그리고 이릉은 동쪽 준계산에서 남쪽의 용록수 일대에 이르기까지 정찰을 하되 이상이 없으면 수항성에 가서 그곳에서 병사를 쉬게 하라'는 힐문의 칙서를 내렸다. 영문을 모르는 이릉은 갑작스런 칙서가 이해가 되지 않았다. 5천 명의 적은 병사로 적지를 배회하는 것도 위험한 일이지만, 수천 리 먼 길을 기마 없는 부대가 감당하기란 쉬운 일이 아니었다. 게다가 겨울로 접어드는 호지(胡地)의 기후를 감안하면 극한의 명령이었다. 수양제와 진시황의 장점과 단점을 갖고 있는 무제는 보통사람이 아니었다. 다른 전투에서 이사 장군이 병력이 부족하다는 이유로 되돌아오려 했을 때 크게 노하여 돌아오는 옥문관을 닫아버렸다. 하물며 이릉은 스스로 자청한 파병이었다. 이릉은 기마부대 없는 북정(北征)을 떠났다. 10여 일 동안 가끔 가을 하늘 구름 사이로 새의 그림자는 보여도 흉노의 말 한 필도 보이지 않았다. 앞서 출격했던 이사 장군이 싸우고 돌아오는 길에 흉노의 대군에 포위되어 참패해 장군이 위태롭다는 소문도 듣게 되었다. 이릉의 군대는 이미 흉노의 세력권 안에 깊숙이 들어와 버린 셈이었다. 10여 일의 정찰이 끝나고 예정대로 동남쪽으로 향하기로 정한 날 밤의 저녁이었다. 보초 하나가 무심히 반짝이는 낭성을 보고 있는데 그 별 아래 많은 별들이 막사 쪽으로 몰려오더니 멈추었다. 그리고는 멀리서 빛나던 불빛들이 동시에 훅하고 꺼졌다. 마치 꿈만 같았다. 보초는 곤히 자고 있는 이릉에게 보고도 하지 못했다. 이튿날 아침 서둘러 채비를 서두르는데 여기저기 바위틈 사이에 무언가 숨어 있는 듯한 낌새가 느껴졌다. 지금까지 아무것도 보이지 않던 양쪽 산 정상의 비탈에서 무수한 그림자가 나타났다. 천지를 뒤흔드는 함성과 함께 흉노병은 산 아래로 몰려왔다. 이릉의 군 진영에도 북소리가 울리고 전열이 정비되었다. 빗발치는 화살에 맞아 수백 명이 한꺼번에 쓰러졌지만, 손에 창을 쥔 병사들이 필사적으로 달려들어 흉노군을 궤멸시켜 산 위로 도망을 치게 했다. 한군은 이를 추격해 적의 목을 수천이나 베어서 들어 올렸다. 멋진 승리였다. 적군은 족히 3만은 되었다. 나부끼는 깃발로 보아 적장 '선우'의 친위대임에 틀림없었다. 선우가 있었다면 8만이나 10만의 후원군이 당연히 투입되었을 것이다. 이릉은 즉각 수항성으로 들어가기로 정했다. 남쪽으로 행군한 지 사흘째 되던 날 오후, 북쪽 지평선에 구름 같은 흙먼지가 이는 것이 보였다. 흉노 기병의 추격이었다. 전날의 실패에 질렸는지 가까이 다가오지는 않았다. 남쪽으로 행군하는 이릉의 군을 멀찍이 에워싸고, 말 위에서 활만 쏘아댈 뿐이었다. 이릉이 전투태세를 갖추면 멀리 도망가고 다시 행군을 시작하면 활을 쏘며 따라왔다. 행군도 느려지고 사상자도 날마다 늘어갔다. 굶주리고 지친 나그네를 뒤좇는 승냥이처럼 흉노병은 집요하게 추격을 해왔다. 싸우고 후퇴하면서 며칠 동안 남행을 계속했다. 부상자도 이미 상당수에 이르렀다. 오랜만에 습격해 온 적군을 상대로 마음껏 싸워 적군이 버리고 간 시체만 3천이 넘었다. 연일 계속되는 게릴라전에 한군의 사기는 점점 떨어졌다. 바람이 많이 부는 날 습지를 건너는데 흉노의 부대가 갈대밭에 불을 질렀다. 불길은 무서운 속도로 한군을 몰아붙였다. 갈대에 맞불을 놓아 겨우 화를 면했지만, 습지에서 수레를 운반해야 하는 어려움은 이루 말할 수가 없었다. 몇 시간의 전투 끝에 겨우 적군을 격퇴시켰다. 그러나 이제까지 없었던 난타전이었다. 적군의 시체는 수천을 헤아렸지만, 한군 역시 많은 전사자를 냈다. 포로에 의하면 적군의 장수 선우는 한군의 강력함에 경탄했다는 이야기가 들렸다. 계속 남하하는 한군을 산골짜기에서도 맹공격하고, 평지에 나와서도 전투를 해본 결과 이길 승산이 없음을 알고 북으로 돌아가기로 마음먹었다. 이튿날부터 흉노의 마지막 공격이 매우 극렬했다. 최후의 맹공이었다. 혹독한 반격을 가하면서 한군은 서서히 남하했다. 사흘쯤 지나자 평지가 나왔다. 평지 전에 위력을 발휘할 기마대에 의지하는 흉노군은 한군을 크게 압도하는 듯했지만, 이번에도 흉노는 2천의 시체를 남기고 물러갔다. 그날 밤 한군의 척후병이 진영을 이탈해 흉노군에 투항하는 일이 벌어졌다. 척후상의 실수로 많은 사람 앞에서 면박을 당하고 채찍으로 맞은 것에 앙심을 품고 적진에 투항한 것이었다. 그는 적장 선우에게 복병을 두려워해 물러설 필요가 없음을 역설했다. '한군에게는 원군이 없소. 화살도 다 떨어지고 부상자도 속출해 행군에 난항을 겪고 있소. 특히, 800명의 정예기병을 선발하여 황색과 백색 깃발을 집중공격하면 나머지는 쉽게 물리칠 수 있소.' 이 말은 들은 선우는 크게 기뻐하여 포로를 융숭히 대접한 후, 철수 계획을 취소하고 황백의 깃발을 향해 힘을 모아 파죽지세로 공격했다. 한군은 산골짜기까지 몰렸다. 이제는 남은 화살도 없었다. 화살만이 아니라 창검과 방패도 파손되어 문자 그대로 참패였다. 골짜기로 들어갈수록 점점 좁아지고 흉노군이 돌멩이를 던져 시체와 돌 더미로 한군은 전진할 수도 없었다. 그날 밤 달이 골짜기를 엿보듯이 산더미처럼 쌓인 시체들을 비추고 있었다. 그날따라 유난히 달이 밝았다. 가을 하늘에 기러기 떼가 줄을 지어 남쪽으로 날아가는 모습을 보고도 고향 생각에 젖는 병사는 하나도 없었다. 그만큼 그들은 극한 위기에 처해 있었다. 이릉은 평상복을 입고 홀로 진영 밖으로 나갔다. 복장으로 보아 그가 홀로 적진을 찾아 들어가 선우의 목을 베러 가는 것임을 장졸들은 예감할 수 있었다. 한참의 시간이 흐른 후 이릉이 막사로 다시 돌아왔다. '안 되겠다.' 한 마디 내뱉었다. '화살이 10여 자루만 있어도 탈출할 수 있으나 화살 하나도 없는 상태이니 내일 아침이면 모두 포위당할 것이오. 각자 짐승처럼 뿔뿔이 흩어져 북으로 가라. 며칠 동안 달려가야 할 먼 거리지만 그 방법밖에 없다.' 모두 고개를 끄덕였다. 모두에게 쌀 두 되와 먹을 것을 분배하고 가야 할 목적지를 설명하였다. 적에게 이용될 만한 것을 모두 땅속에 파묻은 후, 이릉은 10여 명의 장수와 말을 타고 흉노군의 허를 찌르고 남쪽 골짜기를 돌파하자, 기마병의 추격이 시작되었다. 이런 상황을 틈타 수백여 명이 북으로 도망쳤다. 이릉은 이미 많은 상처를 입고 옷은 피로 물들었다. 같이 나온 장수들이 모두 전사를 했다. 이릉의 말도 화살에 맞아 푹 고꾸라졌다. 바로 그때 이릉은 갑자기 묵중한 것에 후두부를 맞고 실신했다. 이릉을 생포하려고 흉노군들이 수십 겹으로 에워쌌다.

　9월에 5천 명이었던 한군이 11월이 되어, 장군을 잃은 4백여 명의 패잔병이 되어 변방에 도착했다. 참패를 했는데 무제는 화를 내지 않았다. 본군도 참패를 했는데 일개 이릉의 군대에 큰 기대를 걸지 않았기 때문이다. 이릉도 전사했다고 믿었다. 단지, 이릉의 전승 소식을 전해오던 전령만이 전투가 엉뚱한 결과로 나타나자 잘못 전달한 책임을 지고 자결을 해야만 했다. 이듬해 봄에 이릉이 전사하지 않고 포로가 되었다는 소식이 전해지면서 무제는 비로소 격노했다. '이릉이 나를 배신했다. 이 역적을 어떻게 처리해야 좋은지 말해보라.' 아무도 입을 열지 않았다. 이릉이 고군분투할 때 칭송을 아끼지 않던 자들이 이릉이 변절했다는 말에 그 이전 행동 하나하나까지 의심스러운 것으로 몰아세우고, 심지어 조부의 행적조차 이릉을 모함하는 자료가 되기도 했다. 모두 함구하고 의견을 내지 않는 것이 이릉에 대한 최대의 호의였으나, 단 한 사람, 괴로운 표정으로 이를 지켜보는 사람이 있었다. 이들의 아첨에 진저리가 난 사마천이 조용히 입을 열었다. '폐하, 이릉은 평소 충효가 깊어 나라가 위급할 때 항상 신하로서 도리를 다하는 사람으로 5천의 군대로 적진 깊숙이 들어가 그동안 어떤 명장들이 해내지 못했던 일을 해냈습니다. 불행히도 포로가 되긴 했지만, 폐하에 대한 충성심은 변하지 않았을 것입니다.' 이 말을 들은 신하들이 얼굴에 경련을 일으키며 듣고 있던 무제의 얼굴을 조심스레 살폈다. 무제는 대노했

경험하나에 지혜하나

다. 다음날 사마천은 좌천되어 궁형³³⁾이 결정되었다. 썩은 냄새가 나서 부형(腐刑)이라고도 한다. 열매를 맺지 못하는 썩은 나무와 같은 남자로 전락하기 때문이다. 사마천은 사람들과 사귀는 데 서툰 남자, 논쟁에서 타인에게 지지 않는 남자로 알려져 있었다. 그가 궁형을 당했다고 해서 크게 놀랄 사람도 없었다. 사마천은 늘 인간에게는 어울리는 사건밖에 일어나지 않는다는 일종의 확신 같은 것을 갖고 있었다. 같은 역경이라도 비분강개하는 사대부에게는 격렬하면서도 가혹한 고통이, 연약한 무리에게는 완만하면서도 질척하고 추한 고통이, 설령 그것이 처음에는 어울리지 않는 듯해도 그 후의 대처 방법에 따라 운명이 그 인간에게 결정된다고 생각했다.

정신을 잃은 이릉은 짐승의 기름으로 불을 밝히는 선우의 장막에서 눈을 떴다. 기회를 엿보다가 탈주하기로 마음먹었다. 선우는 오랏줄을 풀어주고 극진히 대우했다. 선우는 한군과 여러 차례 싸웠지만, 아직 이릉만한 강한 장수를 만난 적이 없었노라 털어놓았다. 조부 이광의 소문이 지금도 이 땅에서 널리 입에서 입으로 전해지고 있다고 했다. 이릉은 결심이 확고했다. 흉노에 투항한 한인들과는 말을 하지 않았다. 한번은 선우가 이릉을 불러 군략상의 의견을 구한 적이 있었다. 이릉은 기꺼이 자신의 의견을 말했지만, 상대가 한군인 경우에는 함구

---

33) 중국의 육형(肉刑)중의 하나. 육형은 얼굴에 죄명을 새기는 경(黥), 코를 자르는 의(劓), 발꿈치를 베는 비(剕), 생식기를 자르는 궁(宮)의 네 종류가 있다. 궁형(宮刑)은 썩은 냄새가 난다고 해서 부형(腐刑)이라고도 한다.

로 일관했다.

무제가 이릉에 대한 격노로 이릉의 부모와 처자, 형제 모두 죽임을 당했다. 경박함은 세인에게 늘 있는 것이지만, 당시 고향 농서의 사대부들은 모두 이릉을 부끄러워했다. 이릉에게 이 소식이 전해진 것은 반년이 지난 뒤 납치된 병졸에게서였다. 이릉의 분노가 머릿속에서 소용돌이쳤다. 노모와 처자를 생각하니 강한 분노로 눈물 한 방울도 나오지 않았다. 그의 조부도 북방 정벌에 수차례나 공을 세우고도 간신들의 방해로 포상 한번 받지 못했다. 오히려 모함으로 목 베임을 당했다. 조부의 소식을 듣고 소리 내어 울던 소년 시절의 자신을 지금도 분명하게 기억하고 있다. 적장 선우가 다시 찾아왔을 때 이릉은 다른 사람이 되었다. 선우는 크게 기뻐하여 그를 경비대장으로 임명하고 자신의 딸과 혼인을 시켰다. 이릉은 흉노의 장군이 되어 오랜 세월을 두고 한나라 군대를 괴롭혔다. 이 비극은 전설이 되어 중국 민중 사이에 퍼져나갔다.

'아아! 본디 천지간 미립자에 불과한데, 한(韓)이면 어떻고 호(胡)면 어떠랴.' 이릉은 처음에는 흉노 지역이 한낱 야비하고 우스꽝스러운 오랑캐 땅이라 생각했지만, 점차 그 땅의 풍토와 기후 등을 고려하면 결코 야비하거나 불합리하지 않게 여기게 되었다. 두꺼운 가죽으로 만든 의복이 아니면 북방의 겨울을 견딜 수 없고, 육식이 아니면 호지의 한랭한 기후를 이겨낼 기력을 저장할 수 없다. 고정된 가옥이 없는 것이 당연한데, 한나라 사람들의 생각만으로 호지의 풍습이 저급한 것이라

경험하나에 지혜하나

고 깔보는 것은 합당치 않았다. 한나라 생활 풍습을 그대로 지키고자 한다면 호지의 자연 속에서는 하루도 견뎌내지 못할 것이다. 한나라 사람은 자신들이 예의의 나라이며, 흉노의 생활은 금수에 가깝다고 비난하는 말을 선대로부터 들어왔다. 한인에게 있어서 예의란 추한 것을 표현만 아름답게 꾸미는 허식이 아닌가? 한 꺼풀 껍데기를 벗겨내면 어느 쪽도 마찬가지다. 단지 한인은 위장할 줄 알고, 호지(胡地)는 위장할 줄을 모를 뿐이다. 조잡하기는 하지만 소박한 흉노의 풍속이 아름다운 명분 아래 숨겨진 한인의 음험함보다 훨씬 호감이 갔다. 흉노의 풍습을 천한 것으로 단정 짓는 것은 너무나 '한인'적인 편견이라는 생각이 들었다.

4-2화 사마천의 사기 (史記)

중국 역사상 최고의 학자를 꼽으라면 사마천을 들고, 가장 많이 인용되는 역사서는 사마천의 〈사기(史記)〉이다. 사마천은 BC145년 경 천문, 제사를 관장하는 집안에서 태어나 천문관측이나 달력 개편, 국가대사와 조정 의례 기록을 맡은 태사령이었다. 한나라의 역사 문헌 폐기를 원통히 여긴 부친 사마담의 탄식 소리를 듣고, 공자의 '춘추'처럼 후대에 남을 역사서를 쓰기로 다짐했다. 주나라 왕실을 예찬한 공자와 달리 역사적 사실을 충실하게 간추려 정리한 〈사기〉 집필 착수 7년이 지났을 때 사마천은 '이릉의 화'를 당했다. 이 비극은 전설이 되어 중국 민중 사이에 퍼져나갔다. 사마천도 이 사건으로 비극의 주인공이 되었다. 서슬 퍼런 한무제의 한마디에 사마천은 생식기가 잘리는 궁형에 처해 졌다. 역사 집필을 위해서는 숨을 끊을 수도 없었다. 아무리 옳은 말이라도 상황에 따라 가려서 해야 한다는 교훈을 우리에게 남긴다. 사마천은 〈사기〉 저술을 통하여 자신의 신세를 빗대어 내면의 울분을 토로하고, 비극의 주인공과 일종의 동류의식을 가졌던 것이었다. 그는 궁형을 받고도 계속 집필을 이어나갔다. 죽음은 언젠가 한 번은

경험하나에 지혜하나

오지만, 태산보다 무겁기도 하고 깃털보다 가볍기도 하다. 부친의 당부로 수치와 고통을 참으며 마침내 〈사기〉를 완성했다. 목숨을 끊지 않고 치욕을 견딘 것은 〈사기〉 집필을 위해서였고, 역사 문헌 폐기를 원통히 여긴 부친의 탄식 때문이었다. 이릉을 변호하다가 당한 치욕에 대한 복수이기도 했다. 욕된 형벌을 한무제에게 되돌려 주지는 못했지만, 치욕에 대한 질책을 보상받아 역사의 심판대에 승자가 됨으로써 그 뜻을 이루었다. 한무제는 올곧은 신하를 박해한 어리석은 군주가 되었고 사마천은 기나긴 세월 동안 대중의 존경과 사랑을 받았으니 이토록 우아하고 지성적인 복수가 문명의 역사에 또 있을까. 〈사기〉 112편 중 비극적 인물만 모두 120명이 넘는다. 이는 본인의 인생역전과 무관하지 않다. 인간의 본질과 마음, 권력에 대한 문제를 고민한 것이다.

인간은 이성을 가졌지만, 욕망과 감정에 휘둘리는 불완전한 존재다. 사마천은 인간 본성의 빛과 그늘, 삶의 의미 등 반복되는 패턴을 포착해 드러내려고 노력했다. 인류 역사를 통틀어 최고의 역사서를 한 권만 뽑는다면 〈사기〉라 할 수 있다. 자연인 한 사람이 썼다기에는 믿기 어려울 정도로 죽간에 먹으로 글을 쓰면서도 모든 역사적 사건의 발생 시점과 상관관계를 크게 어긋남 없이 기록하고 서술했다. 수많은 역사 애호가들이 〈사기〉를 읽는 것은 그 안에 인간의 이야기가 있기 때문이다. 우리는 사람답고 훌륭한 삶을 추구하면서도 부질없는 욕망과 야수 같은 충동에 휘둘리는 인간 존재의 모순을 발견한다. 그래서 어떤 이는 요긴한 처세술로, 어떤 이는 인생의 의미를 어떻게 만들어 나가야 할지 고민하면서 읽는다. 〈사기〉는 국가 역사서가 아닌 개인 저작물이다. 상상력을 동원하지 않았다면 독창적인 서술 형식을 창조하지 못했을 것이다. 밀실에서 대화를 나누었으니 기록이 남을 리 없다. 그런데도 사마천은 마치 그 밀담을 옆에서 들은 것처럼 상세하게 전지적 작가 시점으로 기록했다. 인물과 사건이 역사의 뼈와 살이라면, 제도와 문화는 혈관과 신경이다. 사마천 관련 글이다.

- 온 생의 무게를 펜 하나에 지탱한 채 살아온 사마천을 생각하며 평생을 살았다. (박경리)
- 〈사기〉는 높은 산처럼 우러러보게 하고 큰길처럼 따라오게 한다. (공자)
- 나의 문장은 맹자와 사마천에서 힘을 얻었다. (박지원)
- 무릎은 구부리고, 발뒤꿈치는 까치발로, 두 손가락은 집게 모양으로 살금살금 다가가자 나비가 윙~ 날아가 버린다. 사방을 둘러보고 보는 사람이 아무도 없자 아이는 씨익~ 웃고 간다. 부끄러운 한편 속상한 마음으로 놀란 사슴처럼 응시하다가 뒷걸음질 치는 모습, 이게 사마천의 글 짓는 마음이다. (박지원)
- 아버지 박지원의 초년 문장은 맹자와 사마천에서 힘을 얻었다. (박종채)
- 백성의 입을 막는 것은 물을 막는 것보다 어렵다. 통치자는 늘 귀와 마음을 열고 있어야 한다.

경험하나에 지혜하나

- 물금태성(物禁太盛) 극점에 도달하면 쇠한다.
- 천 마리 양가죽은 한 가닥 여우 털만 못하고, 천 명의 아첨관은 바른말 하는 한 사람만 못하다.
- 법은 발생한 다음에 적용하는 것이고, 예는 발생하기 전에 막은 것으로, 법은 적용한 효과를 알기 쉽지만 예는 예방한 효력을 알기 어렵다.
- 천금을 가진 집안의 자식은 저잣거리에서 죽지 않는다. 부잣집 자식은 죽을죄를 지었어도 저잣거리에서 사형을 당하지 않는다는 말로, 돈만 있으면 어떤 형벌도 피할 수 있다는 말이다. (千金之子 不死於市)
- 군자는 교제를 끊더라도 남을 험담하지 않는다. 충신은 자기 결백을 밝히려고 군주에게 허물을 돌리지 않는다.
- 여자는 밉든 곱든 궁궐 안에 있기만 해도 질투를 받고, 선비는 어질든 어리석든 조정에 있기만 해도 의심을 받는다. 편작은 뛰어난 의술 때문에 화를 입었다.
- 도가 높아질수록 몸과 마음이 편해지고, 권세는 높아질수록 위태로워진다.
- 권세나 이권 때문에 어울린 사람은 권세나 이권이 떨어지면 멀어진다.

4-3화 토사구팽 한신(韓信)

초한지에 나오는 인물 중 가장 극적인 인물이 한신(韓信)[34]이다. 그는 다다익선, 토사구팽, 배수지진, 과하지욕, 금의환향, 성동격서, 사면초가, 표모반신, 일반천금 등의 사자성어 주인공이다. 사마천이 〈사기〉를 집필하면서 한신의 고향 회음을 직접 방문하여 조사할 만큼 천민 출신인 까닭에 그의 출생과 성장에 대한 기록이 남아있는 것이 없었다. 〈사기〉의 '회음후열전'은 한신의 전기를 다룬 것이다. 돈도 배경도 없어 동네 아낙에게 밥을 빌어먹으며 살았지만, 기개만큼은 좋아 늘 큰 칼을 차고 다녔고, 흉중에 대망을 품었지만, 아무도 알아주지 않는 건달에 불과했다. 하는 일이 없어 끼니를 제때 해결하지 못해 낚시로 소일했다. 훗날 한신이 '유방'을 받들어 영주가 되어 금의환향(錦衣還鄉)해서 동네 아낙이 준 밥 한 그릇에 천금으로 신세를 갚는 일반천금(一飯千金)을 실천했다. 사람은 밥 한 그릇의 은혜도 갚고, 눈 한번 흘길 정도의 조그만 원한도 반드시 갚는다는 '일반지덕 애자지원(一飯之德 睚眦之怨)'이란 말이 있다. 밥을 해준 아낙네의 묘는 크게 만들어

---

34) 유시민의 〈청춘의 독서〉

경험하나에 지혜하나

지금도 많은 사람들이 견학하고 있으나, 정작 어미 묘는 딸랑 무덤(표모묘 漂母墓)만 있다. 남자는 낳아준 공보다 먹여준 공을 더 중히 여기는 것인가? 그는 남다른 지략과 인내심으로 대성하였다.

가난한 젊은 시절 동네 건달들과 좁은 다리에서 만났다. 건달들은 '푸주간의 칼로 나와 싸우든지 내 가랑이 사이로 기어가든지 둘 중 하나를 택하라.' 시비를 걸어오자 한참 건달을 바라본 한신은 아무 말 없이 가랑이 사이로 기어 나오는 치욕을 당했다. 건달과 구경꾼들은 모두 그의 비겁함을 비웃었다. 한신은 '훗날의 큰 목표를 위하여 오늘의 굴욕은 참는다.' 큰 꿈이 있기에 당장의 비굴함을 참은 과하지욕(跨下之辱)의 용기였다. 작은 일을 참지 못하면 큰일을 도모할 수 없는 소불인 난대모(小不忍 亂大謀)의 실천이다. 사소한 일로 화를 내면 모기를 보고 칼을 뽑는 격이다. 훗날 영주가 되어 금의환향 옛날 그 동네 건달들을 찾았다. 건달들은 모두 죽을 줄로만 알았는데 한신이 '임자로부터 받은 굴욕이 나로 하여금 겸손함과 신중한 처신을 일깨워 오늘의 나를 있게 하였네.'라는 말에 건달들은 너무나 감격하여 그의 휘하에서 경비병으로 죽을 때까지 충성을 다하였다. 굴욕을 참아내는 인내와 용서의 교훈으로 이런 우아한 복수가 또 있을까. 화가 치밀어 오르는 순간, 냉정을 되찾고 나에게 이익이 되는 일이 무엇이지 생각해서 행동한다면 미래의 큰 이익을 얻을 수 있다. 한신은 원래 항우의 부하였지만 중용되지 못하고 늘 무시를 당하여 정적 유방의 진영으로 넘어간 장수다. 유방의 휘하에서도 인정받지 못하다가 '소하'의 추천으로 군대 총사령

관이 되었다. 조나라와의 전투에서 한신은 힘에 부친 듯 물러나 배수지진(背水之陣)을 치자, 도망갈 곳이 없는 병사들은 죽을 각오로 싸워 이길 수 있었다. 위나라와의 전투에서 불리한 상황임에도 밤에 불을 밝혀 적을 안심하게 하고 비밀리에 후방 본거지를 점령하는 성동격서(聲東擊西) 전법으로 위나라 왕을 사로잡았다. 한신은 기습, 매복, 수공 등 신출귀몰한 전략 전술을 구사하여 많은 전투에서 승리를 거둔다. 사면초가(四面楚歌)의 심리전으로 항우를 죽이고 초나라까지 멸망시킨 것도 명장 한신의 작품이었다. 자신의 군사 통솔능력을 자랑삼아 '많으면 많을수록 좋다'는 말에서 다다익선(多多益善)이 유래되었다. 한신이 없었다면 유방은 항우의 칼날에 죽었을지도 모른다. 초나라 명장 '용저'를 누르고 초한지 최후의 결전인 해하전투에서 백전백승하는 한신이 있었기 때문에 항우를 이길 수 있었다. 천하 백수 유방이 한신을 등에 업고 항우를 물리쳐 황제 자리에 오른 후 '항우가 연회를 베풀어 홍문연에서 나를 죽이려 했으나 몇 번의 죽을 고비를 넘겼다.' 내 일생이 모두 홍문연이고, 치열하게 하루하루를 살았으며 모든 것이 위기의 순간이었다고 술회했다. 황제의 축하연에서 '나는 장량처럼 책략이 없고, 소하처럼 행정과 군량을 제 때 보급할 줄 모르고, 한신처럼 용맹하지는 않지만, 이 세 사람을 기용할 줄 알았다'라는 시를 읊었다.

중국사를 장식한 걸출한 두 인물은 '진시황과 유방'이다. 진시황은 진(Chin)나라를 세워 차이나(China)의 어원이 되었고, 유방은 한나라를 세워 '한족, 한자, 한시'의 어원이 되었다. 진나라는 15년 만에 망했지만, 한나라는 400년을 지속했다. 유방은 '재능은 덕의 머슴과 같다'라는 말을 잘 알고 있었다. 한신의 충성에도 불구하고 유방은 늘 한신을 의심했다. 한신은 뛰어난 군사적 감각을 소유했으나 정치적 감각이 떨어져 주위 사람들의 이해관계나 의견의 차이를 조율하지 못해 불행한 결과를 자초했다. 한신이 스스로 왕이 되려고 하자 유방은 마지못해 승인하였지만, 곧바로 역모를 꾸민다는 구실로 한신을 체포하여 낙양으로 압송했다. 한신은 거침없는 논리와 언행으로 유방의 심기를 불편하게 만든다. 위선을 부리지 않은 직선적인 성격 때문에 오해를 받았다. 한신은 늘 유방의 은혜를 잊지 않고 의리를 지키려 했다.

'천하를 유방, 항우, 한신으로 삼분하라. 당신이 편드는 곳이 승리한다. 천하를 셋으로 나누어 솥발처럼 서 있으면 누구도 감히 먼저 움직이지 못한다. 때가 왔는데 행동하지 않으면 도리어 재앙을 입는다. 들짐승이 사라지면 사냥개는 삶아 먹히기 마련이다. 용기와 지략으로 천하를 덮는 공이 있어 군주를 떨게 하는 자는 그 자신이 위태롭다는 말이 있다. 지금 당신은 군주를 떨게 할 만한 위세를 지녔으니, 초나라에 가도 항우가 믿지 않을 것이고, 한나라에 가도 유방이 두려워할 것이다. 이러한 위력과 공로로 가지고 어디로 가려하느냐. 당신이 위태롭다. 천하를 삼분하라'

여러 책사들과 '괴통'의 권유에도 한신은 한고조에 대한 충성심은 변함없었다. 한신은 힘의 집중을 추구하는 권력의 기본 생리를 너무 늦게 이해했다. 한고조도 충성을 다한 한신에게 역모죄를 씌워 죽이려니 마음이 편치 않아 초왕에서 회음후로 강등하여 살려 주었다. 그러나 승전 축하 인사차 들른 한신은 부인 여후에게 비참한 최후를 맞이했다. 여후는 한신의 삼족(친가, 처가, 외가)을 멸하도록 지시했다. 전쟁에서 돌아온 한고조는 한신이 죽은 것을 알고 기뻐했으나 한편으로는 가엾게 여겨 '한신이 죽을 때 무슨 말을 하였는가?' 물었다. '한신은 죽으면서 괴통의 충고를 듣지 않은 것이 안타깝다. 아녀자에게 속은 것이 어찌 운명이 아니랴? 토끼가 죽으면 훌륭한 사냥개를 삶아 죽이고(토사구팽兎死狗烹), 높이 나는 새를 잡으면 좋은 활은 땔감이 되고(조진궁장鳥盡弓藏), 적을 무너트리고 나면 지모 있는 신하는 죽게 된다(국파신망國破臣亡). 천하가 이미 평정되었으니 내가 삶겨 죽는 것이 당연하구나!' 한탄했다고 하자. 한고조는 모반을 꾀한 괴통을 체포하도록 했다.

괴통이 잡혀 오자 유방이 물었다 '네가 한신을 모반하도록 가르쳤는가?'

'그렇소. 내가 가르쳤소. 못난 한신이 나의 조언을 듣지 않아 자멸했소.'

화가 치민 한고조는 '이놈을 삶아 죽여라.'

괴통이 곧바로 '삶겨 죽는 것은 너무 억울하오'

이에 고조는 '모반을 가르친 놈이 뭐가 억울하다는 말이냐?'

괴통은 '기르는 개가 요 임금을 보고 짖는 것은 요 임금이 어질지 못

경험하나에 지혜하나

해서가 아니고, 개는 본래 자기 주인이 아닌 사람을 보면 짖게 마련이
오. 당시 나는 한신만 알았을 뿐 폐하를 알지 못했소. 천하에 나 같은
사람이 수두룩한데 그들을 모두 삶아 죽이겠는가?'

한고조도 경쟁자를 모두 제압한 덕에 황제가 되었으니, 반대편 참모
라 할지라도 충성을 서약하면 포용하는 것이 옳다고 생각했다. 적으로
두면 어려운 사람일수록 내 편에 두면 더 든든한 법이다. 아픈 데를 찔
린 한고조는 괴통의 죄를 용서하며 '풀어주라'고 했다.

개천의 용 한신은 큰 야망과 재능을 가졌지만, 타인의 승인을 받는
데만 집착했다. 소하와 한고조에게 끝까지 의리를 지키려고 한 것은
자부심의 표현이었다. 권력은 정녕 나눌 수 없는 것인가. 유방과 천하
를 삼분하라는 책사들의 논리를 거부한 한신의 언행은 '회음부열전'에
상세히 기술되어 있다. 건국공신 한신, 장량, 소하 셋 중 비참하게 숙
청당한 인물은 한신 뿐이다. 당시 권력 실세는 소하였다. '소하'는 한고
조와 동향 출신으로 오래전부터 인연을 맺은 가신이다. 그는 흔들리지
않는 황제의 신임을 배경으로 권력의 핵심이 되었다. '장자방'으로 알
려진 장량은 시황제를 암살하려다 미수에 그친 열혈청년이었다. 한고
조가 군사를 일으킨 후에 그 휘하에 들어가 대륙을 제패할 전략 전술
을 제공했다. 그러나 한고조가 논공행상할 때 공 다툼에 끼어들지 않
았다. 3만 호 봉토를 가진 제후의 직위도 극구 사양했다. 여후가 한신
을 죽이는 참극이 일어날 때 병을 핑계로 칩거하여 숨어버렸다. 앉아
서 천 리를 보며 싸우지 않고도 이긴다는 장량의 명성은 헛것이 아니

었다. 독점과 집중을 추구하는 권력의 본성을 너무 잘 알고 있었다. 토사구팽(兎死狗烹)의 주인공이 바로 한신이다. '전쟁의 신, 정치의 하수'로 억울한 누명을 쓰고 죽은 비극적 인물 한신에 대해 특별한 연민을 느낀다. 의리 때문에 턱밑까지 파고든 음모의 칼날을 보지 못했다. 역모를 품은 적이 없었다. 다만, 권력의 생리를 몰랐기 때문에 억울하게 죽었을 뿐이다. 권력 관계에 마음을 열면 불상사가 일어나게 마련이다.

4-4화 포정해우

세상살이란 온갖 문제에 봉착하게 된다. 저항과 걸림돌 투성이임을 보여주기라도 하듯이 애써 한 단계를 넘어서면 또 다른 난관이 기다렸다는 듯이 다가온다. 〈장자〉의 백정 '포정'은 주인 문혜군을 위해 소를 잡는다. 소를 해체하는 포정의 칼질은 신기에 가까운 우아한 춤사위로 칼질하는 그 소리가 음률에 맞지 않는 것이 없었다. 그 모습을 본 주인이 감탄하며 물었다.

'어떻게 하면 그런 경지에 이를 수가 있느냐?'

'처음 소를 잡을 때는 모두 소로 보였소. 3년쯤 지나자, 소의 전체 덩어리는 보이지 않고, 소의 뼈마디와 고깃결, 힘줄이 보이고 그 사이로 틈이 보이기 시작했소. 이제는 눈으로 보지 않고도 그 결[天里]을 따라 커다란 틈새와 빈 곳을 칼로 움직여 소의 몸이 생긴 그대로 따라가기 때문에 실수로 뼈를 다치게 한 적이 한 번도 없었소. 천리(天理)는 타고난 자연의 결이오. 문제는 기술적으로 해결하는 것이 아니라 허심으로 돌아갈 때 비로소 해소되오. 평범한 칼잡이는 매달 칼을 바꾸는 것은 칼로 무리하게 뼈를 가르기 때문이고, 솜씨 좋은 칼잡이가 1년 만에 칼을 바꾸는 것은 살을 가르기 때문이오. 내 칼은 19년 동안 수천 마리의 소를 잡았지만 이제 막 숫돌에 간 것 같소이다. 이는 온갖 장애와 난관을 뚫고 나가는 것이 아니라 세상의 결을 따라 헤쳐나간 덕분에 오랜 세월에도 무뎌지지 않은 것이다. 소의 신체구조에 따라 자연스럽게 칼날을 놀리기 때문이오'라고 하자, 문혜군은 '훌륭하도다! 내가 오늘 너로 인하여 양생의 도를 터득 하였구나'라고 감탄했다. 달인의 경지에 이르러 신기에 가까운 솜씨로 사물의 급소를 잘 찌르고 요점을 찾아내는 것을 '포정해우'라 한다.

> 매번 뼈와 살이 엉긴 곳에 이르면 (每至於族), 그것이 어려운 일임을 알고 (吾見其難爲), 놀라 경계하며 (怵然爲戒), 시선을 고정하고 (視爲止), 천천히 행동(行爲遲)한다. 칼놀림이 심히 미세하여 (動刀甚微), 뼈에서 살이 떨어져 나가는 것이 (謋然已解), 마치 흙무더기가 떨어지는 것과 (如土委地)같다. 칼을 든 채 일어나 (提刀而立), 사방을 둘러보고 (爲之四顧), 잠시 머뭇거리다가 흡족한 마음이 들면 (爲之躊躇滿志), 칼을 닦아 칼집에 넣는다. (善刀而藏之)

경험하나에 지혜하나

4-5화 장자의 양생주(養生主)이야기

양생(養生)이란 몸을 편안하게 하여 생명을 온전하게 유지하는 것이다. 마치 자연은 인간을 거두어 먹이면서도 아무 말도 하지 않는 것처럼, 장자의 양생주는 생명의 근본 사상을 노래한 것이다.

첫째 세상을 바라보는 기본적인 태도
둘째 일상에 부딪히는 문제 극복방법
셋째 예기치 않은 사태의 대처 자세
넷째 어디에서 머물러야 할지의 판단기준
다섯째 죽음을 대하는 삶의 태도를 노래한 것이다.

[첫 번째 이야기] 세상을 바라보는 기본적인 태도

인간은 가족관계에서부터 국제 관계에 이르기까지 사실 인식과 윤리 문제로 늘 시비에 얽혀 있다. 이런 갈등이 분쟁이나 테러의 형태로 나타난다. 장자는 '선행은 이름나지 않게, 악행도 법에 저촉되지 않게 하라. 선악이 한쪽으로 치우치지 않는 중(中)의 마음으로 경영하면 삶은 온전히 보전되고 타고난 수명을 다할 수 있다.' 한계란 부끄러워할 것이 아니라 한계를 순순히 인정하는 '지적 겸허'가 양생의 첫 번째 길이다.

[두 번째 이야기] 일상에 부딪히는 문제 극복 방법

살아가면서 온갖 난관에 부딪힌다. 세상살이란 애써 한 단계 넘어서면 또 다른 난관이 다가오면서 심신이 편안할 겨를이 없다. 소를 해체하는 '포정'의 신기에 가까운 칼솜씨는 기술이 아닌 마음에 있다. '평범한 칼잡이'는 뼈와 살을 갈라서 한 달에 칼을 여러 번 바꾸지만 '포정의 칼날'은 19년 지났는데도 이제 막 숫돌에 간 것 같은 것은 소의 타고난 결에 따라 칼을 움직이기 때문이다. 즉, 온갖 장애와 난관을 뚫고 넘는 것이 아니라 세상의 결을 헤쳐나간 덕분에 오랜 세월에도 무뎌지지 않은 것이다. '해(解)'는 角(뿔 각)+刀(칼 도)+牛(소 우)로 이루어져 '소의 살과 뼈를 따로 풀어헤치다'라는 뜻이다. 문제를 기술적으로 '해결'하는 것이 아니라 더 이상 문제가 되지 않도록 '해소'하는 것이 양생의 두 번째 길이다.

[세 번째 이야기] 예기치 않은 사태의 대처자세

높은 관직임에도 외발 신세인 사람에게 '어찌 외발이오? 운명 탓이오. 사람 탓이오?' 묻자, '꽃이 지기로 서니 바람을 탓하랴. 하늘이 한 것이지 사람이 한 것이 아니오.' 불행도 자연스러운 일로 받아들이는

경험하나에 지혜하나

마음이다. 부귀한 사람은 부귀한 대로 빈천한 사람은 빈천한 대로, 좋은 사람이든 나쁜 사람이든 환난에 처한다. 위에서는 아래를 업신여기지 않고 아래는 위를 헐뜯지 않으며 남에게 기대어 덕을 보려고 하지 않고 자신을 바르게 한다. 하늘을 원망하지 않으며 사람을 탓하지 않는다(不怨天 不怨人). 꽃이 지기로 서니 바람만 탓할 수 있겠는가. 일어나는 이유를 모르니 우연이고, 이미 일어난 일은 돌이킬 수 없으니 필연이다. 우연처럼 보여도 필연이다. 우연과 필연은 같이 존재한다. 모든 것을 차별 없이 받아들이는 마음이 허심이요 양생의 세 번째 길이다.

[네 번째 이야기] 어디에 머물러야 할지 판단기준

모든 존재는 고유한 본성을 지닌다. 물고기는 물고기의 본성을, 새는 새의 본성을 가지고 있다. 이런 본성은 아무 데서나 드러나는 것이 아니다. 물고기는 물속에서, 새는 하늘에서 자유롭다. 개미는 개미대로, 베짱이는 베짱이대로의 즐거움이 있다. 본성을 거스른 채 무언가에 휩쓸려가고 있지 않은지 돌아보아야 한다. 자신의 본성을 발휘하는 자득지장(自得之場)에서 누리는 자유로움이다. 꿩은 열 걸음 가서 물 한 모금 먹고 또 열 걸음 가서 물을 마실 정도로 수고롭게 생활하지만, 꿩대로의 삶의 방식이 있어 야생의 거친 삶에도 자기 방식대로 사는 것이 자유로움이다. 생김새가 곧은 것도 굽은 것도 있기 마련이며 갈고리처럼 휘어야 유용한 것도 있다. 각기 용처가 따로 있으니 어느 한쪽을 배제하는 것은 온당하지 않다. 곧더라도 해로우면 버려야 하고 굽었더라도 이로우면 취해야 한다.

장자의 예미도중(曳尾道中)의 일화다. 낚시하는 장자에게 초나라 사신이 찾아와 정사(政事)을 맡기고 싶다고 한다. 장자는 거들떠보지도 않고 '초나라에 죽은 지 3천 년 된 신령한 거북이가 귀한 천에 싸여 묘당에 소중히 간직되어 있다. 그런데 그 거북이 본인도 죽어서 그렇게 소중하게 받들어지기를 바라겠는가? 아니면 죽지 않고 진흙 속에서 꼬리를 끌며 다니기를 바라겠는가?' 사신은 '당연히 살아서 진흙 속에 꼬리를 끌며 다니기를 바라지요'라고 하자, 장자는 '그럼, 그대들은 어서 돌아가시오. 나도 진흙 속에 꼬리를 끌며 다닐 것이오'라고 일언지하에 거절했다. 초나라 정사가 미천한 것이 아니라 자신의 본성에 맞지 않아서다. 지금 하는 일이 마음에 편하지 않으면 본성을 거스른 채 무언가에 휩쓸려가고 있지 않은지 돌아보아야 한다. 물만 마시고 팔베개 베고 누워도 그 안에서 자적한다면 그것이 곧 양생의 네 번째 즐거움이다.

[다섯 번째 이야기] 죽음을 대하는 태도

때가 되면 오고 가는 것이 노자의 사생관이다. 노자가 죽자 '진일'이라는 사람이 조문 와서 곡을 세 번만 하고 그냥 나가 버리자, 이를 본 제자가

'친구가 아니오?'

경험하나에 지혜하나

'그렇다. 친구다'

'친구인데 이렇게 조문해도 되오?'

'나도 처음에는 어미가 자식 잃은 듯이, 자식은 어미 잃은 듯이 곡을 해야 한다고 생각했는데 지금은 아니다. 사람이 태어나 삶을 영위하다가 죽음을 맞이하는 것은 존재의 실상이요, 자연이 우리에게 부여한 것이다. 삶에 대한 애착이 커질수록 두려움도 더 커진다. 의미 없이 오래 사는 것은 오히려 인간으로부터 자유를 빼앗는 것이다. 태어남과 죽음은 우리 의도와는 무관하다. 편안히 받아들이는 것이 두려움에서 벗어나는 유일한 길이다. 그렇게 되면 슬픔과 기쁨이 더 이상 끼어들 수 없다.'라고 말했다.

장자는 양생의 다섯 가지를 마무리하기를 '손으로 밀어 넣는 장작은 타서 없어지지만, 그 불은 이어져 꺼지질 않는다.' 나무는 한 줌의 재로 소멸하지만, 다시 생성되는 부단한 과정을 거친다. 세상은 늘 새롭게 이어진다.

부친 묘소에서 벌초 때마다 느끼는 생각이다.

'꽃이 진다고 나무가 죽은 것이 아니듯 우리는 자식을 통해 영생한다.'

4-6화 장자의 안합 이야기

부모 없는 사람 없듯이 군주 없는 사람도 없다. 위나라 태자의 스승이 된 '안합'은 태자가 경박한 성품의 소유자로 자신의 행동은 뒤돌아보지 않아, 이 난감한 상황을 헤쳐 나가기 위해 대부를 찾아가 무모한 군주를 섬기는 방법에 대하여 도움을 청하자

첫째, 먼저 경계하고 삼가며 스스로 몸을 바르게 하라. 자기 견해나 주장을 세우기보다 끌려가지 않은 허심의 고요함을 유지하라.

둘째, 그와 하나가 되어서도 안 되고 화합하더라도 겉으로 드러내서는 안 된다. 겉으로 따르고 마음까지 동화되면 무도한 행위를 적극적으로 돕는 꼴이 된다. 또 마음으로 화합하고 드러내면 아첨한다는 헛소문에 세간의 오해를 받아 화를 입게 될 것이다.

셋째, 그를 바로 잡으려 하지 말고 자정(自正)해야 한다. 그와 함께 갓난애가 되어 태자의 행동을 있는 그대로 거울처럼 비추라. 상대에게 자신의 모습을 볼 수 있도록 도우라. 거울에 비춰보지 않는 한, 내 눈썹을 내 눈으로 볼 수 없다. 세상을 객관적으로 보는 것이 불가능한 세계임을 아는 것이 '최고의 앎'이다.

경험하나에 지혜하나

이어서, 대부는 무모한 군주를 섬길 때 삼가야 할 세 가지 태도로

첫째, 사마귀는 노하면 자신의 팔뚝을 들어 수레바퀴에 맞선다(당랑거철, 螳螂拒轍). 사마귀의 팔이 제아무리 훌륭하더라도 수레바퀴를 당할 수 없다. 자신의 능력을 과신하여 덤비지 마라. 깔려 죽는 신세가 된다. 내 주장을 상대에게 강요하는 일은 삼가야 한다.

둘째, 호랑이를 돌보는 사육사(養虎者)는 호랑이를 길들이기 위해 먹이를 산채로 주거나, 통째로 주지 않는다. 호랑이의 야성과 사나움을 자극하지 않고 다스리는 것이 사육사의 중요한 기술이다. 만약 본성을 존중하지 않고 무턱대고 길들이면 호랑이에게 물려 죽을 수 있다. 상대의 입장을 고려하지 않고 자신의 생각을 강요하면 오히려 화를 입을 수 있다.

셋째, 말을 사랑하는 애마자[愛馬者]가 말 등의 모기를 보고 갑자기 채찍질하면, 말이 놀라 당신을 걷어찰 것이다. 말의 입장을 생각하지 않고 행동하면 오히려 말을 잃게 될 수도 있다. 결국 상대와 맞설 때 나를 바로 잡고(自正), 상대를 서로 존중(相尊)해야 상대와 나를 바로 잡을 수(相正) 있다.

4-7화 리더의 자질

무신불립(無信不立)이란 말은 믿음이 없으면 살아갈 수 없다는 뜻이다. 사람을 설득하는데 우선 신뢰와 인격적인 호감을 얻은 후 감정에 호소하는 것이 설득의 90%를 차지하고, 아무리 논리적 근거를 가진 말이라도 도덕적으로 의심받으면 마음을 움직일 수 없다.

2007년 7월 28일 MBC 스페셜에 방영된 일본의 미래전기 야마다 사장의 유명한 일화는 신뢰의 힘이 얼마나 큰지를 보여준다. 미래전기는 70세까지 정년을 보장하여 비정규직이 없고, 전 직원을 1년에 한 번씩 해외여행을 시켜주는 회사로 일본의 대기업 '내셔널 전기'를 제치고 전기설비 제조업체 1위를 기록한 회사다. 이 회사의 직급을 정하는 방법이 특이하다. 과장 진급에 회장이 독단적으로 임명하거나 연필 넘어지는 쪽에 있는 직원이 상사가 된다. 저렇게 운영해도 될까 싶은 정도로 회사를 운영해도 직원들의 불만이 없는 것은 신뢰의 힘이었다. 사장 본인의 월급은 생활비 일부를 제외하고 모두 회사에 환원하고, 사장이 페인트칠 등 잡일을 도맡아 한다. 근무하는 동안 단 한 번도 직원을 꾸짖은 적이 없다. 이것이 적자와 위기를 극복한 요인이었다. 이성이나

경험하나에 지혜하나

재물, 직위에 청렴한 것이 바로 신뢰의 힘이다. 어떤 조직을 이끌 때 리더에게 요구되는 것은 제일 먼저 신뢰를 구축하는 것이고, 그 다음이 정당성(합법성)과 문제해결능력(추진력)이다. 정당성과 문제해결능력이 뛰어나더라도 도덕적으로 의심받으면 마음을 움직일 수 없다. 문제해결능력만 있고 신뢰가 없으면 산속에서 풀이나 뜯는 외로운 은자와 같고, 문제 해결능력 없이 신뢰만 있으면 호감 가는 바보일 뿐이다.

집중무권

'사람은 출생 순간부터 추종자와 지배자로 운명 지어진다'는 아리스토텔레스의 말처럼 누구든 가정을 포함하여 크든 작든 어떤 단체나 조직을 이끌고 나가게 마련이다. 집에는 가장, 학교에는 교장, 모임에는 회장, 회사에는 사장, 인디언은 추장, 군대는 대장이 있다. 이들을 권력 있는 사람이라 한다. 망치를 들면 모든 것이 못으로 보이고, 깃발을 들면 흔들고 싶다. 코끼리 등에 올라탄 사람은 코끼리를 부리려고 한다. 망치나 깃발은 권력(權力)이다. 권력의 사전적 의미는 '남을 지배하여 복종시키는 힘'이지만, 원래 권(權)은 '저울의 추'를 뜻한다. 인디언의 리더는 추장이라 한다. 남을 복종시키는 힘을 의미하는 것이 아니라 저울추처럼 균형을 맞추라는 의미다. 복종시키는 힘이라 생각하는 사람과 균형을 맞추는 저울추로 생각하는 사람과의 차이는 크다. 저울추의 역할을 다하여 균형을 유지하는 리더 일수록 권력은 집중무권(執中無權)이 된다.

노자의 정치

첫째, 태상 부지유지(太上 不知有之)

최고의 통치수준은 통치자가 있다는 사실 정도만 알고 지배당하는 느낌을 받지 않아 백성은 부담을 느끼지 못한다. 자발적 지지를 받는 상태로, 백성을 뜻대로 움직이는 지도자이다. 변화의 흐름을 백성의 움직임으로 알 수 있다.

둘째, 기차 친이예지(其次 親而譽之)

다음은 친밀감을 느끼고 칭송받는 지도자를 말한다. 친근하게 생각하고 칭찬받는 지도자 이미지로 훌륭해 보이지만, 가치론적 평가가 지배적이기 때문에 제한적 범위 안에서의 찬양일 수밖에 없다.

셋째, 기차 외지(其次 畏之)

다음은 두렵고 무서운 독재자다. 자발적 지지를 얻기는 어렵다. 보이는 대로 보지 않고 의도적으로 보려는 비효율적 상황이다.

넷째, 기차 모지(其次 侮之)

다음은 뒤에서 업신여김을 당하고 모욕을 당하는 지도자다.

형(刑)과 예(禮)

형(刑)은 발생한 다음에 적용하는 것이고, 예(禮)는 발생하기 전에 막은 것으로, 법은 적용한 효과를 알기 쉽지만 예는 예방한 효력을 알기 어렵다. 공자가 이상향으로 삼는 주나라의 사법 원칙은 '공경대부와 같은 지배계층은 예로 다스리고, 피지배계층은 형으로 다스리는 것'

경험하나에 지혜하나

이라 했다. 주나라와는 달리 한비자의 법가사상을 토대를 삼은 진나라는 형과 예의 구분을 없애고 똑같이 형으로 다스린 중국 최초의 통일 국가를 완성하였지만, 불과 20년도 채 되지 않는 단명함이 법가사상의 한계를 증명한다. 진시황은 한비자의 오두편[35]을 보고 '이 사람과 한번만이라고 만나 교유하면 죽어도 여한이 없을 것 같다'라고 감탄할 정도였다. 예(禮)는 사대부 아래로 내려가지 말고 형은 사대부 위로 올라가지 말아야 한다는 말이 있다.

듣고 참고 품고

태조 이성계가 왕이 되고 나서 정도전에게 '임금의 도리'가 무엇인지 물었다. 정도전은 '듣고, 참고, 품는 것'이라 했다. 동서고금을 막론하고 리더는 참모의 말을 경청하고, 어려운 상황을 인내하며, 반대세력도 포용하는 것이 가장 큰 덕이라 했다.

영화 <사도>의 마지막 대사

아들 사도세자가 그 뜨거운 여름날 뒤주에서 죽어가던 모습을 평생 잊지 못하는 영조(송강호)는 죽음을 목전에 앞두고 하늘을 쳐다보며 회한의 마지막 말을 남긴다. '임금은 결정하는 자리가 아닌 윤허하는 자리다'라는 대사가 오래 기억으로 내 가슴 속에 남아있다. 학교장으로

---

35) 오두편(五 篇)는 '오두'는 나라를 좀 먹는 다섯 가지 벌레를 말한다. 한비자가 말하는 좀벌레는 학자, 유세자, 협객, 측근, 상인이다. 지금의 기준으로 보면 협객과 측근을 제외하고는 그렇게 사회악으로 보이지는 않는다.

어려운 결정을 내리거나 복잡한 문제 상황이 생길 때마다 여러 사람의 의견을 듣고 다수가 원하는 방향으로 일을 결정하면 올바른 판단을 할 수 있고, 책임감도 덜 수 있다. 한 사람보다는 두 사람이, 두 사람보다 세 사람의 생각이 옳다. 사이비 종교는 소수의 사람들로 이루어진 집단이라 잘못된 판단이 나오기 쉽다.

다모클레스의 칼

BC 4세기경 시칠리아 섬에 '다모클레스'라는 신하가 있었다. 그는 늘 왕의 권력이 부러워 이 사람 저 사람에게 떠들어대자 왕이 그를 조용히 불러 '그대는 내 자리가 그렇게 탐이 나는가?' 묻자, 신하는 '아닙니다. 다만 하루만이라도 폐하의 부와 권력을 누릴 수만 있다면 무엇을 더 바라겠습니까?' 그는 왕의 배려로 일일 왕이 되었다. 왕의 자리에 앉은 다모클레스는 주위를 둘러보다가 우연히 천장을 올려 보았는데, 천장에는 그동안 보이지 않았던 한 가닥 가는 머리카락에 매달린 예리한 칼이 보였다. 하루 종일 살아 있는 기분이 아니었다. 언제 떨어질지 모르는 칼 밑에서 불안한 마음으로 하루를 보냈다. 그 후로 그는 왕이 되고 싶다는 생각이 들지 않았다. 언제나 신변의 위험이 다니기 때문에 마음이 편치 않았다. 1961년 케네디가 UN 연설에서 핵전쟁의 위험을 강조하면서 유명해진 '다모클레스의 칼'이다. 왕관을 쓰려는 자는 왕관의 무게를 견뎌야 한다.

경험하나에 지혜하나

4-8화 산월기(山月記)

농서 지방의 서생 '이징[36]'은 학식이 높고 재능이 뛰어나 젊은 나이에 진사시에 급제해 벼슬을 했다. 그러나 남과 쉽게 타협하지 못하는 성격인 데다가 자신의 능력에 비해 낮은 자리에 머물러 있다고 늘 앙앙불락하다가, 관직을 그만두고 사람들과의 교류도 끊은 채 시 짓는 일에만 심혈을 기울였다. 하급관리로 속물스런 윗사람들 앞에서 무릎을 꿇는 것보다 후세에 길이 남을 시인이 되고자 했다. 그러나 시인으로 이름을 날리는 것도 생각처럼 쉽지 않아 생활이 날로 궁핍해져 갔다. 쓸데없이 눈빛만 날카로워져 용모도 험상궂게 변해가면서 젊은 시절 미소년의 모습을 찾아볼 수 없게 되었다. 결국, 가난에 못 이겨 시작(詩作)의 절개를 꺾고 다시 일개 지방관리로 봉직하게 되었다. 그때는 이미 자신의 동년배들이 높은 자리에 있어, 예전에 우습게 여기던 자들의 명령을 받으니, 왕년의 수재로 이름을 날리던 그의 자존심이 얼

---

36) 60년간 일본의 고등학교 교과서에 실린 나카지마(1907~1942)의 대표작이다. 당(唐)나라의 〈인호전(人虎傳)〉을 대본으로 한 작품으로이지만, 전혀 다른 주제로 재구성하고 있다. 서른세 살에 요절했다고 믿기 어려움 정도로 작품에서 드러나는 인간 이해와 역사 인식에 경탄을 금치 못한다. 1920년 교사인 부친을 따라 한국에 와서 서울 남정초, 경성중학교(지금의 서울고등학교)를 졸업했다.

마나 많은 상처를 입었는지 쉽게 상상할 수 있다. 모든 일에 만족하지 못하고 남을 거스르기만 하다가 급기야 더 이상 자신을 제어할 수 없는 지경에 이르고 말았다. 어느 날 이징은 한밤중에 갑자기 안색이 변하여 발광이 일어났다. 밖에서 누군가 부르는 알 수 없는 소리에 이끌려 괴성을 지르며 숲속으로 달려 나갔다. 달리는 사이에 두 발이 네 발이 되고, 몸속에 이상한 기운을 느껴 큰 바위를 훌쩍 뛰어넘어 정신을 차려보니 몸에 털이 난 큰 호랑이로 변해 있었다.

한편 이징보다는 못하지만, 같은 해 진사시에 급제한 '원참'은 성품이 온화하여 남과 다투는 일이 없는 이징의 절친이었다. 원참이 감찰어사로 지역을 순행하던 중 호랑이의 습격을 당했다. 호랑이는 원참을 공격하다가 공중에서 갑자기 몸을 획 돌려 풀숲으로 들어가더니 '휴우 ~ 큰일 날 뻔했다' 중얼거린다. 원참은 그 목소리의 주인공이 이징임을 바로 알 수 있었다. 오랜만에 만난 옛 친구 원참의 격의 없는 성품에 자신의 부끄러운 과거 사연을 모두 들려주었다.

'나는 호랑이가 된 후 괴로워 곧바로 죽으려고 했지만, 마침 토끼 한 마리가 눈앞에서 달려가는 것을 본 순간, 내 안에 있는 인간의 모습은 순식간에 자취를 감추고 말았다네. 다시 인간의 눈을 떴을 때 내 입은 토끼 피로 얼룩지고 주위에 토끼털만 어지럽혀져 있었다네. 이것이 호랑이로서의 첫 경험이었지. 그 이후 행적에 대해서는 자네의 상상에 맡기겠네. 이제는 날이 거듭될수록 내가 인간이었다는 사실이 가물가물해지네. 마치 옛 궁궐의 초석이 차츰 모래바람 속에 파묻혀 버리듯이 말일세. 오늘 자네를 몰라볼 뻔했네. 아아, 이 얼마나 두렵고 슬프고 비통한 일인가? 내가 인간이었다는 기억이 없어지는 것이! 내가 더 이상 인간이었음을 잊어버리기 전에 자네에게 한 가지 부탁이 있네. 내가 전에 시인으로 이름을 얻을 작정으로 수백 편의 시를 짓고도 세상에 내어놓지 못했네. 이 시들이 어디에 있는지도 모르겠네. 하지만 아직도 기억에 남아 외울 수 있는 것이 수십 편이 있다네. 더 미쳐버리기 전에 말하겠네.' 원참은 부하에게 시를 받아 적게 하였다. 모두 30여 편이나 되었다. 원참은 이징이 일류 작가라고 생각했지만, 어딘가 -아주 미묘한 점에서- 모자라는 데가 있었다. 시를 읊던 이징이 갑자기 말투를 바꾸더니 '호랑이가 된 마당에 모든 것이 무슨 소용이겠는가? 이왕 웃음거리가 된 김에 지금의 심정을 시로 읊어 보겠네.'

> 나는 광기에 휩싸인 짐승이 되고
> 그대는 수레 위 높은 고관이로다.
> 골짜기 밝은 달 바라보며 시를 읊어도
> 짐승의 울음소리로밖에 메아리치지 않네.

나무 사이를 가르는 찬바람이 이미 새벽이 되었음을 알렸다. 이징은 '나는 사람들과 어울리기를 꺼렸다네. 사람들은 나를 오만하고 자존심이 강하다고 말했지. 사람들은 나의 수치심을 잘 몰랐던 거야. 고을에서 귀재라 불리던 나의 거만한 자존심 때문이었네. 내가 구슬임을 믿었기에 평범한 인간들과 어울리지도 못했고, 옥구슬이 아닐까 봐 두려위 애써 노력해 닦으려고 하지 않았다네. 인간은 누구나 내면의 맹수를 부리는 사람이며, 타고난 본성을 가지고 있다네. 내 경우에는 수치심이 바로 호랑이였던 게야. 이것이 나를 망가뜨리고, 아내를 괴롭히고, 친구에게 상처를 입히고, 결국 내 겉모습이 이렇게 되고 만 것이라네. 지금 생각하면 내게 있던 재능을 허비해 버린 셈이지. 하루는 그냥 지내기에는 길게 느껴지지만, 한 가지 일을 하기에는 너무 짧은 거라네. 인생도 아무것도 이루지 않기에는 너무 길지만, 무언가를 이루기에는 너무도 짧은 것이라네. 자신의 부족한 재능이 드러날지도 모른다는 비겁한 두려움이 나의 전부였네. 나보다 모자라는 재능을 가졌음에도 불구하고 그것을 갈고 닦아 당당한 시인이 된 사람이 얼마든지 있는데도 말이야. 호랑이가 되어 버린 지금 가슴이 타는 회한을 느낀다네. 어찌하면 좋겠는가? 내가 허송해 버린 과거를. 이것을 생각하면 견딜 수 없네. 그럴 때면 나는 맞은편 산 바위꼭대기에 올라가 인적이 드문 계곡을 향해 울부짖는다네. 이 가슴이 찢어지는 슬픔을 누군가에게 호소하고 싶은 마음에서 말일세. 한 마리의 호랑이가 분을 못 이겨 하늘을 향해 울부짖고 땅을 향해 통곡해도 누구 하나 내 심정을 알아주는 사람이 없네. 내가 인간이었을 때 남의 속을 알아주지 못했던 것처럼 말일세. 내 털가죽이 젖은 것이 단지 밤이슬 때문만은 아니라네. 날이 밝아오고 돌아갈 시간이 다 되었으니, 헤어지기 전에 꼭 한 가지만 부탁할 것이 있네. 내 처자식은 아직 내 운명에 대해 모르고 있다네. 자네가 일을 마치고 돌아가거든 내가 죽었다고 전해 주지 않겠나? 물

경험하나에 지혜하나

론 뻔뻔스러운 부탁이지만 오늘 이 일만은 밝히지 말아 주게나. 그리고 그들이 길거리에서 굶어 죽지 않도록 헤아려 준다면 나로서는 이보다 더 큰 은혜와 행복이 없겠네.' 원참의 일행은 풀 속에서의 큰 통곡 소리를 들었다. 이징은 덧붙였다. '자네가 돌아올 때쯤에는 내가 완전히 호랑이가 되어 자네를 몰라볼지도 모르니 절대로 이 길을 지나가지 말게나. 가다가 이쪽 언덕 위를 돌아보게나. 한 마리 호랑이의 울부짖음이 보일 것일세. 나의 용맹을 자랑하고 싶어서가 아니라 그저 추악한 나의 모습을 보여주어 다시는 이곳을 지나가거나 나를 만나려는 마음이 들지 않게 하기 위해서라네.' 풀 속에서 참지 못할 정도의 오열이 새어 나왔다. 원참도 눈물 속에 발걸음이 떨어지지 않았다. 한참 길을 가다가 뒤돌아본 원참은 한 마리의 호랑이가 하얗게 빛을 잃은 달을 올려다보며 크게 포효하고 사라지는 모습을 보았다.

어린 시절 자신이 옥구슬로만 알았던 까닭에 그저 기왓장 같은 평범한 속인들과 어울리지 못한 이징의 모습이 친구 원참과 잘 대비된다. 아무리 수재라도 절차탁마의 노력을 하지 않고 자존심을 그대로 방치하면 내부의 악이 짐승의 목소리를 내며 이웃을 해치는 일을 막을 수 없다. 호랑이로 변해버린 시인의 참회를 통해 인간이 어떻게 살아야 하는지에 대한 짧지만 강렬한 화두를 우리에게 던진다. 동창회에서 학창시절 나보다 못했던 친구의 성공은 어떤 식으로든 인정하기란 쉽지 않다. 타고날 때 성정은 비슷하나 긴 세월 작은 습관에 의해 큰 차이가 생기는 성상근 습상원(性相近習相遠)이다.

4-9화 논어이야기

공자는 춘추전국시대 말기인 BC551년에 16세 무당 안징재와 칠순 노인 숙량흘의 동거로 태어났다. 3살 때 부친을 여의고 편모슬하에서 자라다가 그마저 17세에 고아가 되었다. 젊은 날 가축사육, 창고지기 등 하급관리를 하면서 일찍이 학문에 정진하였으나 입신양명하지 못했다. 신분이 비천하여 권력의 주류에 들지 못하고 50세 중반에 정치에서 물러나 자로, 자공, 안회와 함께 천하를 주유하기 시작하여 14년간 위, 진, 송, 제나라 등으로 망명을 다녔다. 이후 정치에서 물러나 제자를 양성하여 도덕 정치를 실현할 왕을 찾았으나 실패했다. 넘어져도 코가 깨지는 불운의 연속으로 '초상집 개'라는 놀림까지 받았다. 실패한 사상가로 68세에 노나라로 돌아와 제자를 가르치며 말년을 보내다 73세에 세상을 떠나 노나라 수도 북쪽 사수(泗水) 언덕에 묻혔다.

춘추전국시대는 5천 년 중국 역사 중 백화제방의 시대이자 인간관계의 보고인 시대였다. 공자는 15세에 학문에 깊은 뜻을 두고, 30세에 삶의 기초를 확립했고, 40세 사물의 이치에 의문이 없었고, 50세에 하늘의 뜻을 깨달았고, 60세에 귀가 거슬리지 않게 모든 걸 받아들이는 넓

경험하나에 지혜하나

은 품성을 갖게 되었다. 70세에는 욕심이 양심을 넘지 않는 '종심소욕 불유구(從心所欲不踰矩)'의 경지에 도달했다. 그는 노나라 정치제도 개혁을 통해 왕도정치를 실현할 수 있는 이상적인 사회를 재건하는 일을 평생 사명으로 여겼다. 공자 사후 100년 뒤 제자들이 스승의 가르침을 받아 사람들의 질문에 대답하고 토론한 것이 '논'이고, 제자들에게 전해 준 가르침이 '어'이다. 제자 자공이 큰 부자가 아니었으면 오늘날의 논어는 세상에 빛을 보지 못했을지도 모른다. 공자 사상을 한마디로 압축하면 '극기복례'다. 극기는 자신을 잘 다스리는 것이고, 복례는 겸손하고 공손하게 살아간다는 뜻이다. 실천 방법으로 '예가 아니면 보지도 말고(非禮勿視), 듣지도 말고(非禮勿聽), 말하지도 말고(非禮勿言), 행동하지도 말라(非禮勿動)'라고 했다.

다음은 논어에서 자주 인용되는 부분을 모아 정리한 것이다.

[하나] 논어의 의미심장함은 첫머리에 있다

> 「학이시습지 불역열호(學而時習之 不亦說乎)」
> 「유붕자원방래 불역낙호(有朋自遠方來 不亦樂乎)」
> 「인불지이불온 불역군자호(人不知而不慍 不亦君子乎)」

자기보다 성실하고 믿음 주는 사람은 많지만, 자기만큼 배우기를 좋아하는 사람은 없을 것이라 자부하는 공자는 '배우고 익히는 기쁨'과 '먼 곳에서 찾아온 친구를 만나는 즐거움', 그리고 '남이 알아주지 않더라도 서운해 하지 않는 인품'의 소유자다. 오히려, 내가 남을 알지 못함을 먼저 탓하라(患不知人也)고 했다. 자기 자신을 알아가는 것만큼 행복은 없다. 우리가 공부하는 이유도 여기에 있다. 공자가 평생 애독한 〈주역〉에 '군자는 친구와 함께 배우고 익힌다'는 구절에서 그 단서가 보인다. 배움으로 인한 내면의 기쁨을 함께 나누고 즐길 수 있는 존재가 친구다. 배우는 즐거움만 있다면 어떤 상황에도 흔들리지 않는 사람이 될 수 있다는 것이다. 공자가 난세에 비웃음을 당하면서 끝까지 꿈을 잃지 않았던 비결이기도 하다. 논어는 학(學)으로 시작하고, 노자는 도(道)로 시작을 한다. '학(學)'은 날마다 더하는 것이지만, '도(道)'는 날마다 덜어내는 것이다.

[둘] 삼부지 (三不知)

불지명 무이위군자야 불지례 무이립야 불지언 무이지인야
「不知命 無以爲君子也 不知禮, 無以立也 不知言 無以知人也」

논어의 마지막 문장은 '삼부지'(三不知)로 끝맺고 있다.
'천명(天命)'을 알지 못하면 군자가 될 수 없고,
'예(禮)'를 알지 못하면 세상에 당당히 나설 수 없으며,
'말(言)'을 알지 못하면 그 사람을 알 수 없다.
즉, 상대방의 말을 이해하지 못하면 그 사람의 됨됨이를 알 수가 없다는 소통을 중요성을 2500년 전에도 강조하고 있다.

[셋] 세상을 바로잡는 일

유안회자호학 불천노 불이과 「有顔回者好學 不遷怒 不貳過」

공자는 아무 곳에서나 화를 내지 않고, 또한 잘못한 일은 두 번 다시 되풀이하지 않는 안회의 호학(好學)을 높이 평가했다. 안회가 위나라의 폭정을 바로 잡으려 하자 공자는 '세상을 바로잡는 일은 성인들도 감당하기 어렵다. 바로 잡으려다 보면 결국 명예나 이익을 추구하는 쪽으로 귀결되고, 이는 다시 불행한 사태로 이어져 인간의 역사 현실에서 이런 굴레를 벗어나기란 불가능하다. 그러니 성인조차 못한 일을 그대가 할 수 있겠는가.' 반문했다. 그러자 안회는 '마음을 곧게 하여 하늘과 벗하고, 겸손하게 행동하고 몸을 낮추어 성현의 가르침에 따르면 가능하지 않은가?'라고 하자 공자는 '불가능하다. '나'의 의도가 개입되어 결국 나 자신이 옳다고 생각하는 바를 관철하기 위해 '상대'를 대상화하기 때문이다. 심재(心齋)[37]하라'고 말했다. 몇 달 뒤 안회가 '심재를 하고 나니 애초에 '나'라는 것이 있지 않더라'는 말에 공자는 '너의 깨달음이 극진하구나. 너에게 세상사는 지혜를 말해주겠다. 첫째, 새장(좁은 세상)에 놀더라도 상대가 듣지 않거든 거기서 중단하는 것이 좋다(不入則止). 둘째, 자기의 생각을 내세우지 말고 있는 그대로 받아들여라(無門無毒). 그러면 거의 도에 가깝다.'라고 충고했다.

---

37) 제사를 모시기 전에 삼가 마음을 정결히 하는 것

[넷] 공자 곁을 떠난 안회

안회가 시장을 지나는데 가게 주인과 손님이 싸우는 것을 보게 되었다. '3전짜리 물건 8개를 구입하는데 분명히 22전인데 주인이 24전을 요구한다.' 큰소리로 화를 낸다. 안회가 정중하게 '당신의 계산이 잘못되었다.'라고 하자, 손님은 버럭 화를 내면서 '누가 너더러 따지라고 했냐? 공자라면 모를까?'라고 하자, 안회는 '공자께서 당신이 잘못이라 하면 어떻게 할 것인가?' '그러면 내 목을 내놓을 것이다. 그럼 너는?' '내 관(冠)을 내놓겠다.' 두 사람은 내기를 걸고 공자를 찾아갔다. 공자는 사건의 전말을 듣고 나서 '안회야 네가 졌으니 이 사람에게 관을 벗어주어라' 안회는 공자의 판정에 대해 내색은 하지 않았지만, 도저히 이해할 수가 없었다. 이제 스승이 늙어 판단이 흐려 더 이상 배울 게 없다고 생각하고 스승을 떠나기로 마음을 먹고 고향에 잠시 다녀올 것을 요청하였다. 공자는 아무 말도 없이 고개를 끄덕이며 허락하였다. 바로 돌아올 것을 당부하며 두 가지를 충고했다.

천년고수 막존신(千年古樹 莫存身)
살인불명 물동수(殺人不明 勿動手)

길을 나선 안회는 갑자기 천둥과 번개를 만나 비를 피하려고 오래된 고목나무 밑으로 뛰어 들어가는데 스승이 '천년 묵은 나무에 몸을 숨기지 말라(천년고수막존신 千年古樹莫存身)'는 말이 떠올라 그동안 사제의 정을 생각해 한번만 들어주자는 생각으로 그곳을 뛰쳐나왔는데, 그 순간 고목이 번개에 산산조각이 나버렸다. 안회는 스승의 말에 놀라움

경험하나에 지혜하나

을 금치 못하였다. 안회는 몸을 잘 피신하여 밤늦게 고향에 도착했다. 아내가 자는 내실의 문고리를 풀고 들어가는데 침대 위에 두 사람이 자는 것이 아닌가. 안회는 화가 치밀어 검을 뽑아 내리치려는 순간 '명확하지 않으면 함부로 살인하지 마라(살인불명 물동수 殺人不明 勿動手)'는 스승의 말이 생각나 그동안 사제의 정을 생각해 한 번 더 들어주자는 생각으로 촛불을 켜서 확인해보니 아내와 누이동생이 자고 있었다. 안회는 날이 밝기 무섭게 공자한테 되돌아가 무릎을 꿇고 '스승님 덕에 저와 제 아내와 누이동생을 살렸다. 어떻게 그런 일을 알 수 있었습니까' 묻자, 공자는 웃으며 '어제 날씨가 무척 건조하고 무더워 천둥번개가 올 수 있음을 알았고, 분개한 마음으로 검을 차고 떠나는 너의 모습에서 큰 사고가 날 것 같았느니라. 나는 네가 못마땅해서 떠날 줄을 알고 있었다. 한번 잘 생각해 보아라. 네가 지면 그저 관 하나만 벗어주면 되는데, 네가 이기면 그 사람은 목숨을 내놓아야 하지 않겠는가. 안회야 말해 보아라. 관이 중요하더냐? 목숨이 중요하더냐? 그리고 22전이라 말하는 아둔한 놈이랑 싸운 네 놈이 더 어리석은 놈이 아니냐.'는 말을 듣자, 안회는 '쿵'하고 공자 앞에 무릎을 꿇고 큰절을 올리면서 '부끄럽기 짝이 없습니다.' 그 이후로 안회가 스승 곁을 떠난 적이 없었다.

[다섯] 민심이 흉흉한 지역을 다스리는 방법

자로는 기질이 거칠고, 조정에 대한 반감이 심한 박(薄) 땅을 다스리게 되었다. 임지로 떠나기 전에 공자에게 박 땅의 사정을 이야기하며 조언을 청했다.

공자는 '겸손하고 경건한 마음이 있으면 용맹한 자를 복종시킬 수 있고, 관대하고 올바르면 민중을 따르게 할 수 있다. 또한, 온화하면서도 일에 결단력이 있으면 사악한 인간을 물리칠 수 있다'라는 말을 듣고, 자로는 재배한 뒤 기쁜 마음으로 임지로 떠났다. 3년이 지난 뒤 공자가 박 땅을 지나가다가 자로에게 들렀다. 먼저 영내를 들어가자마자 '자로가 참으로 공경과 신의가 있구나.' 칭찬하자, 옆에 있던 자공이 아직 자로를 보지도 않고 칭찬하는 이유를 묻자, 공자는 '영내에 들어서니 논밭이 모두 정리되었고, 황무지가 개간되었고, 관개수로 또한 정리되어 있다. 읍에 들어가니 민가의 담장이 완비되어 있고, 수목도 울창했다. 이것은 자로가 제 할 일을 게을리 하지 않고 있음을 의미한다. 집안이 정결하고 조용하며 심부름하는 아이 한 사람에 이르기까지 겸손하고 친절하지 않은가? 자로의 말이 명철하고 결단력이 있어서 사람들을 다스리는 데 어지러움이 없다는 것을 뜻하지. 자로를 만나지 않고도 그의 다스림을 알 수 있는 게 아닌가?'

[여섯] 같은 행동에 다른 교훈

충고이선도지 불가즉지 모자욕언 「忠告而善道之, 不可則止, 毋自辱焉」
(벗을 충고해서 잘 이끌되 안 될 것 같으면 그쳐서 스스로 욕을 당하지 마라)

부끄러움을 아는 수오지심은 인간의 기본이다. 공자와 제자가 길을 가다가 몰래 오줌 누는 사람을 발견했다. 공자는 오줌을 누는 사람을

경험하나에 지혜하나

보고 꾸짖어 반성케 하였다. 다시 길을 가는데 길 가운데서 똥을 누는 걸인을 보고 공자는 그냥 지나쳤다. 제자가 의아한 듯 물었다.

'오줌 싸는 사람은 나무라면서 똥 누는 사람은 왜 그냥 보고도 지나치느냐?'고 묻자, '오줌 누는 사람은 부끄러움을 아는 사람이지만, 길한 가운데에서 대놓고 똥을 누는 사람은 부끄러움을 모르는 사람이다. 그래서 꾸짖어 봤자 오히려 똥이 묻을까 염려스럽다.'

교육은 부끄러움을 아는 사람을 대상으로 한다. 충고하여 잘 이끌되, 듣지 않는다면 지나친 충고로 스스로 욕을 당하지 말라. 억지로 상대를 설득하려 들면 자신의 덕과 동시에 상대방의 덕도 잃고 강한 반발만 불러일으킨다.

[일곱] 경계해야 할 세 가지

시기소이 관이소유 찰기소안 「視其所以 觀其所由 察其所安」

공자가 이르기를 '수려한 외모나 겉모습을 경계해야 하고, 화려한 언변은 그 행동의 동기를 꿰뚫어 보아야 하고, 그 행동이 편안한지 살펴보아야 한다.' 수려한 외모와 화려한 언변으로 만나는 사람마다 호감을 주는 사람을 경계하라는 의미다.

[여덟] 지나침은 모자람만 못하다

과유불급 「過猶不及」

자공이 '스승님, 자장과 자하 중 누가 더 나으냐'를 묻자,

'자장은 지나치고 자하는 미치지 못한다.'

'그럼, 자장이 나은가요?'

'지나친 것은 미치지 못함만 못하다.'

어느 한쪽으로 치우침이 없는 중용의 도를 말한 것이다. 술은 부작용이 적은 약이지만 지나치면 탈이 난다. '술을 먹되 덕 없으면 문란하고, 춤추는데 예 없으면 난잡하니 덕과 예를 지키면 만수무강하리라'의 윤선도의 시가 있다. 하나를 잡으려면 다른 하나를 놓아야 한다는 염일방일(拈一放一)의 실천이다. '조국 사태'를 보면서 검찰 측이든 조국 측이든 지나치게 자기 목에 올가미를 걸거나, 성희롱 사건을 변호하여 여성권익 신장 공로로 98년 '올해의 여성 운동상'을 받은 박원순 서울 시장은 그 청렴한 이미지가 자기 발목을 잡는 과유자승(過猶自繩)[38]이 되었다.

[아홉] 공자가 미워하는 사람

악자지탈주야 악칭인지악자 악거하류이선상자 악용이무예자 악과감이질자
「惡紫之奪朱也 惡稱人之惡者 惡居下流而訕上者 惡勇而無禮者 惡果敢而窒者」

어느 날 자공이 '스승님도 미워하는 자가 있느냐?' 묻자,

한 마디로 '있다마다. 원래 붉은색 자리를 밀어내는 자주색이 밉다. 첫째로 제 잘못은 태산 같은데 입만 열면 남을 헐뜯는 자. 둘째로 제 허

---

38) 지나친 말이 자신의 목에 올가미를 건다는 의미이다.

물은 하늘 같은데 윗사람 비방만 하는 자. 셋째로 과감하기만 하여 앞뒤가 꽉 막혀 있는 자. 넷째 융통성이 전혀 없는 자가 밉다.'

'자공 너는 어떠냐?'

'저도 있다마다요. 첫째로 남의 말을 가로채 알고 있는 것처럼 잘난 체하는 자. 둘째로 불손과 용기를 구별하지 못하는 자. 셋째로 남의 잘못을 들춰내는 것을 정직하다고 생각하는 자가 밉다.' 고 하였다.

[열] 평생 실천해야 할 말

유일언이가 이종신행지자호 기서호 기소불욕 물시어인
「有一言而可 以終身行之者乎 其恕乎 己所不欲 勿施於人」

자공이 공자에게 '평생토록 실천할 만한 것이 무엇이냐' 묻자,

'그것은 오직 용서(恕)이니라. 내가 하기 싫은 일을 남에게 시키지 말 것이니라.' 즉, 자기가 하고 싶지 않은 것은 남에게 시키지 않고 남에게 피해를 주지 않는 사람이 가장 완벽한 인간이라는 가르침이다. 성경이나 탈무드 등 경전에 모두 나오는 중요한 덕목이다. 이것은 사람과 동물을 구분하는 기준이고, 일생을 살면서 지켜야 할 수많은 덕목의 가장 기본이며, 모든 갈등의 원인이다.

[열 하나] 전불습호(傳不習乎)

증자왈 오일삼성오신 위인모이불충호 여붕우교이불신호 전불습호
「曾子曰 吾日三省吾身 爲人謀而不忠乎 與朋友交而不信乎 傳不習乎」

중자는 '매일 자신을 세 번 반성한다. 첫째, 남을 위해 정성을 다하였던가. 둘째, 벗들에게 신의를 다하였던가. 셋째, 전하기만 하고 행하지 아니하였던가.' 습(習)은 어린 새(白)의 날개(羽)짓이다. 어린아이는 엉덩방아를 3천번 넘게 찧어야 걷는다고 한다. 전불습호(傳不習乎)란 실천하지 않고 전하기만 하지는 않는지 매일 반성한다는 뜻이다. 그러나 길에서 들은 바를 바로 옮기는 도청도설(道聽塗說)은 진실 여부를 떠나 얼마나 위험한 일인지 모른다. 성인이란 하고 싶은 말을 참는 힘이나 덕을 가진 사람이다. 공자는 도청도설은 덕을 포기하는 것(道聽塗說 德之棄也)이라 했다.

[열 둘] 지나간 일은 탓하지 마라

성사불설 추사불간 기왕불구
「成事不說 遂事不諫 旣往不咎」

이미 이루어진 일을 말하지 않으며, 끝난 일은 고치도록 간하지 않으며, 지나간 일은 탓하지 않는다. 싸움이나 분쟁에서 서로의 화해를 위한 것이라면 좋은 말만 하라. 싸운 당사자에게 '자네와 싸운 친구를 만나고 왔네, 자네는 몹시 화를 내지만, 그 친구는 사려 깊지 못한 말에 대해 뉘우치고 있다네' 이간질이 아닌 동간질을 하라. 그러면 싸웠던 두 사람이 먼발치에서 서로를 보게 되면 악수를 하면서 예전처럼 친한 사이가 될 수 있다. 서로 화를 풀어주면서 예전의 좋은 감정이 되살아날 수 있도록 지혜를 발휘하라. 지혜는 속아주는 선한 거짓말이다.

경험하나에 지혜하나

[열 셋] 덕 있는 사람은 외롭지 않다

덕불고 필유린「德不孤 必有隣」

덕 있는 사람은 외롭지 않으며 반드시 이웃이 있다.

모든 일에는 나의 문제로 인식하고 좋은 품성으로 맞서야 한다.

[열 넷] 리인위미(里仁爲美)

리인위미 택불처인 언득지「里仁爲美 擇不處仁 焉得知」

'어떤 곳이 살기 좋은 곳이냐'는 질문에 공자는 '인심이 좋고 어진 마을이 아름다운 곳이다'라고 한다. 어버이의 어진 마음이 깃든 곳이면 어디든 아름다운 거처가 된다. 공자 사상의 핵심은 인(仁)이다. 왕대밭에서 왕대 나듯이 훌륭한 인물이 배출된 곳에 훌륭한 인물이 나온다.

어느 마을에 이사 온 젊은이가 동네 노인에게 물었다.

'이 동네 인심 어때요?'

'전에 살던 곳의 인심은 어땠나요?'

'동네 사람들이 참 좋았고 너무나 아름다운 곳이었지요'

'그래요. 우리 동네도 그럴 겁니다.'

며칠 후 또 다른 젊은이가 이사를 와 노인에게 물었다.

'이 동네 인심 어때요?'

'전에 살던 곳의 인심은 어땠나요?'

'말도 마세요. 정말 힘들었죠. 생각조차 하기 싫은 곳이지요.'

'그래요. 우리 동네도 아마 그럴 겁니다.'

우리는 늘 남으로부터 방해를 받고 산다고 생각하지만, 남에게 내가 방해를 주며 사는 경우가 많다. 감옥과 수도원의 차이는 한쪽은 불평이 넘치고, 한쪽은 감사가 넘친다.

학창시절 아끼던 물건이 없어져 옆 사람을 의심한 적이 있었다. 그 사람은 나를 피하고 나에 대한 행동조차 어색하게 보였다. 나는 그가 범인임을 확신했다. 선생님에게 말하려는데 다른 곳에서 물건을 찾게 되었다. 순간 그 사람이 달리 보였다. 내 시각이 변한 것뿐이었다. 백만금으로 집을 사고 천만금으로 이웃을 산다(百萬買宅, 千萬買鄰).

[열 다섯] 섭공호룡(葉公好龍)

초나라 섭공은 용을 무척 좋아했다. 자신의 거실은 물론, 방안의 휘장에도 용을 그려놓고, 늘 용의 그림 속에서 기거했다. 이것을 들은 하늘의 용이 섭공의 마음에 감동하여 인간 세상으로 내려와 섭공을 찾았다. 머리로는 창을 들여다보고 꼬리로는 집을 한 바퀴 감았다. 대단한 크기였다. 섭공이 이를 보자마자 두려움에 부들부들 떨며 너무 놀라 기절했다. 용은 섭공의 얼굴이 하얗게 질린 모습을 보고 참으로 한심했다. 겉으로는 좋아하지만 실제로는 좋아하지 않는 섭공에 대해 실망감을 감출 수 없었다. 자신을 키워준 부모를 무척 좋아하지만, 막상 늙어 옆에 있으면 섭공호룡이 아닌지…

경험하나에 지혜하나

[열 여섯] 학이지지

생이지지자 상야 학이지지자 차야 곤이학이자 곤이불학 민사위하의
「生而知之者 上也 學而知之者 次也 困而學之者 困而不學 民斯爲下矣」

공자는 사람을 깨달음의 정도에 따라 4단계로 구분하였다.

· 생이지지(生而知之) 태어나면서부터 아는 사람
· 학이지지(學而知之) 배움을 통해서 아는 사람
· 곤이학지(困而學之) 곤란을 겪고 나서야 배우는 사람
  성공한 사람은 겉모습과 달리 쓰라린 실패의 과정을 겪은 자다.
· 곤이불학(困而不學) 곤란과 실패를 겪으면서도 배우지 못하는 사람
  이다.

바보는 실패를 통해 배우지 못하고 항상 결심만하고 모든 문제를 외부에서 찾는 사람이다. 보통사람은 가르침만으로는 부족하여 수고롭게 노력해 스스로 곤란을 겪고 나서야 깨닫는다. 공자는 자신을 일컬어 '배워서 겨우 아는 정도의 사람'이라 자신을 낮추었다. 가장 어리석은 사람이란 곤경을 당하고서도 깨닫지 못하는 사람이다. 나에게 테니스를 어떻게 하면 잘 칠 수 있는지 묻는 사람이 종종 있다. 참 막막하기 그지없는 질문이다. 이창호의 바둑 대국에서 답의 힌트를 얻었다. '저런 묘수를 발견하려면 타고나든지, 훈련을 잘 받든지, 경험이 많아야한다.' 재주가 없으면 훈련과 경험을 쌓을 수밖에 없다. 어떤 방법으로 도달하든 간에 이루어지면 매 한 가지다. 120년 농구 역사에서 가장 위

대한 선수로 평가받는 마이클 조던 같은 무결점 선수도 '살아오는 동안 실패 투성이었다. 처절하게 노력한 것이 바로 성공할 수 있었던 열쇠였다'라고 고백했다.

[열 일곱] 감동만큼 강력한 입소문은 없다

근자열 원자래 「近者說 遠者來」

초나라 섭공이 '백성이 국경 넘어 모두 떠나니 큰 걱정'이라는 말에 공자는 '근자열 원자래'라는 말을 남기고 떠났다. 스스로 내세우거나 상대에게 강요하지 않고 가까이 있는 사람에게 감동을 주면 먼 곳에서도 찾아오게 마련이다. 감동보다 큰 서비스는 없고 감동만큼 강력한 입소문도 없다. 북인도 지방에는 손님을 신으로 여겨 대접한다는 말이 있다. 나를 위인으로 만들어 줄 사람이 옆 사람인데 어찌 소홀하게 대접할 수 있겠는가. 감동은 발 없이 천 리를 간다. 배우자와는 늘 불화하면서 나라가 평안하지 못함을 걱정하는 모순을 갖고 살아간다. 집에서는 사무실 걱정을 하고, 사무실에서는 집안을 걱정한다. 늘 먼 곳의 일을 걱정하는 어리석음을 경계하는 말이다.

[열 여덟] 화이부동

군자주이불비 소인비이불주 군자화이부동 소인동이불화
「君子周而不比 小人比而不周 君子和而不同 小人同而不和」

경험하나에 지혜하나

(군자는 친밀하게 지내되 사리사욕을 위하여 결탁하지 않고
소인은 사리사욕을 위하여 결탁하되 인간적으로 친밀하지 않다.)

화(和)는 다양성을 인정하고 존중하는 공존의 철학이지만 동(同)은
지배와 흡수의 논리로 획일성을 요구하는 철학이다. 사회가 성숙한다
는 것은 '동(同)의 논리'에서 '화(和)의 논리'로 변화해 가는 것이다. 나
와 같은 생각을 강요하지 않는 것이 화이부동(和而不同)이다. 자연의
힘은 다양함에 있다. 옥수수 밭에서 가장 좋은 이삭으로만 인공 수분을
시키면 하찮은 전염병에도 다 죽어버리지만, 야생의 옥수수는 전염병
이 돌 때마다 그것에 저항할 수 있는 수단을 스스로 찾아낸다고 한다.
자연은 바로 그 다양성 속에서 본래의 능력을 발휘한다. 오히려, 동질
성이 전제된 조직에서의 '작은 격차'야 말로 큰 스트레스를 만든다.

[열 아홉] 유익한 세 벗과 해로운 세 벗

익자삼우 손자삼우 우직 우량 우다문 익의 우편벽 우선유 우편 손의
「益者三友 損者三友 友直 友諒 友多聞 益矣, 友便僻 友善柔 友便 損矣」
(유익한 벗이 셋이 있고 해로운 벗이 셋이 있다. 정직한 사람을 벗하고, 성실
한 사람을 벗하며, 견문이 넓은 사람을 벗하면 유익하고, 겉치레만 번지르르
한 사람과 벗하고, 아첨 잘하는 사람과 벗하며, 거짓말 잘하는 사람과 벗하면
해로우니라.)

친구란 '함께 살지 않지만, 아내와도 같은 존재(不室而妻)'라고 정의
한 이덕무의 말은 과해 보이지만, 친구는 피를 나누지 않은 형제(匪氣

之弟)처럼 가까운 존재다. 영국의 한 출판사가 '친구의 정의'에 대해 공모한 적이 있다. 1등 글이 '친구란 온 세상이 내 곁을 떠나가도 나를 찾아오는 사람'이었다. 인생에서 나이 드는 것은 가장 낯선 경험이다. 어릴 적 친구는 만날수록 정겹다. 자기계발서로 유명한 〈왓칭〉에 나오는 이야기이다. 경기도의 어느 마을에 발걸음을 떼기도 어려운 노인들에게 20년 전 상황으로 꾸며진 집에서 1주일간 지내는 실험을 했다. 흑백 TV에 뉴스도 노래도 옛날 그대로였다. 그런데 몸에 큰 변화가 찾아왔다. 허리가 펴지고 관절통이 사라지고 시력과 청력이 좋아져 몸이 젊어졌다는 것이었다. 어릴 적 친구와 옛날이야기를 하면 할수록 젊어진다. 술잔을 권커니 잣거니 하면서 이야기하면 회춘할 것이다. 사람과의 친밀도는 얼마나 어린아이처럼 굴 수 있느냐로 측정한다고 한다. '하지 않으려던 말도 얼마나 저절로 쏟아져 나오는지'로 우정의 깊이를 잴 수 있다고 한다. '코끼리 몰이와 친구가 되려면 코끼리가 들어갈 만한 집을 갖고 있지 않으면 안 된다.'라는 말은 좋은 친구를 얻기 위해서는 내가 먼저 큰 도량을 가진 좋은 친구가 되어야 한다는 뜻이다.

[스물] 공자의 73세 장수비결 '발분망식'

발분망식 낙이망우 부지노지 장지운이
「發憤忘食, 樂而忘憂 不知老之 將至云爾」

자로가 '당신이 모시고 다니는 공자는 어떤 분이냐' 묻는 질문에 머뭇거리다 답을 못하고 돌아와 공자에게 사정을 털어놨더니, 공자는 '나는

경험하나에 지혜하나

배움을 좋아하여 알고자 하는 마음이 생겨나면 끼니를 거를 정도로 근심 걱정을 잊고 그 즐거움에 심취된다. 심지어 나이 들어 늙어가는 것조차 모를 정도로 어떤 일에 집중하여 노력하는 사람'이라고 말했다. 쑥스러운 마음에 머리를 긁적거리며 물러난 자로는 평생을 두고 발분망식(發憤忘食) 네 글자를 잊지 않고 가슴에 새겨 열심히 공부했다. 공자의 73세 장수비결은 몰입의 즐거움이다. 먹는 것조차 잊어버릴 정도로 집중한다면 세상에 이루지 못할 일이 없다. 또 기쁨으로서 근심을 잊어버리는 방법도 높은 차원의 깨달음이다. 더욱이 늙지 않는 비결도 덤이다. 2500년 전의 의료상황을 고려해 볼 때 공자는 73세까지 살았으니 장수를 누린 셈이다. 첼로의 성자로 불리는 스페인의 '파블로 카잘스'는 96세 죽는 날까지 평생 매일 첼로를 연습한 것으로 유명하다. 그가 95세 때 기자가 물었다.

'당신은 역사상 가장 위대한 첼리스트다. 그런데 아직도 하루에 대여섯 시간씩 연습하는 이유가 무엇이냐.'

'아직도 내 연주 실력이 조금씩 향상되고 있기 때문이오.'라고 했다.

심리학자 칙센트 미하이는 삶을 최고로 행복하게 만드는 것이 몰입(Flow)이라 했다. 몰입 뒤에 느끼는 행복감은 하늘을 자유롭게 날아다니는 느낌이나 물처럼 고요하게 흐르면서 편안하고 자유로운 것이다. 스키를 타고 질주할 때만큼은 다른 잡념이 없어 오로지 즐거움만 있다. 몰입의 상태에 있는 것이 행복의 조건이다. 사람들이 잘 모르는 노화 치료제는 배우는 즐거움이다.

[스물 하나] 공자의 생활철학

반소식음수 곡굉이침지 락역재기중의 불의이부차귀 어아 여부운
「飯疏食飮水 曲肱而枕之 樂亦在其中矣 不義而富且貴 於我 如浮雲」

· 거친 밥을 먹고(飯疏食飮水)

· 팔베개를 하고 누워있어도 (曲肱而枕之)

· 즐거움이란 그 속에 있으며 (樂亦在其中矣)

· 의롭지 않은 부귀는 (不義而富且貴)

· 뜬구름과 같다. (於我 如浮雲)

[스물 둘] 일생동안 품어야 할 교훈

자왈 노자안지 붕우신지 소자회지
「子曰 老者安之 朋友信之 少者懷之」

안연과 자로가 공자를 모시고 한자리에 앉았다.

공자는 '너희들이 소망하는 세상은 어떤 것인지 말해 보라'고 하자,

자로가 '외출용 거마와 의복을 친구와 같이 쓰다가 망가져도 아깝지 않을 교제를 해보고 싶다'라고 하자,

안연은 '잘하는 것을 과장하거나 자랑하지 않고 살고 싶다'고 한다.

자로가 '선생님의 포부도 듣고 싶다'라고 하자

공자는 '노인에게는 편안한 세상을, 친구에게는 신뢰를, 아랫사람에게는 아량을 베푸는 자세로 허물없이 어울리는 것'이라 했다.

경험하나에 지혜하나

공자가 일생동안 가슴에 품어온 세 가지 교훈은 공자 가르침의 정수라 할 수 있다.

[스물 셋] 추로지향

공자의 후손들이 경북 안동지방을 방문해서 오랜만에 만나면 절[拜]과 읍(揖)으로 서로 예의를 갖추는 안동이야말로 '추로지향(鄒魯之鄕)'이라 극찬했다. 맹자는 추나라 사람이고, 공자는 노나라 사람이라는 데서 유래한 맹자와 공자의 고향이라고 극찬했다. 공자의 〈예기〉나 주자의 〈주자가례〉를 보면 일생의 의례에 대해 기록되어 있다. 하지만 의례에는 오랜 세월 동안 뼈와 살을 붙인 불합리한 의식이 많다. 제사를 4대까지 모시지만 실제로는 제주가 본 사람만 제사를 지내도 된다고 한다. 우리가 지내는 제례의식과는 너무 동떨어진 내용이 많다. 게다가 어떤 위기가 닥쳤을 때 유학자는 곧장 의례를 소홀히 한 탓으로 돌리곤 하는 중국의 전통이 그대로 답습되고 있다. 마치 군기 빠진 병사들이 군화에 광을 내지 않은 탓으로 돌리는 것과 마찬가지다.

마치면서

추방이 극형인 아프리카 부족이 있는 것을 보면 인간은 어디 소속되지 않고 혼자서는 살아갈 수 없는 모양이다. 사람사이에서 가치를 인정받아야만 살 수 있다고 해서 인간(人間)이란다. 세상에서 가장 어려운 것이 내 머리에 있는 것을 남의 머리로 옮기는 일일 것이다. 긴 세월 비굴함과 온갖 풍상으로 얻은 보석 같은 지혜를 자식에게 고스란히 물려주고 싶은 마음은 간절하지만, 불행히도 한 세대로 끝나고 만다. 인간은 자신의 시행착오를 통해 지혜를 얻고, 남의 실패를 통해 현명해진다. 살면서 얻은 획득형질은 다음 세대로 전해지지 않고, 당대로 리셋된다.

'영과이진(盈果而進)'이란 말이 있다. 물은 흘러가다 크고 작은 웅덩이를 만나면 다 채우기를 기다렸다가 앞으로 나아간다. 건너뛰는 법이 결코 없다. 태어나 죽을 때까지 계단을 오르듯 단계를 거치는데 각각의 단계마다 해결해야 할 중요한 과제들이 있고, 이를 뛰어넘을 때마다 삶에 필요한 능력을 하나씩 획득하게 된다. 팽이처럼 인간도 끝없이 채찍질하지 않으면 짐승의 모습으로 전락한다. 무인도에 사는 로

경험하나에 지혜하나

빈슨 크루소라면 몰라도 관계 속에서 살아가는 후생들이 마찰 없이 살수 있기를 바라는 마음이다. 건물이 공학적 원리에 의해 한 층씩 올라가듯이 인간도 '지적 도구'인 철학적 원리에 의해 비로소 한 인간으로 바로 설 수 있다.

사랑이란 말은 하나지만, 표현 방법은 수만 가지가 넘는다. 한 종교 안에 수많은 종파가 존재하는 이유이기도 하다. 사람은 같은 상황에서 다른 생각을 하고, 다른 상황에서 같은 행동을 하는 종잡을 수 없는 존재다. 이런 우연과 필연, 다양성이 지배하는 인간사회에서 삶의 법칙을 발견한다는 것은 장가 간 아들 내편 만들기보다 더 어렵다.

어느 서점을 지나다가 '어제는 책을 읽다가 끌어안고 죽고 싶은 글귀를 발견했다'라는 간판을 보았다. 힘들고 괴로워 몇 년간 술로 보낸 세월이 책 한 권, 글 한 줄에 의해 말끔히 해결되기도 한다. 인간이 배우지 않아도 되는 존재라면 성장 기간이 이처럼 길 필요가 없지 않은가. 그놈의 철딱서니는 왜 이렇게 늦게 찾아오는지...

참고 문헌

·김윤나 지음, 〈말그릇〉, 카시오페아, 2017.

·나카자와 신이치 지음, 김옥희 옮김, 〈신화, 인류 최고의 철학〉, 동아시아, 2009.

·나카지마 아츠시 지음, 명진숙 옮김, 〈역사속에서 걸어나온 사람들〉, 다섯수레, 2017.

·사마천 지음, 〈사기열전〉, 보경문화사, 1997.

·서은국 지음, 〈행복의 기원〉, 21세기 북스, 2014.

·소노 아야꼬 지음, 김욱 옮김, 〈약간의 거리를 둔다〉, 책 읽는 고양이, 2016.

·신영복 지음, 〈감옥으로부터의 사색〉, 돌베개, 1998.

·신영복 지음, 〈강의〉, 돌베개, 2004.

·신영복 지음, 〈담론〉, 돌베개, 2015.

·아빈저연구소, 서상태 옮김, 〈상자밖에 있는 사람들〉, 2010.

·야마규치 슈 지음, 김윤경 옮김, 〈철학은 어떻게 삶의 무기가 되는가〉, 다산초당, 2019.

경험하나에 지혜하나

·유발 하라리 지음, 조현욱 옮김, 〈사피엔스〉, 김영사, 2015.

·유시민 지음, 〈어떻게 살 것인가〉, 생각의 길, 2013.

·유시민 지음, 〈청춘의 독서〉, 웅진 지식하우스, 2009.

·윤홍균 지음, 〈자존감 수업〉, 심플라이프, 2018.

·이기주 지음, 〈언어의 온도〉, 말글터, 2018.

·이상원 지음, 〈서울대 인문학 글쓰기 강의〉, 황소자리, 2011.

·정용선 지음, 〈장자, 마음을 열어주는 위대한 우화〉, 간장, 2011.

·정재승 지음, 〈과학콘서트〉, 동아시아, 2003.

·정재승 지음, 〈열두 발자국〉, 어크로스, 2018.

·정호승 지음, 〈내 인생에 힘이 되어준 한마디〉, 비채, 2008.

·존그레이 지음, 김경숙 옮김, 〈화성에서 온 남자, 금성에서 온 여자〉, 동녘라이프, 2010.

·존 버닝햄 지음, 박상희 옮김, 〈지각대장 존〉, 비룡소, 1995.

·존 스튜어트 밀 지음, 정영하 옮김, 〈자유론〉, 산수야, 2015.

·최재붕 지음, 〈포노 사피엔스〉, 씸앤파커스, 2019.

·최진석 지음, 〈생각하는 힘 노자 인문학〉, 위즈덤하우스, 2017.

·칼 세이건 지음, 홍승수 옮김, 〈코스모스〉, 사이언스 북스, 2004.

·톨스토이 지음, 김하은 옮김, 〈가난한 사람들〉, 담푸스, 2019.

·황인수 지음, 〈내 아들의 멋진 인생을 위하여〉, 밀알, 1992.

·황현산 지음, 〈밤이 선생이다〉, 난다, 2016.

경험하나에 지혜하나

발 행 일   2020. 10. 7.

인 쇄 일   2020. 10. 7.

발 행 인   전홍식

　　　　 hongsik7@hanmail.net

펴낸 곳   정우컴

I S B N   979-11-87288-31-2

정 　 가   12,000